Research on China's
Rate Transmission
Mechanism

中国利率
传导机制研究

崔秀丽◎著

经济管理出版社
ECONOMY & MANAGEMENT PUBLISHING HOUSE

图书在版编目（CIP）数据

中国利率传导机制研究/崔秀丽著. —北京：经济管理出版社，2020. 12
ISBN 978 – 7 – 5096 – 7536 – 6

Ⅰ. ①中…　Ⅱ. ①崔…　Ⅲ. ①利率机制—研究—中国　Ⅳ. ①F822. 0

中国版本图书馆 CIP 数据核字（2020）第 257477 号

组稿编辑：何　蒂
责任编辑：何　蒂　丁光尧
责任印制：黄章平
责任校对：董杉珊

出版发行：经济管理出版社
　　　　　（北京市海淀区北蜂窝 8 号中雅大厦 A 座 11 层　100038）
网　　址：www. E – mp. com. cn
电　　话：(010) 51915602
印　　刷：唐山玺诚印务有限公司
经　　销：新华书店
开　　本：720mm × 1000mm/16
印　　张：13.25
字　　数：233 千字
版　　次：2020 年 12 月第 1 版　　2020 年 12 月第 1 次印刷
书　　号：ISBN 978 – 7 – 5096 – 7536 – 6
定　　价：88.00 元

· 版权所有　翻印必究 ·
凡购本社图书，如有印装错误，由本社读者服务部负责调换。
联系地址：北京阜外月坛北小街 2 号
电话：(010) 68022974　邮编：100836

前　言

随着 2015 年 10 月中国人民银行取消金融机构存款利率上限，我国利率市场化改革基本完成，利率管制成为历史，我国利率市场化迈入新的阶段。与此同时，金融创新层出不穷，货币需求的波动程度明显加大，数量型货币政策的有效性日益受到质疑，盯住货币供应量的货币政策传导机制受阻，货币政策转型的压力不断增加。在此背景下，研究我国的利率传导机制不仅对推动我国向价格型货币政策转型具有重要的基础性作用，还有助于货币政策通过利率渠道增强对总需求、通货膨胀率和经济增长的调控效果，推动我国货币政策与金融业更好地支持实体经济高质量发展。

本书通过分析我国央行向商业银行、商业银行之间、商业银行向企业和居民三个层级的利率传导机制，厘清利率由中央银行向商业银行、企业和居民层层传导的具体路径以及每一层级利率传导的作用机理，并总结主要发达经济体疏导利率传导机制的经验模式及其政策启示，提炼疏导利率传导机制的基本规律。同时，透过政治经济学的视角，深入分析疏导利率传导机制的政治经济学逻辑。在此基础上，围绕我国利率传导机制存在的问题以及疏导我国利率传导机制的难点，对完善我国利率传导机制以及疏导我国利率传导机制提出对策建议。研究主要内容如下：

第一，通过对国内外关于利率传导机制的研究文献进行综述和评价，发现目前尚没有学者从中央银行向商业银行、商业银行之间、商业银行向企业和居民三个层级对我国的利率传导机制进行研究，也鲜有从政治经济学和历史的视角看待全球央行疏导利率传导机制的演变逻辑。有鉴于此，本书将通过文献研究法、定性研究法、定量研究法等，从中央银行向商业银行、商业银行之间、商业银行向企业和居民三个层级研究我国的利率传导机制。

第二，对利率传导机制相关理论进行回顾。分别对马克思利息率理论以及凯恩斯学派、后凯恩斯学派、新凯恩斯学派、奥地利学派、新古典主义、货币主义等关于利率传导机制的理论进行梳理和总结。马克思通过对利息、利率及其本质的科学分析，揭示了在资本主义经济下利率的特殊运动规律，阐释了利率的宏观调控功能。马克思详细阐释了利率的升降同经济繁荣与低迷之间的联系，并进一步说明了货币供给与利率之间的关系。新古典主义中"理性预期假设"和"制定长期不变的货币政策规则"这两方面的观点为本书提供了理论基础，并主张提高货币政策的权威性和可信度，这意味着可通过提高中央银行的权威性以及提高其调控利率的深度，促进利率传导机制的畅通。凯恩斯将有效需求、投资、利率、货币等因素有机地联系在一起，形成了利率传导机制的线索和链条。后凯恩斯主义的代表人物托宾，则通过托宾 Q 理论将金融因素引入利率传导机制中，这为"商业银行是利率传导机制重要的微观基础"这一观点提供了佐证。新凯恩斯学派的信贷配给理论给出了解释：商业银行考虑自身风险等因素，会在原有贷款利率的基础上加上风险溢价，这会导致贷款利率水平偏高，或者考虑借款人的还款能力比较低，而直接不发放贷款，使得中央银行释放出来的流动性都集中在商业银行，无法向企业传导。奥地利学派强调利率对经济的稳定作用，这表明利率能够对经济发挥重要的调控作用，为我们制定"逆周期"的利率政策提供理论基础。货币主义认为只有货币供应量才具备作为合适的货币政策控制变量的条件，这也为实施数量型货币政策奠定了理论基础。

第三，分析我国的利率传导过程与作用机理。我国利率通过银行体系或债券市场传导的过程，实际上就是利率通过我国央行向商业银行、商业银行之间、商业银行向企业和居民三个层级传导的过程。在我国利率传导过程中，中央银行、商业银行、企业与居民均发挥着各自重要的角色和作用。其中，中央银行是利率政策的决策和执行主体，商业银行在利率传导过程中发挥着重要的金融中介作用，企业、居民是利率传导机制作用于实体经济的体现者。我国央行以利率为目标影响商业银行的机理主要包括四个：其一，我国央行通过使用再贷款利率、再贴现率、超额存款准备金利率以及常备借贷便利利率、中期借贷便利利率等基准利率工具，从源头上形成商业银行利率定价对其的依附关系；其二，我国央行利用其作为"银行的银行"的再贷款功能，调控商业银行的资金成本，从而决定利率由央行向商业银行的传导效果；其三，我国央行通过稳定货币市场利率的波动，从而稳定商业银行的预期，进而实现利率的有效传导；其四，我国央行通过调节自身与商业银行之间的货币供求，影响商业银行的利率定价。我国商业银行之间的利率传导主要经由银行间市场，主要表现在：其一，我国建立了市场化的银行间同业拆借利率；其二，构建了我国银行间同业拆借市场的基准利率体系——上海银行间同业拆放利率（Shanghai Interbank Offered Rate，SHIBOR）；其三，形成了银行间同业拆借利率以上海银行间同业拆放利率为定价基准的机制，在此基础上，我国银行间市场基准利率与商业银行上下游利率的敏感度不断增强，同时，银行间同业拆借利率也能够准确反映商业银行之间的流动性松紧；其四，依靠银行间债券质押式回购交易的市场优势，通过银行间债券回购利率主动影响上海银行间同业拆放利率，增强商业银行之间的利率传导机制。利率由我国商业银行向企业、居民的传导分别经过间接融资通道和直接融资通道。在间接融资通道下，我国央行通过贷款市场报价利率（Loan Prime Rate，LPR）建立起清晰的由政策利率依次向贷款市场报价利率、实际贷款利率传导的机制。在直接融资通道下，商业银行主要通过利率债、信用债等债券市场与企业进行衔接，且债券市场利率能够与贷款利率形成利率传导机制。债券市场利率通过两种方式影响贷款利率：一种是商业银行在进行利率定价时，将相应期限的长期国债利率加上风险溢价而形成长期贷款利率；另一种是债券市场利率通过调节贷款市场的流动性来影响贷款利率。此外，利率在我国商业银行与企业之间的传导还存在分层与分化现象，即利率由商业银行向优势企业的传导不同于利率由商业银行向中小企业的传导。

第四，主要分析疏导我国利率传导机制的经验模式借鉴与难点。主要发达经济体的央行先后运用利率走廊模式、国债收益率曲线调控模式、质化宽松政策、负利率政策等模式疏导利率传导机制。任何一种疏导模式，均需能够有效地影响长期利率，最终对通货膨胀、总需求及实体经济产生刺激作用，这是疏导利率传导机制的基本逻辑。从疏导的机理来看，利率走廊模式主要通过调控短期利率，对商业银行进行流动性管理和预期管理，促进短期利率向长期利率传导。收益率曲线调控模式主要通过建立短中长期基准利率体系，增强中央银行中长期利率的引导和调控。质化宽松政策主要通过直接调控长期利率，以有效降低长期利率，解决短期利率向长期利率传导受阻的问题。负利率政策主要通过驱使商业银行增加市场流动性，促使商业银行向不同利率期限的市场释放流动性，引致市场利率下降，从而实现提升通胀和降低汇率的目的。中央银行作为"银行的银行"，在利率传导机制构建与疏导过程中具有导演般的地位，利率传导机制的疏导、恢复和增强均需要中央银行的主动干预。中央银行疏导利率传导机制的模式体现出清晰的政治经济学逻辑。通过分析不同国家的央行疏导利率传导机制的经验可以获得重要的政策启示，并提出我国利率传导机制的疏导难点。

第五，完善我国利率传导机制的对策研究。结合我国利率传导机制的实际特征和国际经验模式所揭示的基本逻辑，针对我国利率传导机制存在的主要问题与疏导难点，从五个方面提出了我国利率传导机制阻滞的对策以及增强我国利率传导机制有效性的解决方案，并对各个对策措施进行了深入详细的分析和论述。对策一：建立成熟完善的货币市场。对策二：完善我国价格型货币政策操作框架。对策三：完善市场利率期限结构的传导机制。对策四：继续深化贷款利率市场化改革。对策五：增强商业银行的利率定价能力。

第六，对本书主要的研究结论进行总结和提炼：其一，中央银行、商业银行和企业、居民基本构成了我国利率传导经过的核心参与主体，且利率传导机制在三个层级上的作用机理与传导效果具有差异性。在商业银行向企业、居民传导的环节最容易出现利率传导机制阻滞的情况。其二，商业银行不是央行利率政策的被动接受者，商业银行的主动应对行为客观上能够降低利率传导机制的有效性。央行在通过利率传导机制实现货币政策目标时，要提前考虑商业银行通过各种金融创新来抵消利率传导机制的有效性，提高政策的实施效果。其三，央行不应仅仅调控短期利率，而应该将调控短期利率及调控中长期利率有机结合起来。我国央行通过运用中期借贷便利工具（Medium‐term Lending Facility，MLF）直接调控中长期利率具有很强的可行性与合理性，能有效提高利率传导机制的有效性。其四，流动性溢价显著影响货币市场利率和长期债券利率，风险溢价则显著影响长期贷款利率。我国央行可将利率通道与信贷通道结合起来，增加贷款资金的可得性，释放长期的预期信号。其五，成熟完善的利率市场化环境是疏导利率传导机制的根本保障。未来利率市场化的改革重点是培育市场化利率定价与调控机制，持续深入推进"深水区"阶段的利率市场改革。其六，利率传导机制并不是一成不变的，利率传导机制需要与我国金融经济所处的发展阶段和经济金融形势相适应，需要随着经济金融发展阶段和市场环境的变化而进行微调和创新优化。

本书的主要创新点包括：第一，本书为我国的利率传导机制构造了一个理论分析框架，即"传导主体—传导层级—传导市场—传导效果"。利率传导的效果主要由利率传导主体、传导层级以及传导市场等所决定。在此理论分析框架下，依次从"中央银行向商业银行""商业银行之间""商业银行向企业、居民"三个层级分析我国的利率传导机制。不仅详细分析了我国利率在每一个层级上传导的作用机理，还从三个层级整体上考察我国的利率传导机制。发现我国利率在三个层级上的传导效果具有较明显的差异，在商业银行向企业、居民传导的环节最易出现利率传导机制低效、无效的情况，应将商业银行向企业、居民的利率传导作为疏导我国利率传导机制的关键环节。第二，本书结合马克思的利息率理论和凯恩斯学派利率理论等，透过政治经济学的视角，分析了主要发达经济体在不同经济金融发展阶段疏导利率传导机制的经验模式。书中详细分析了利率走廊模式、国债收益率曲线调控模式、质化宽松政策和负利率政策疏导利率传导的作用机理，从中挖掘利率传导机制的演变脉络和疏导逻辑，为疏导我国利率传导机制提供样本参考。研究提出，疏导利率传导机制的基本逻辑在于中央银行的利率调控政策能够对长期利率产生有效影响，以长期利率为纽带，最终实现对通货膨胀率、总需求及实体经济的调控目标。第三，本书对我国利率在中央银行向商业银行、商业银行之间、商业银行向企业与居民三个层级上的传导效果进行了数量分析，使理论推演得到了数据上的检验，分别对每一个层级中不同期限的利率以及各层级代表利率之间的传导效果进行了数据检验和趋势分析。其中，在第一个层级检验了政策利率向短期基准利率与短期市场利率传导的效果，在第二个层级检验了短期市场利率之间和短期基准利率向中长期基准利率之间传导的效果，在第三个层级检验了短期市场利率向中长期贷款利率与中长期国债收益率传导以及中长期基准利率向中长期贷款利率传导的效果。在此基础上，从整体上检验了不同期限利率对通货膨胀率和经济增长的传导效果。

目　录

图目录

表目录

第一章　绪论

第一节　选题背景及意义

一、问题提出

随着 2015 年 10 月取消金融机构存款利率上限，利率市场化改革基本完成，利率管制成为历史，我国的利率市场化发展迈入新的阶段。与此同时，数量型货币政策的有效性日益受到质疑，盯住货币供应量的货币政策传导机制受阻，货币政策转型的压力不断增加。但截至目前，我国并未因此完全向价格型货币政策转变，始于 2013 年的利率走廊模式也尚未完全建立，这表明支撑我国货币政策向价格型转型的条件尚不明朗，我国的利率传导机制是否显著有效有待考察。此外，我国曾经长期实行双轨制利率体系，即市场利率和存贷款基准利率并存。目前，我国央行已经取消了存贷款利率上下限，但依然保留了存贷款基准利率，而我国的贷款市场报价利率机制建设正在快速推进，目前正处于存贷款基准利率向贷款市场报价利率转变的过渡阶段。同时，我国的融资市场以间接融资为主，特别是中小企业对银行贷款的依赖性较强，我国央行的利率政策通过商业银行向企业、居民有效传导，对我国金融业支持实体经济实现高质量发展至关重要。总而言之，我国的利率传导机制是什么？利率是如何经过我国央行向商业银行、商业银行之间、商业银行向企业和居民三个层级实现传导？我国利率传导存在哪些主要问题？疏导利率传导机制的基本逻辑是什么？疏导我国利率传导机制的难点有哪些？如何完善我国的利率传导机制？要回答这些问题，必须要对利率传导机制进行深入研究，厘清利率如何经由我国央行向商业银行、商业银行之间、商业银行向企业和居民三个层级传导，分析和揭示其中的利率传导机制，对全球主要央行疏导利率传导机制的经验模式进行梳理和总结，并结合我国的实际国情，对完善我国利率传导机制提出对策建议。

二、选题背景

从国际环境来看，欧美日等发达国家自 20 世纪 80 年代末 90 年代初陆续开始向价格型货币政策转型，利率走廊模式成为各国央行普遍运用的货币政策操作模式。2008 年金融危机爆发后，世界各国央行纷纷实施了规模巨大的量化宽松货币政策。为了配合量化宽松货币政策的顺利实施，各国央行将利率走廊模式由对称型利率走廊转向了地板型利率走廊。美国、日本、欧洲等发达经济体虽然建立了较为成熟的利率形成、传导、调控市场化机制，但其货币政策的利率传导机制也暴露出许多问题。同时，随着量化宽松货币政策的深入实施，其弊端日益显现，量化宽松货币政策的可靠性、可持续性逐渐下降，进一步凸显了价格型货币政策的优势，量化宽松政策步入退出通道。由此，利率走廊等价格型货币政策需要承载的功能进一步增强，并且质化宽松政策、负利率政策等非常规货币政策开始在一些国家被大力运用，政策效果有待检验。

从国内形势来看，一方面，自 1996 年我国取消同业拆借市场利率上限开始，至 2015 年 10 月取消金融机构存款利率上限，我国历时 20 年的利率市场化改革取得了巨大的突破，为我国货币政策转型提供了良好基础。另一方面，当前我国的货币政策本质上依然是以数量型货币政策为主导，货币政策中介目标仍然是以货币供应量 M2 为主。近年来，我国数量型货币政策刺激经济增长以及调控通货膨胀的有效性逐渐下降。同时，由于各类金融创新所导致的对货币需求的不确定性增强，货币需求的波动程度明显加大，使得以货币供应量为中介目标的数量型货币政策的传导效率大为减弱，数量型货币政策的传导机制产生新的阻滞，因而产生了不断加大的货币政策操作框架由数量型向价格型转型的呼声，货币政策操作框架转型也成为我国学界广受关注的热点研究课题。然而，我国是否具备货币政策由数量型向价格型转型的条件，除了要观察数量型货币政策传导机制与效率的减弱以及货币需求不稳定性增强以外，还需要考察利率传导机制的有效性（马骏、纪敏，2016），这三个条件缺一不可。目前，唯独利率传导机制的有效性即政策利率能否有效传导至市场利率与实体经济尚未得到确认，其他两个条件已经基本具备（马骏、王红林，2014），研究我国的利率传导机制对推动我国向价格型货币政策转型具有重要的基础性作用。

三、选题意义

利率是核心的货币政策工具，利率渠道是重要的货币政策传导机制。该选题的研究意义主要体现在以下两个方面：

第一，研究我国利率传导机制关系到我国货币政策的顺利转型。历史上，我国曾经长期实行金融抑制和利率管制的政策，即从银行间同业拆借市场到债券市场和存贷款市场都未完全放开利率，利率不能有效反映市场的供给和需求状况，利率传导机制较为薄弱，缺乏建立价格型货币政策体系的基础。但价格型货币政策框架是大势所趋，尽管在短期内中央银行可能会重点运用数量型货币政策，但是从长期来看，必然要回归到价格型货币政策的轨道上。自 1996 年，我国开始有效推进具有战略意义的利率市场化改革，我国的利率水平及其变化更能敏感地反映市场的波动。作为资金的价格，利率更能体现市场的机制，在我国长期推进利率市场化改革并在近年来取得了重大突破的背景下，利率传导机制更加完善和成熟，这为向价格型货币政策转型提供了可能。同时，我国长期以来以货币供应量为中介目标的数量型货币政策框架也日益受到越来越大的挑战，数量型货币政策工具对经济增长和通货膨胀的调控效果逐渐下降，货币政策转型的压力持续增加。目前，我国货币政策转型的必要性较为明确，但其可行性尚不能明确，而可行性关键取决于我国利率传导机制的有效性，研究和确认我国利率传导机制是否畅通，可以为我国货币政策转型提供决策参考。

第二，推动货币政策与金融业更好地支持实体经济发展。党的十八大以来，我国金融业"脱实向虚"的状况得到明显扭转，金融与实体经济融合发展日益受到决策层的高度重视，金融服务于实体经济发展的能力不断提升，货币政策更加重视对实体经济的靶向调控效果，而这一切都需要建立在畅通的利率传导机制基础之上。当前，我国经济进入新常态，经济发展由高速发展向高质量发展转变，经济增长速度放缓，如何在经济新旧动能转换过程中发挥货币政策稳增长、调结构的作用是一个重大课题。货币政策只有有效地传导至实体经济才能对经济增长和物价产生实质影响，利率传导机制相对于信贷渠道、资产价格渠道和汇率渠道等传导机制是货币政策最易于被打通的传导机制（从发达国家的实际经验看，当信贷、资产价格和汇率等传导机制不畅通时，利率传导机制依然显著有效），因而利率传导机制是联系货币政策、金融市场与实体经济举足轻重的桥梁和纽带。如果没有畅通的利率传导机制，银行的贷款利率和企业的融资利率不能及时敏锐地反映货币的供求变化以及市场利率的变化，即中国人民银行宽松的货币政策不能有效引导企业的融资成本，仍然难以缓解企业融资难、融资贵的难题，从而造成货币政策与实体经济的脱节。相反，深入研究利率传导机制可以加强货币政策与实体经济的联系，可以使货币政策、金融与实体经济三者建立更为紧密的联动机制，增强中国人民银行货币政策对通货膨胀率、总需求（投资、消费和净出口）与实体经济的刺激作用，促进我国经济金融更加平稳健康地实现高质量发展。

第二节　文献综述

一、国外文献综述

1. 关于利率传导机制的相关研究

Taylor（1993）十分肯定利率传导渠道的重要作用。Benanke 和 Blinder（1992）则利用计量模型，从实证角度分析利率渠道的重要性，并指出美国货币政策传导的现实模式是利率渠道。Abbassi 和 Nautz（2012）通过数据表明，欧洲中央银行在回购操作中对短期市场利率有较显著的影响，但是金融危机的出现扭曲了这个传导过程。Krugman（2000）强调，虽然中央银行能够通过降低利率发挥刺激经济的功能。但是当降息到一定水平后，这个功能也将随之降低或消失。日本银行（2002）经研究指出，在大家对未来预期不确定的情况下，中央银行想要刺激经济而释放的大量基础货币并未能按设想的进入流通渠道，反而被商业银行或个人持有。Taylor 和 Williams（2008）认为，即使商业银行以盈利为目的，也还要考虑资金的流动性风险。如果商业银行判定交易对手的偿还能力不足，那么商业银行会为了规避风险而持有大量流动性，所以商业银行中的流动性调剂能力受到限制。Mishkin（2011）认为货币政策的传导机制在金融危机发生时会失去原有的传导效用，传统的货币政策不能起到疏导利率传导机制的作用。Hristov 等（2014）则考察了 2008 年后欧元区的利率传导机制，发现货币政策利率到银行贷款利率的传导机制发生了扭曲。

2. 关于利率市场化的相关研究

关于利率市场化的研究内容非常丰富，通过各国实践检验大致可以分为两种思路：第一种认为利率市场化是积极有益的。McKinnon（1973）最早提出了"金融抑制"的概念，指出人为的扭曲使得利率过低或者实际利率为负，可以降低资源分配的效率，是金融体系和经济效率低下的原因。宾斯维杰（1999）指出，通过利率市场化，可以解决金融窖藏的问题，在市场利率上行时，能够促使金融资源流向实体经济。Bredin、Fitzpatrick 和 Oreilly（2002）认为，在完全竞争的贷款市场中，货币市场利率可以有效传递至贷款利率，但在垄断或寡头市场中则不能。Feyzioglu 等（2009）建立了银行业垄断竞争模型，这个模型中存在存、贷款利率管制，并且这个模型假定中央银行控制银行间市场的拆借利率，令其等于存款利率加上固定利差，并得到利率市场化会使得贷款利率提高的结论。

第二种则认为利率市场化带了很多弊端。White（1991）分别分析了韩国与美国的利率市场化过程，发现利差缩小压力加剧时，就会采取扩张房地产信贷的对策，这种情况会加剧企业负债导致企业倒闭风险加大。Jappelli 和 Pagano（1991）、Allen 和 Gale（1999）指出，日本、北欧和东南亚等国家和地区为应对市场化带来的利率上升对经济的冲击，采取宽松的货币政策，这个举措造成了信贷过度扩张以及流动性过剩，进而引发金融危机。Heilmann（2000）通过研究信息不对称和道德风险等，发现金融自由化不仅不能提高效率而且还会增加风险。Lee 和 Shin（2007）通过检验金融自由度指数和经济增长之间的关系，指出金融管制对经济增长的正面作用远远超过危机时的负面作用。

3. 关于数量型货币政策和价格型货币政策的相关研究

（1）关于数量型货币政策。著名经济学家泰勒（2002）认为，正是由于发展中国家制度管制、利率市场化还不完善等，采取数量型货币政策是一种当下的选择，但是伴随着金融创新以及利率市场化的不断推进，数量型货币政策会失效与退出。Geiger（2006）通过研究得出：在高通货膨胀时期，M2（广义货币）作为中介目标时，可能会出现政策误导。Laurens 和 Maino（2007）通过研究认为，伴随着支付体系、金融自由化、技术进步的进一步发展，中国货币乘数效应呈现出下降的趋势，通过货币供给量影响产出的策略不如利率对产出的影响。

（2）关于价格型货币政策。西方国家采取价格型货币政策的实践比较早，理论与经验也比较丰富。凯恩斯（1936）最早指出利率可以作为货币政策工具，中央银行可以通过干预利率而减少经济波动并促进经济增长。Hellmann 等（1997）提出"金融约束论"，指出在经济稳定、通货膨胀率较低的前提下，政府控制实际利率可以促进经济增长。Fry（1989）通过研究发展中国家的数据，证明利率的变化可以对储蓄、投资以及经济增长产生显著作用。

（3）关于利率走廊。利率走廊的相关研究是价格型货币政策的重要形式，研究范围广泛并且还在不断扩展中。Woodford（2001）则通过构建模型分析利率走廊下银行持有准备金数量，发现商业银行持有准备金的余额与央行利率走廊的上下限有关，并进一步证明商业银行持有准备金的数量不是由绝对的利率水平决定，而是取决于其在利率走廊中的相对位置；利率走廊属于价格型货币政策，对市场利率的调整可以直接调整上下限水平，不用再通过公开市场操作来调整货币供给量。Whitesell（2006）通过构建商业银行准备金需求模型，研究其在利率走廊模式下的特征；并进一步指出，商业银行受到持有准备金成本最小化的限制，在商业银行准备金需求为零的条件下，拆借市场的政策利率等于目标利率。Martin 和 Monnet（2008）在 Berentsen 和 Monnet（2008）研究的基础上通过建立 Lagos - Wright 框架，发现利率走廊模式下的操作比公开市场的操作有着更高的福利水平。Goodhart（2009）则指出利率走廊的参数可以成为灵活的货币政策工具。Perez - Quiros 和 Mendizabal（2010）构建具有流动性偏好的商业银行准备金需求模型，研究发现商业银行持有准备金的数量与利率走廊的非对称系数相关，并进一步指出中央银行可以通过利率走廊的宽度及其非对称系数调整拆借市场利率和流动性。

（4）关于收益率曲线。Malkiel（1964）指出，由于纯预期假说，在不改变短期利率预期的情况下，债券供给的变化并不能直接影响利率期限结构，而在市场分割假说条件下，短期债券市场与长期债券市场是相互独立的，宏观因素则通过资产组合再平衡渠道来影响利率期限结构。Browne 和 Manasse（1990）则说明了国债收益率曲线受货币政策因素的影响较为显著。Modigliani 和 Sutch（1966）通过研究提出期限偏好假说，并且通过实证检验证明期限偏好假说与结果较好地保持一致，说明宏观因素既可以通过信号渠道又可以通过资产组合在平衡渠道影响收益率曲线。Ang、Piazzesi 和 Wei（2004）则进一步指出利率预期同流动性因素一样，是国债收益率曲线演进的动因。Bernanke 和 Reinhart（2004）通过研究发现中央银行刺激经济的有效方法是扩张准备金数量，即使储备金价格已经到了零下限，这个方法依然能够起效。Gurkaynk 和 Wright（2012）则将研究视角投向通货膨胀对投资者预期的影响，通货膨胀的上升可导致未来货币政策的紧缩，使得短期利率上升。

（5）关于货币政策转型。Bernanke（1992）通过对美国 M1、M2、联邦基金利率、3 月短期国债利率和 10 年长期国债利率预测经济产出和就业进行比较发现，其中，联邦基金利率的预测效果最佳，是美国货币政策的"指示器"；并且还说明了利率传导的效果要比利率作为中介目标通过货币供应量传导的效果更优。Estrella 和 Mishkin（1998）则通过研究货币供应量、联邦基金利率与最终目标之间的关系，发现联邦基金利率和货币供应量与最终目标的相关度不同，前者远高于后者。Friedman（2000）通过对美联储联邦基金利率与公开市场操作进行研究，发现美联储可以通过影响公开市场操作，进而影响联邦基金利率。流动性不足时，可以购买政策债券以增加流动性；而流动性过多时，可以卖出政府债券以减少流动性。Thornton（2007）则通过日频数据考察公开市场操作与联邦基金利率之间的关系，说明了公开市场操作究竟是如何影响联邦基金利率的。

4. 关于负利率传导机制的相关研究。

早在 19 世纪，西尔沃·格塞尔就已经开始研究负利率政策，他认为实施负利率政策本质上是对现金征税，这会导致资金持有者增加成本。Jackson（2015）通过统计发现，有更多的经济学家对有效利率下限应为负值的结论持肯定态度，而且进一步指出这个下限值约位于 -2%。McAndrews（2015）通过研究得出负利率也应该存在边界，并且进一步指出，这个边界并不是固定不变的，随着现金储备技术不断创新，负利率的边界也会随之发生变化，但是就其边界如何确定，并未说明。Constancio（2016）对实施负利率政策的不同经济体进行分析和比较，发现不同经济体之间呈现出利率不断缩小的态势，并且负利率政策的实施可以有效地引导、降低企业的融资成本。Bech 和 Malkhozov（2016）则提出了温和的负利率概念，其与正利率的传导效果并不存在显著的区别，之所以有负利率的存在，主要是因为通货膨胀的影响，即使是正常的市场环境，当通货膨胀率过高时，本身也存在负的实际利率。Scheiber 等（2016）通过检验瑞士、丹麦、瑞典三个国家的数据，发现自实施负利率政策以来，商业银行盈利并未减少，同时面临的挤兑风险和信贷减少风险也不大。欧洲央行行长 Draghi（2016）指出，负利率政策的实施不仅合理而且可行，他对为什么会出现负利率进行了详细的论述：他认为由于经济的快速发展，全球的储蓄规模已经远超过投资规模，且由于资本投入及生产增速减缓，导致市场能够接受的融资成本下降，市场利率被压低，因而，继续调低利率直至负利率水平是刺激经济增长的别无选择的调控方式，即使短期内通货膨胀率与汇率对负利率反应不敏感，并进一步指出负利率依然存在继续下调的空间。Randow 和 Kennedy（2016）则指出，利率为正时，储户会根据利率的高低提现或储蓄；利率为负时，储户则会选择提现囤积现金，如果金额足够大，银行就会面临挤兑风险。为了预防银行挤兑风险的发生，银行就要对储户实行正利率以吸引储户不要囤积现金，只能由银行来承担对储户实施正利率的损失，这样做会导致存贷利差的缩小，银行也会因此更加惜贷。Florian 等（2019）则深入研究了负利率政策的实施对商业银行的影响，发现实施负利率后商业银行高风险贷款增加。

二、国内文献综述

1. 关于利率市场化的相关研究

徐厦楠（2004）指出中央银行宏观调控受到我国利率行政管制的制约，我国应该加快推进利率市场化改革。姜再勇和钟正生（2010）则通过实证模型（MS - VAR）证明我国利率市场化已经取得了一定的成果。纪洋等（2015）通过利率双轨制模型的构建，经考察得到以下结论：放开存款利率上限，能够降低贷款利率，提高存款利率。马骏和纪敏（2016）通过数据研究利率传导的效果，并指出贷款利率对短期市场利率的弹性与央行贷款基准利率密切相关，央行在不控制贷款基准利率时，得到的弹性更高；并进一步说明，利率传导效率应该处于这两个弹性值之间。金中夏等（2013）指出，利率市场化的逐步推进可以有效地提升消费、抑制投资，并且能够使得经济结构更加完善。陈彦斌等（2014）指出，利率管制相当于征收"扭曲税"，是将税收负担让消费者承担，而用税收补贴企业，在这样的情况下使贷款利率得以降低，而利率市场化则是不征收"扭曲税"，提高存贷款利率。任泽平和甘源（2018）指出，利率市场化面临的挑战实质上都是利率传导机制中的摩擦与阻力，所以，未来利率市场化改革的核心就是如何打通利率传导机制。

2. 关于利率传导机制的相关研究

杨绍基（2005）通过研究影响我国银行间债券回购利率的因素，发现银行间债券回购利率同同业拆放利率、贷款增长率之间存在 Granger 因果关系，在短期内两者对银行间债券回购利率的影响比较强烈，在长期内则呈现出均衡关系。戴桂兵（2009）通过对银行间同业拆放利率和债券回购利率的数据进行 Granger 检验，证明债券回购利率比同业拆放利率更适合作为基准利率。首陈霄和孙文军（2012）则通过实证对利率传导机制进行分析，利率传导机制的效果主要表现在产出水平上，但是实证结论表明，产出与利率和货币供给量并没有直接关系。李维林和朱文君（2017）指出，基准利率应该选择短期上海银行间同业拆放利率，这样能够适用于价格型的货币政策框架。邓雄（2015）认为，以货币供应量为中间目标的货币政策能够降低政策效果，我国应在未来更加重视基准利率的制定，以完善利率传导机制。张奎（2016）通过研究发现利率传导机制在发挥作用的过程中并不能有效引导资金，而仍是以成本收益原则流动，所以利率不能发挥作为传导过程中介变量的作用。何晓贝（2018）利用实证分析，发现我国已建立起通过债券市场的利率传导机制，同时，指出银行体系中的利率传导机制相对来说比较薄弱，短期利率向贷款利率的传导并不通畅，政策利率难以形成。徐忠等（2018）则认为，在新的货币政策框架下，我国应确立中央银行的政策利率以锚定和引导预期，建立更加公开透明的利率走廊体系，完善抵押品机制，增加政策利率的基准性以及在市场中的认可度，政策利率为有效的利率传导奠定了基础。

有关利率传导机制的文献注重研究短期利率向长期利率的传导过程以及是否顺畅，并且认为这是数量型货币政策能否向价格型货币政策成功转型的前提，针对利率传导受阻的现象以及背后的原因，提出相应的解决办法。也有文献从不同角度对利率传导的效率问题进行研究，指出当经济金融危机发生时，常规的货币政策传导机制会失效，而在非常规货币政策的支持下，利率传导机制能在很大程度上传导至实体经济，刺激经济复苏，并且主要借助利率渠道发挥作用。

3. 关于数量型货币政策和价格型货币政策的相关研究

（1）关于数量型货币政策。我国在数量型货币政策实施上具有丰富的经验，大量的学者对此进行了深入的研究，这样才能做到理论与实践的相互印证。谢平和罗雄（2002）首次将泰勒规则与我国实际相结合，并发现我国货币政策可以运用泰勒规则进行解释与创新。盛天翔和范从来（2012）研究数量型货币政策与价格型货币政策工具的不同，通过状态空间模型，证明了数量型工具在商业银行信贷调节方面比价格型工具更加有效。刘喜和等（2014）同样更加支持数量型货币政策，指出在设定经济增长目标后，数量型货币政策的实施可以更高效地完成这个目标。

（2）关于价格型货币政策。20世纪末我国才提出价格型政策工具，2013年才开始实践探索，我国学者对其的研究也逐渐增多，成果日渐丰富。夏斌和廖强（2001）指出，我国货币政策的中介目标不应该再盯住基础货币和M2。孙国峰和蔡春春（2014）指出，当银行体系中出现系统性流动性短缺时，中央银行利用常备便利借贷操作增加流动性和调整利率走廊上限改变政策利率相结合的方式，可以降低操作成本。巴曙松和尚航飞（2015）则指出，可以在利率走廊模式下，存款利率由商业银行债收益率曲线确定，而贷款利率则由不同信用等级的企业债收益率曲线确定。在这样的情况下可以通过梳理利率传导的途径来提高政策效率。王超和陈乐一（2015）指出，应通过健全商业银行体系以及变革存款准备制度等，进一步完善我国的利率走廊模式。牛慕鸿等（2017）则从不同的角度利用理论模型进行利率走廊传导机制的分析，认为利率走廊模式可以有效控制利率波动，并可以引导市场预期，这两个作用可以减少市场中"囤积性需求"，同时最优利率走廊宽度的设定要综合考虑货币市场利率敏感度、调控成本、外部冲击的频率和幅度等因素。李宏瑾（2013）指出，通过考察流动性效应和预期效应，中央银行可以使用公开市场操作和利率走廊两种模式相结合的方式调整利率。申琳（2015）通过研究比较各国中央银行的数据，发现实施利率走廊模式国家比未实行利率走廊模式国家的短期市场利率波动小，并且进一步指出，利率走廊界定的宽度越小，利率波动的幅度也越小。

（3）关于货币政策转型。20 世纪 90 年代以前，相对于价格型货币政策而言，数量型货币政策在我国一直占据着主要地位。但为了应对世界范围内经济金融环境的复杂变化，关于由数量型货币政策向价格型货币政策转型的研究和政策实践越来越多。夏斌和廖强（2001）指出，我国货币政策的中介目标不应该再盯住基础货币和 M2。盛朝晖（2006）考察了 1994～2004 年中国货币政策利率传导渠道的效应，并证明其发挥了较好的效应。彭兴韵和施华强（2007）则从货币政策效率的视角分析了我国向价格型货币政策转型的必要性。盛松成和吴培新（2008）则指出，我国在没有完全实现利率市场化之前，金融市场并不完善，还应该选择数量型货币政策的操作目标。易纲（2008）指出，上海银行间同业拆放利率被推出来使得我国基础利率的建设取得了大步进展。胡志九（2018）指出了数量型货币政策的缺陷，并在此基础上说明了我国向价格型货币政策转型的原因以及路径，提出我国货币政策转型的方向应以利率走廊模式为代表。岳意定（2009）则利用脉冲响应函数和方差分解，得到在货币政策传导中利率传导发挥的效果越来越显著的结论。李宏瑾和项卫星（2010）通过研究发现我国央票利率是货币市场短期利率的 Granger 原因，并指出央票利率与产出、物价指数存在着显著的线性关系，得到中国能够通过引导货币市场短期利率而间接调控货币政策的结论。黄正新和舒芳（2012）通过构建 VAR 和 VEC 模型，发现我国的货币政策利率传导机制还并没有真正形成。中国人民银行南通市中心支行（2014）通过对 1996～2013 年的数据进行分析，发现我国货币政策利率传导效率下降，之后又逐渐呈现出扭转的态势。郭豫媚等（2018）指出，货币政策转型需要以有效的利率传导作为前提，即政策利率向货币市场利率、债券市场利率以及回购市场利率有效传导。

然而，也有部分学者持有不同的观点，秦宛顺等（2002）根据模型估计得出的不同中介目标下的货币政策有效规则及中央银行的福利损失，认为我国货币政策中介目标无论是选择货币供给量（数量型）还是短期利率（价格型），差异并不大。潘耀明等（2008）则对 1998～2008 年的数据进行实证检验，发现利率作为中介目标的货币供应量传导效果显著，但利率渠道却不畅通。

4. 关于疏导利率传导机制的相关研究

张颖（2001）在回顾美国货币政策传导机制历史演进及分析其传导机制效果的基础上，指出我国货币政策传导机制主要存在缺乏相应的理论基础和传导机制不畅两个问题，并提出应大力发展金融市场，稳妥推进利率市场化改革与国有商业银行改革，实施中小企业信用担保体系等对策。周小川（2013）指出，金融机构稳健是货币政策有效传导的关键，中央银行不能只是发生问题后才站出来解决，而应该以管理者的身份更好地发挥其调控管理职能，这样可以更好地疏导货币政策传导机制；并进一步指出，中央银行应该培育基准利率体系，形成市场化利率调控和传导机制。郑联盛（2019）通过梳理中央银行职能的演变讲程，认为应通过强化宏观审慎政策和货币政策的链接功能来完善治理机制。部分学者将金融周期因素考虑进来，比如孙国峰（2017）认为，从实践经验中可以发现，低利率带来的过度借贷可以引发金融危机。我们在根据经济形势制定货币政策时，应充分考虑金融因素可能会带来的结果，不能只是过度追求货币政策效果。所以，中央银行调控短期利率时也要提高长期利率，从而影响整个利率体系。中国人民银行发布的《2018 年第二季度中国货币政策执行报告》中强调商业银行累积的流动性被引导并合理运用的关键在于疏导货币政策传导渠道。肖卫国和兰晓梅（2019）指出，我国基准利率目标体系尚未建立，市场利率向实体经济的传导仍不顺畅，中央银行调控和引导市场利率的体制性障碍依然存在，还需建立真正意义上的价格型调控模式。

5. 关于负利率传导机制的相关研究

近几年，国内学者关于负利率的相关研究逐渐增多，主要是基于欧元区、日本、瑞典、丹麦、瑞士等发达经济体的负利率政策，对其内在逻辑、实施效果及其传导机制进行分析。刘瑞（2016）指出，负利率政策之所以得以实施是因为持有现金是有成本的。范志勇等（2017）通过研究发现负利率政策的实施能够影响市场利率和汇率，其成败与否的关键在于贷款供给与需求的有效增加。马理等（2018）利用 PVAR 模型对欧元区主要实施负利率政策的国家进行数据分析，研究其实施效果，发现负利率政策实施后不能保证避免通货紧缩与刺激经济增长的作用起效，而增加流动性的货币政策的实施效果更佳。王宇哲（2016）比较欧元区、日本、瑞典、丹麦、瑞士的负利率政策实施效果后，发现负利率政策可以使得存贷款利率、收益率曲线下行，带来利率的传导有效性降低、债券市场流动性下降、银行利润空间收窄、金融市场分割和动荡加剧等风险。孙国峰和何晓贝（2017）为了验证存款利率零下限对利率传导效果的影响，通过构建 DSGE 模型进行量化分析发现，存款利率零下限会阻碍负利率的有效传导。他们进一步指出，如果突破存款利率零下限，那么中央银行用负利率政策应对通货紧缩将有效。符瑞武（2017）通过研究发现负利率政策的实施确实能够影响中间变量货币供应量、市场利率和资产价格，也能够影响最终目标通货膨胀、汇率和经济增长，但是却不能解决实体经济中的结构性问题，还会引起国际货币争端，并对中国等新兴市场经济体产生负面影响。巴曙松等（2018）认为负利率重在降低短期利率，负利率可以通过信贷渠道发挥作用，即负利率相当于央行向商业银行收取的保管费，促使商业银行向市场增加流动性供给，扩大信贷，刺激投资。

三、文献述评

通过上述文献综述，厘清利率传导机制的相关分类研究，可以发现：

第一，以前的文献大都是从单个货币政策操作框架来分析利率的传导机制，将每一种货币政策操作框架下的利率传导机制独立看待，而没有考虑不同货币政策操作框架下的利率传导机制的相关联系以及内在的演进逻辑，也没有考虑利率传导机制与信贷机制的联系。

第二，学者们对我国利率传导机制的研究起步较晚，已有文献大多数是对国外发达经济体货币政策及其传导机制的实践研究，所揭示的规律与西方经济学理论框架密切相关，而与中国特色社会主义政治经济学的结合度不高，很少有结合中国利率传导机制的传统演进过程、利率市场化改革以及货币政策操作框架转型等国情对我国利率传导机制进行的研究分析。

第三，现有的文献绝大多数分析的是货币政策的传导机制，只是将利率传导机制作为货币政策众多传导机制中的一种来看待，没有突出利率传导机制的独立性。事实上，利率传导机制相对于汇率渠道、资产价格渠道以及信贷渠道而言，是效率最高的货币政策传导机制，其在货币政策操作中的重要性和地位不言而喻，也是影响我国未来货币政策转型成功与否的重要因素。

第四，以往的文献大多数是横向研究利率传导机制，从不同的国别来分析特定货币政策类型下的利率传导机制，鲜有从历史发展脉络的视角看待利率传导机制的内生性及其持续不断的进化，即国内外文献对利率传导机制的纵向研究比较薄弱，研究的角度缺乏历史观，更多地把利率传导机制视为一种从属性的制度安排。

第五，从现有的文献来看，不同经济体的央行所运用的政策利率具有差异性。但从利率传导机制的有效性来看，均表现出利率政策工具短期有效，而长期趋于中性的典型特点，这是一个"国际性"问题，也是导致利率传导机制难以避免出现低效、无效的深层次原因，同时也为疏导利率传导机制提供着力点。

第六，截至目前，尚没有从三个层级（中央银行向商业银行、商业银行之间、商业银行向企业和居民）研究利率传导机制的文献。而上述三个层级是中央银行调控实体经济必经的轨迹和路径，也直接或间接影响着乃至决定着利率传导机制的有效性。货币政策的有效性、货币政策的转型、货币政策的操作成本也都与三个层级息息相关，本书的研究填补了这项空白。

第七，从现有文献来看，包括我国在内的全球主要经济体，在央行进行利率市场化以前，数量型货币政策下的中介目标是货币供应量，利率只作为一个从属性的指标，而目前并未发现对数量型货币政策下的利率传导机制进行研究的文献。在以货币供应量为中介目标以及金融压抑、利率管制等背景下，利率传导机制并不是无从发挥作用，利率的内生性决定了其传导机制的客观性。

第三节　技术路线和研究方法

一、技术路线

通过上述文献综述，厘清利率传导机制的相关分类研究，可以发现从政治经济学的视角考察利率传导机制的研究还比较欠缺。基于此，本文在梳理现有文献与现有理论的基础上，构建了一个理论分析框架，即"传导主体—传导层级—传导市场—传导效果"。进而围绕该框架进行深入分析。技术路线如图 1 – 1 所示。

二、研究方法

1. 文献研究法

分别从国内、国外两个方面对研究利率传导机制的文献进行较为全面的收集整理和述评，通过文献研究，分析国内、国外利率传导机制建立和完善过程中隐藏的内在规律和逻辑，梳理国内外在利率传导机制研究领域的主要思想观点，并

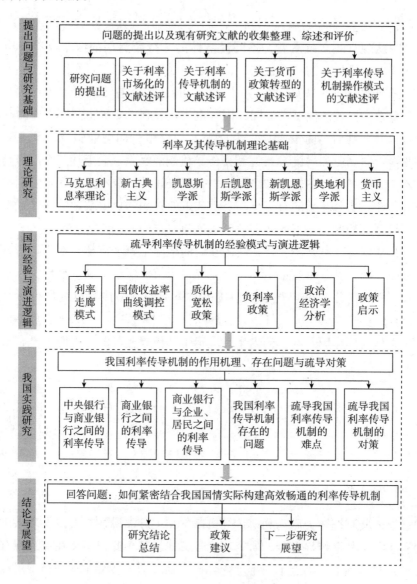

图 1-1　本书的技术路线图

从中发现我国当前利率传导机制存在的问题，进而提出本书需要解决的问题，同时凸显本书选题的研究价值和意义。

2. 定性研究法

本书将着重对历史事实及其隐含的逻辑进行分析研究，尊重历史和事实，坚持逻辑推理，基于大量的历史实践和文献资料，以说理性的文字对有关观点进行论证和说明，对有关的重要事件对利率传导机制的影响进行辩证分析，不但描述有关历史实践情况的表面现象，还对现象下的实质进行挖掘，力求内容和结构逻辑缜密清晰。

3. 定量研究法

本书广泛收集中国人民银行、银行间同业拆借中心、国家统计局、上市公司年报、专业智库等权威数据资料，运用数学方法和工具，对数据进行加工和分析，通过有针对性且较为丰富的图表形式展现数据信息，用数字说话，深入挖掘数字背后所蕴含的信息，将数据信息化、语言化，以数字为论据论证本书提出的相关论点。书中使用大量的图表，并构建计量模型进行实证分析，对不同层级的利率传导效果进行检验。

第四节　结构安排与创新点

一、结构安排

本书将从中央银行向商业银行、商业银行之间、商业银行向企业和居民三个层级研究我国的利率传导机制，厘清利率由中央银行向商业银行、企业和居民层层传导的具体路径以及每一层级利率传导的作用机理，分析我国利率传导机制存在的问题。并通过回顾和总结主要发达经济体央行疏导利率传导机制的经验模式及其政策启示，挖掘可为我国借鉴的利率传导机制疏导模式的共性规律，提炼疏导利率传导机制的基本逻辑。同时，透过政治经济学的视角，深入分析疏导利率传导机制的政治经济学逻辑，进而在充分结合我国实际国情以及我国利率传导机制疏导难点的基础上，提出疏导我国利率传导机制的对策建议。

本书结合马克思主义埋论与西方经济学理论，从历史唯物主义的角度对全球主要发达经济体以及我国利率传导机制的历史演进逻辑进行了分析研究，总结了在长期的利率传导机制进化和转变的过程中所揭示的规律和启示，进而根据我国当前所处的经济金融环境以及利率传导机制存在的问题，对完善我国利率传导机制，提高我国利率传导机制有效性，使之更好地服务于货币政策与金融市场、支持实体经济发展，提出了解决对策。本书共分为六章，每章的主要内容如下：

第一章"绪论"。首先，直入主题提出问题，并介绍了本书的选题背景以及选题意义；其次，对国内外关于利率传导机制的研究文献进行综述和评价，突出和强调本书的选题与以往研究文献的不同之处；再次，说明了实现本书研究目标的技术路线以及所要运用的研究方法；最后，对本书的内容与结构安排以及创新点进行了阐述。

第二章"利率传导机制相关理论回顾"。分别对马克思的利息与利率理论以及新古典主义、凯恩斯学派、后凯恩斯学派、新凯恩斯学派、奥地利学派、货币主义关于利率传导机制的相关理论进行了梳理和总结，对不同历史阶段的代表性理论关于利率传导机制的论述进行了总结，分析了各理论的利弊，并且对马克思主义与西方经济学流派关于利率传导机制的不同理论观点进行了对比。

第三章"我国的利率传导过程与作用机理"。重点介绍利率通过我国中央银行、商业银行以及企业、居民这三类主体之间的传导，即中央银行向商业银行的传导、商业银行之间的传导、商业银行向企业与居民的传导三个层级。通过考察每个层级中利率传导的过程，分析每个层级中不同利率、不同市场对利率传导机制的主要作用机理，总结每个层级中利率传导各自的内在逻辑与特点，并从整体上来考察我国利率传导机制的一般规律。最后，通过分析我国利率传导的过程及作用机理，指出我国利率传导机制依然存在的主要问题。

第四章"疏导我国利率传导机制的经验模式借鉴与难点"。跳出我国的利率传导机制看我国的利率传导机制，从利率传导的三个层级，分析利率走廊模式、国债收益率曲线调控模式、质化宽松政策、负利率政策等主要利率调控模式对疏导利率传导机制作用机理，总结主要发达经济体疏导利率传导机制的经验模式，透过政治经济学的视角，从政治逻辑、经济逻辑和发展逻辑等方面，揭示疏导利率传导机制的演进逻辑，并指出疏导我国利率传导机制的难点。

第五章"疏导我国利率传导机制的对策研究"。在深入分析和总结我国利率传导机制的作用机理的基础上，结合利率传导机制的演进逻辑和国际经验所揭示的规律，针对存在的主要问题以及疏导利率传导机制的难点，从五个方面提出了我国利率传导机制阻滞的对策以及增强我国利率传导机制有效性的解决方案，并对各个对策措施进行了深入详细的分析和论述。

第六章"研究结论、政策建议与未来展望"。本章是对全书的总结，提炼出本书主要的研究结论，提出政策建议，并指出存在的不足以及下一步的研究方向和重点。

二、创新点

（1）本书对我国的利率传导机制构造了一个理论分析框架，即"传导主体—传导层级—传导市场—传导效果"。利率传导的效果主要由利率传导的主体、传导的层级以及传导的市场等所决定。在此理论分析框架下，本书依次从"中央银行向商业银行""商业银行之间""商业银行向企业、居民"三个层级分析我国的利率传导机制。不仅详细分析了我国利率在每一个层级上传导的作用机理，还从三个层级整体上考察我国的利率传导机制。发现我国利率在三个层级上的传导效果具有较明显的差异，在商业银行向企业、居民传导的环节最易出现利率传导机制低效、无效的情况，应将商业银行向企业、居民的利率传导作为疏导我国利率传导机制的关键环节。

（2）本书结合马克思的利息率理论和凯恩斯学派利率理论等，透过政治经济学的视角，分析了主要发达经济体在不同经济金融发展阶段疏导利率传导机制的经验模式。书中详细分析了利率走廊模式、国债收益率曲线调控模式、质化宽松政策和负利率政策疏导利率传导机制的作用机理，从中挖掘利率传导机制的演变脉络和疏导逻辑，为疏导我国利率传导机制提供样本参考。本书研究提出，疏导利率传导机制的基本逻辑在于中央银行的利率调控政策能够对长期利率产生有效影响，以长期利率为纽带，最终实现对通货膨胀率、总需求及实体经济的调控目标。

（3）本书对我国利率在中央银行向商业银行、商业银行之间、商业银行向企业与居民三个层级上的传导效果进行了数量分析，使理论推演得到了数据的检验。分别对每一个层级中不同期限的利率以及各层级代表利率之间的传导效果进行了数据检验和趋势分析。其中，在第一个层级检验了政策利率向短期基准利率与短期市场利率传导的效果，在第二个层级检验了短期市场利率之间和短期基准利率向中长期基准利率传导的效果，在第三个层级检验了短期市场利率向中长期贷款利率与中长期国债收益率传导以及中长期基准利率向中长期贷款利率传导的效果。在此基础上，从整体上检验了不同期限利率对通货膨胀率和经济增长的传导效果。

第二章　利率传导机制相关理论回顾

在第一章对本书总体思路和内容概括介绍的基础上，本章将对本书研究对象——中国利率传导机制的相关理论基础进行梳理和回顾。与第一章文献综述不同的是，本章着重分析马克思主义和西方经济学派关于利率传导机制的基础理论，考察马克思主义、古典主义、凯恩斯主义、新古典主义、新凯恩斯主义与货币主义等不同学派对利率传导机制的理论贡献，同时，也从理论的变迁过程中总结利率与利息的本质与起源。

第一节　马克思的利率传导机制相关理论

一、马克思的利息与利率理论

马克思的利息与利率理论在《资本论》中得到充分体现，利息与利率是马克思论述其货币理论的重要组成部分。马克思的利息与利率理论同剩余价值、资本、利润等因素紧密相关。

第一，马克思认为利息是利润的一部分，即利润分为利息和企业主收入。利息是支付给资本所有者的那一部分利润，不过是一部分利润的一个特殊的名称而已，执行职能的资本不能把全部的利润据为己有，必须把一部分利润支付给资本的所有者。这意味着，利息的高低受利润的高低约束，产业资本家不能无限制地向借贷资本支付任意水平的利息，产业资本能获得的最高利润水平是其可以支付的利息上限。另外，利润由产业资本和借贷资本参与分配，其中，借贷资本分配得到的是利息，产业资本分配得到的是企业主收入。

第二，利润是由剩余价值转化而来的，因此，本质上来说，利息来源于剩余价值。根据马克思的理论，资本主义剥削制度保障了资本对剩余价值的获取，反过来，产业资本稳步增加的剩余价值为其进一步扩大和加强阶级剥削提供了条件。产业资本取得的剩余价值被分配到各个用途，不仅仅包括自身的利润以及支付给借贷资本的利息，产业资本支付的研发费用、购置的生产设施设备均来自于剩余价值。特别是，产业资本支付给借贷资本的利息，有助于产业资本获得更多的资金用于增加生产设施设备投入、研发费用以及拓展和提升与官僚机构的良好关系，这为产业资本进一步获得剩余价值提供了有力支持。产业资本可以支付给借贷资本的利息的能力是建立在产业资本可以获取剩余价值并为自己获取剩余价值构建了强大的保障体系的基础上。随着产业资本将越来越多的剩余价值投入到保障其能够获得更多剩余价值的各项基础支出中，产业资本将具有更大的冲动、获得更多借贷资本，利息与剩余价值之间的紧密关系得到进一步的加强。

第三，利息是货币转化为资本的结果。马克思认为，作为货币的货币和作为商品的货币的区别，首先在于它们具有不同的流通形式。作为商品的货币的流通形式为 G－W－G，即货币转化为商品，商品再转化为货币，为卖而买。正是这种运动使得货币转化为资本，货币成为借贷资本。而借贷资本以追求利息为目的，在资本循环中寻求价值的增值，这个增殖额实际上也是剩余价值。而且，将资本家区分为货币资本家和产业资本家，才能将利润的一部分转化为利息，也才能创造出利息的范畴，而货币资本家与产业资本家之间的竞争才能创造出利率。可以看出，货币要实现增殖，一方面，要转化为资本，并且资本内部进行了分化；另一方面，要在资本的运动中实现价值增值，货币借助于资本的身份成为一种一般商品，并且以利息为价值尺度追求自身的价值增殖。

第四，利率不能超过平均利润率，即利率的上限是平均利润率。关于利率的大小，马克思认为，利率一部分由平均利润率决定，另一部分由平均利润分割为利息和企业主收入的比例来决定，而利息与企业主收入之间的分配比例则由借贷资本的供求关系来决定。关于利率的上限，马克思认为，利息是利润的一部分，这表明，利息最高不能超过利润，且由于竞争机制的作用，不同产业部门的利润率趋于平均化，形成平均利润率，因此，平均利润率成为利率的上限。而对于利率的下限问题，马克思并没有给出明确的答案，马克思指出，利率的最低界限无法确定，理论上利率可以下降到任何水平，但这个时候总是会出现相反的作用力，这个作用力会使利率提高到最低界限以上。不过，一般情况下，我们可以将零利率视为利率的下限。也就是说，利率应该介于零和平均利润率之间。利率不能高于平均利润率，其启示在于，如果利率高于平均利润率，那么企业将失去偿还利息的能力，最终会导致企业步入依靠不断加大举债维持经营的困境，借新还旧，企业的偿债压力将不断增大，当风险积累到一定程度，容易引发金融危机。同时也说明，不考虑其他因素的情况下，利率随着平均利润率的提高而提高，反之亦然。但现实情况中，平均利润率在一定的时期内是一个较为稳定的变量，因而相对来说，平均利润内部的结构情况显得更为重要。

第五，利率具有在借贷资本和产业资本分配财富价值的功能。根据马克思的货币理论，利润在货币资本家和产业资本家之间被分割为利息和企业主收入，至于利息和企业主收入之间的分割比例，最终由资本贷出方和借入方之间的竞争关系决定，因而这种分割比例带有较强的偶然性。马克思强调，利息与企业主收入之间的分割规律是由竞争机制决定的，别无其他规律可言。货币资本能够分配得到利息的多寡由利率来决定（产业资本家分配得到的企业主收入是利润减去利息之后的余额），而利率的高低由借贷市场的供求状况所决定。在一定的时间内，平均利润率相对比较稳定，但在短期内，市场利率受供求的影响，变化频率和波动比较大，这就决定了利率所代表的分配功能举足轻重。总而言之，利率较高时，货币资本家将从利润中获得更多的份额，产业资本家则获得较少的份额；相反，货币资本家将获得较少的份额，产业资本家将获得较多的份额。但不论哪一种情况，都是需要在货币资本家和产业资本家之间的利润分配上达成一种平衡，如果利率高于产业资本家的收益率，那么，他们将降低或停止对产业资本的投入，转而将产业资本转化为借贷资本，增加借贷资本的供应量，从而促使利率下降，反之也成立。一种极端的情况是，如果利率等于平均利润率，那么，所有的产业资本家将会转变为货币资本家，造成虚拟经济繁荣，而实体经济低迷，不利于经济的增长与发展。

二、关于利率与货币资本循环的关系

马克思在《资本论》中指出，货币资本循环要经过三个阶段：第一个阶段是资本家使用货币购买生产资料和劳动，货币转化为商品；第二个阶段是资本家使用购买的商品（生产资料和劳动力）从事生产消费，其结果是产生价值大于生产资料价值的商品；第三个阶段是资本家作为卖家回到市场，将生产的商品卖掉，商品转化为货币。货币资本通过这三个阶段在循环中实现了价值增值，体现了货币资本、生产资本和商品资本的层层转化，同时，这三种资本是产业资本的特殊的职能形式，被产业资本所采用。货币资本的循环是产业资本循环最为明显和典型的表现形式，在货币资本循环中，产业资本的目的和动机（价值增值、赚钱和积累）表现得最为醒目。马克思还指出，资本的循环只有不停从一个阶段转向另一个阶段才能正常进行，是生产和流通的统一，因而，货币资本循环还受到流通时间和流通费用的约束。从现代企业经营实践来看，流通时间反映了资本的周转效率，流通时间越短，产业资本家回收货币的速度越快，而流通费用能够对利润产生重大影响，流通费用的有效控制和显著降低可以极大地提高产业资本家的利润水平。根据前述分析，利率能够度量利润在产业资本和借贷资本之间的分割比率，产业资本家从借贷资本家那里获得货币后，将货币投入到商品的生产和流通之中，使货币进入货币资本循环，成为产业资本的一种职能形式。这表明，资本在循环和运动中所实现的价值增殖额是产业资本家向借贷资本家支付利息的来源，归根结底，借贷资本家要赚取利息最终需要通过产业资本家以资本循环的方式赚取利润加以实现。

另外，马克思认为，往往是在经济繁荣时期，市场利率比较低，而在经济萧条和低迷时期，市场利率比较高。也就是说，利率的上升与下降是经济低迷与繁荣的反映。由此进一步分析可以发现，在经济繁荣时，利率之所以较低，直接原因是产业资本家在货币供求关系中处于主动地位，而本质原因是货币资本循环所产生的价值增殖水平较高，投资盈利能力较强，进而吸引更多的借贷资本为产业资本家增加货币供给，推动利率的下降，反之也成立。但这里隐含着一个重要前提，即市场中的货币量能够通过市场机制满足产业资本的需求，如果市场中的货币出现紧张和不足的问题，将会导致利率不降反升。

虽然马克思没有明确提出利率在调控经济时具有逆周期的功能以及利率与中央银行之间的联系，但对利率与经济之间的联系及其背后的本质进行了详细的阐述，并进一步说明了货币供给与利率之间的关系，即增加货币供给可以推动利率下降。这反映了中央银行可以通过调控货币供应来调控利率，为分析利率由中央银行向商业银行的传导机理奠定了理论基础。基于上述分析，马克思通过对利率及其本质的科学分析，揭示了在资本主义经济制度下利率的特殊运动规律，阐释了利率的宏观调控功能。但是鉴于时代原因，马克思不可能对还尚未实践的社会主义利率问题进行更加详细的阐述。有鉴于此，本书应该以马克思的利息和利率理论为指导，结合中国自身的特殊性，分析我国利率传导机制的具体问题。

第二节　新古典主义的利率传导机制相关理论

新古典主义主要建立在理性预期假设以及价格与工资的弹性假设之上。卢卡斯认为，实际产量对自然率的偏离是由预期错误导致的，实际价格的高低变化会促使厂商认为相对价格已经发生变化，因而需要对产量进行调整，如果经济当事人能够理性预期，那么他们就会利用自身掌握的有关货币政策规则形成对未来价格的预期。因此，不论货币当局如何选择货币存量增长率，都不可能欺骗经济当事人以使他们错误地预期价格。同时，由于价格弹性假设能够确保市场快速出清，且假设不存在预期错误，因此，系统化的货币政策便不会对产量和就业造成系统而有规律的影响。新古典主义主张，既然货币政策不是那么有效，为了提高货币政策的权威性和可信度，应通过制度建设对政府的货币政策行为进行约束，因此，需要制定长期不变的货币政策规则，而不能按照凯恩斯主义所主张的根据经济形势来选择政策或其组合。可以看出，新古典主义强调应该对能够预期到以及不能预期到的政策措施所产生的不同效果和影响进行区别对待以及差异化应对。

根据上述分析，新古典主义关于"理性预期假设"和"制定长期不变的货币政策规则"这两方面的观点为本书提供了一定理论基础。利率走廊模式具有较为清晰的货币政策规则，且能够引导公众预期，形成逻辑性较强的利率传导机制。此外，中央银行与商业银行在意图和目的上具有不一致性，商业银行的主动应变行为会导致利率传导机制的有效性减弱，对此，新古典主义主张，提高货币政策的权威性和可信度，可以通过提高中央银行的权威性以及提高其调控利率的深度和广度，以保证货币政策的有效性，进而促进利率传导机制的畅通。

第三节　凯恩斯与后凯恩斯学派的
利率传导机制相关理论

凯恩斯被称为"宏观经济学之父"，其代表作《就业、利息与货币通论》

（1936）与《货币论》（1930）详细展现了凯恩斯关于利率与货币的理论和思想。与先前的古典经济学理论不同的是，凯恩斯经济学理论在方法上从微观转向宏观，从长期转向短期，从实物转向货币，从价格转向数量。

凯恩斯主张应将利率作为货币政策的控制目标，并认为，利息是对放弃特定时间内的流动性的一种补偿，而不是储蓄的补偿和报酬，投资和储蓄不能决定利率，特定条件下的灵活偏好和货币数量才能共同决定利率，换言之，利率由货币供给和需求来决定，而灵活偏好决定货币的需求，货币数量则决定货币的供给。关于灵活偏好，一个极端的例子就是"流动性陷阱"，当利率低至接近于零时，灵活偏好的程度急剧增大，人们对投机性货币需求无限大，再多的货币供给也无法满足货币需求，货币供给的增加丝毫不能刺激投资需求的增加，利率政策无法有效传导至实体经济。当然，在正常情况下，仅有灵活偏好的配合也不一定有效促进投资需求增加，还受到资本边际效率和投资乘数的影响。另外，凯恩斯主张在经济危机时期，通过增加货币供给来干预经济，但这并不意味着他倡导数量型货币政策，而恰恰是以利率为核心的价格型货币政策，凯恩斯所指的增加货币供给是为了降低利率，将利率作为核心的中介目标，发挥利率的传导功能，通过调控利率来实现对投资、有效需求、就业和产出等经济变量的调控。因此，在凯恩斯的货币理论中，利率是极其重要的分析对象。

凯恩斯提出的流动性偏好理论为资产配置组合如何影响货币需求提供了支撑。凯恩斯指出，货币只是人们可以选择配置的众多资产类型中的一种，除了货币，可以选择的资产还包括债券、股票和房产等，但货币最大的特点是流动性最强，这是货币与其他资产最大的区别。凯恩斯将货币需求分为交易性需求、投机性需求和预防性需求。前两种需求主要取决于收入，而预防性需求则与利率的高低紧密相关，这是因为利率决定了投机性货币的机会成本，当利率较高时，人们持有货币意味着放弃持有其他资产所得收益，此时，人们更愿意不持有货币而选择持有债券、股票等其他资产；相反，当利率很低时，人们持有货币的机会成本很低，出于持有流动性的偏好，人们会更愿意持有更多的货币，造成投资性货币需求增加。

凯恩斯认为，利率主要对投资产生影响，投资需求不仅仅取决于利率，还与资本边际效率有关。也就是说，当货币供给增加导致利率降低时，如果利率没有降低至低于资本边际效率，利率是不会对投资产生有效刺激的，只有利率低于资本边际效率，才能有效产生投资需求。至于凯恩斯所言的资本边际效率是什么概念，在《就业、利息和货币通论》中他对其进行了解释，实际上，他认为所谓的资本边际效率可以理解为贴现率，这个贴现率可以将未来的资产收益折为现值，这个通过折现而得到的现值恰好等于该资本资产的供给价格。因此，可以说，凯恩斯所指的资本边际效率既不是平均利润率，也不是边际收益率或者投资收益，而是资产价格和资产收益相等时的利率水平，是联结资产未来收益和现在的资产供给价格的桥梁和纽带，具有重要的作用和意义。资本边际效率考虑了货币的时间价值，在某一资产或者项目的全寿命周期内，将未来所有的预期收益全部折为现值，就相当于得到了该资产的价格，将此时的利率与资本边际效率进行比较权衡，就能做出是否应投资该资产或者项目的决策。

不过，凯恩斯也强调，利率能否对投资需求产生有效刺激还要考察投资利率的弹性，如果投资利率的弹性比较高，则利率对投资的刺激性更强，而投资利率的弹性与当时的经济形势有关。在经济繁荣时期，投资利率的弹性往往比较高，此时利率对投资需求的刺激作用更有效；但在经济危机时期，投资利率的弹性往往比较小，此时利率刺激投资需求的效果较差，货币政策的有效性大大削弱。如果在经济危机时期降低利率，不但不会有效刺激投资需求增加，还会产生"流动性陷阱"。尽管如此，对于经济危机和衰退，凯恩斯仍然认为应该降低利率，而不是提高利率，一方面，此时提高利率必然会损害一部分合理的投资需求，同时也会打压消费需求；另一方面，随着经济由危机向复苏转变，市场信心和预期逐渐好转，资产的预期收益逐渐提高，在资产价格短期既定不变的情况下，资本边际效率提高，当其提高至高于利率水平时，就能够对投资需求产生有效刺激，推动就业和产出的增加。"故要挽救经济繁荣，其道不在提高利率，而在降低利率，后者也许可使繁荣延长下去。补救商业循环之良方，不在取消繁荣，使我们永远处于半衰退状态，而在取消衰退，使我们永远处于准繁荣情况。"

根据凯恩斯的理论，总需求和总供给达到均衡时的总需求才是有效需求，在这种均衡状态下的产出或就业是社会总产出或就业。然而，由于总供给具有刚性的特点，在短期内基本不会发生变化。因此，总产出或者就业在短期内由有效需求决定。有效需求包括消费需求和投资需求，这两者又受边际消费倾向、灵活偏好以及资本边际效率三大心理因素的影响。由于边际消费递减而导致消费减弱时，填补总需求不足的重任就落在了投资需求身上，但投资需求的增加取决于利率与资本边际效率的比较，如果资本边际效率呈现出下降的趋势，此时能否有效刺激投资需求增加，就取决于利率。由于凯恩斯认为利率本质上是对放弃流动性即灵活偏好的报酬，利率的高低就取决于对货币的灵活偏好程度，也即取决于货币需求程度。通过这一逻辑，凯恩斯将有效需求、投资、利率、货币等因素有机联系在了一起，形成了利率传导机制的线索和链条。

　　总而言之，根据凯恩斯的货币理论，利率对宏观经济的传导机制应是：中央银行增加货币供应量，促使货币供应量大于货币需求量，人们持有货币的数量超过流动性偏好程度，投机性货币需求下降，而对债券等其他资产的投资需求增加，推动其他资产价格上涨，从而利率降低，当利率降低至资本边际效率以下水平时，就能够对投资产生刺激效应，促进投资增加，在边际消费倾向保持稳定的情况下，乘数效应更加增强了投资对就业和产出的推动作用。

　　后凯恩斯学派是凯恩斯的追随者对于理论的补充。1969 年，经济学家托宾提出了托宾 Q 理论，该理论从资产的价值与结构变动的角度研究货币政策的传导机制，货币政策能够通过影响股票的价格对实体经济产生影响，其中，q = 企业的市值/企业的资本价格。这个过程可以表示为：紧缩性的货币政策→货币供应量↓→利率↑，在这种情况下，债券比股票更加有利可图，理性经济人则会有限购买债券而使得股票价格下降，在此环境下人们会选择减少投资，进而使得产出水平下降，传导链条如下：$M\downarrow \rightarrow r\uparrow \rightarrow P\downarrow \rightarrow q\downarrow \rightarrow I\downarrow \rightarrow Y\downarrow$。需要注意的是，此时的利率已经不是凯恩斯所说的利率，而是各种利率的对比关系或是作为真实投资的成本的某种利率组合。该理论下的利率传导机制与凯恩斯理论下利率传导机制在本质上并没有区别，只是将其作用范围延伸到了货币与其他金融和实物资产的结构调整中。

第四节　新凯恩斯学派的利率传导机制相关理论

　　新凯恩斯学派是对传统凯恩斯学派的反思、继承和完善，同时，新凯恩斯学派在与新古典学派辩论和竞争过程中也借鉴吸收了一部分新古典学派的思想和观点。泰勒在凯恩斯理论的基础上，提出了理性预期和价格粘性的假说，他更加强调短期利率与长期利率、名义利率和实际利率在利率传导机制中的功能和效应。泰勒认为，货币政策能否对长期利率产生影响是利率传导机制畅通的决定性因素，是货币政策能否对实际经济产生有效影响的关键。根据泰勒提出的理论，在正常的情况下，当中央银行实行宽松的货币政策时，货币供给增加使得货币相对于其他资产更容易获得，货币的边际收入下降，人们会放弃持有货币，而持有对货币替代性较强的短期金融资产，从而导致短期利率下降。同时，在理性预期和价格粘性的影响下，由于短期利率的下降，人们会购买长期资产，进而促使长期利率下降。低利率会推动固定资产投资的增加，人们对住房、耐用品、资本的需求的增加，从而导致总需求的增加；反之也成立。

另外，在正常经济运行中，有些借款人即便愿意支付很高的利率也不能从银行那里借到他们希望获得的贷款。对于这种情况，新凯恩斯主义认为，由于存在信息不对称、逆向选择和道德问题，资本市场并不仅要在利率的调节下达到均衡，还要在数量的调节下达到均衡，即当资本市场出现供不应求的情况时，银行并不是采取提高利率的办法，而是通过采取信贷配给的方式强制资本市场达到均衡。因此，银行风险厌恶使然，加上考虑借款人真实的还款能力，不一定会贷款给愿意支付高利率的借款人，因为那可能意味着风险也大，而愿意支付较低利率的借款人也不一定就会被银行拒贷，因为那可能意味着风险较小。有鉴于此，新凯恩斯主义提出的信贷配给理论认为，信贷的可得性和资产负债表状况是投资率的关键决定性因素。结合我国的现实状况，即使中央银行采用宽松的货币政策，向市场增加货币供应，但很多中小企业和民营企业还一直处在"融资难、融资贵"的困境。对于上述困境，信贷配给理论做出了解释：商业银行考虑自身风险等因素，会在原有贷款利率的基础上加上风险溢价，这会导致贷款利率水平偏高；或者考虑借款人的还款能力比较低，而直接不发放贷款，使得中央银行释放出来的流动性都集中在商业银行，无法向企业传导。

第五节　奥地利学派的利率传导机制相关理论

维克塞尔是奥地利学派的重要代表人物，代表作是《利息与价格》（1898）和《国民经济学讲义》（1906），货币利息理论是他的核心理论之一。维克塞尔在传统经济学[①]的基础上将利率分为货币利率和自然利率，他认为"借出的是货币，并不是用货币买到的货物。利率是同货币所有者而不是同货物所有者交涉的事情"。货币利率是指银行贷款利率，而自然利率则是物质资本的收益率。维克塞尔指出，当货币利率等于自然利率时，货币对于经济的影响便是中性的。根据

[①] 传统的资产阶级经济学认为，利率就是指资本实物利率，货币利率被看成是实物利率的货币表现形式，两者实为同一个东西。

他的主张，当货币利率与自然利率偏离时，经济平衡就会被打破。当货币利率高于自然利率时，因并不看好投资前景，资本家会不断减少借款与投资，从而引起物价的日益下跌，经济收缩一直到引起的资本供求变化，使得货币利率降到自然利率的水平为止；当货币利率低于自然利率时，因看好投资前景，资本家会不断增加贷款用来扩大投资，促使物价日益上涨，经济扩张一直到引起的资本供求变化使得货币利率降到自然利率的水平为止。他进一步指出，价格水平无论是上涨还是下降，都是累积性的。这是因为投资前景越好，资本家就越不停增加贷款，扩大生产；而投资前景越差，资本家也就越不停减少贷款，减少生产，这种效应使得其呈现出累积性的特点。这个过程可以用传导链条表示：M↑→货币利率 r < 自然利率 r→I↑→Y↑→P↑；反之，则有：M↑→货币利率 r > 自然利率 r→I↑→Y↑→P↑。

维克塞尔指出，储蓄供给和贷款需求都会受到货币利率的影响，储蓄和贷款量的变化会进一步影响产出，进而影响物价水平。他强调，应该实行通过货币利率调节经济发展进程的货币政策。在此基础上，进一步说明，银行的目的并不是赚钱，而是通过使货币利率与自然利率不发生偏离，达到稳定经济的目的。

维克塞尔认为，货币影响经济的传导中介是利率，并且说明了货币利率与自然利率在传导过程中各自需要扮演的角色。要想实现经济稳定和货币均衡，则需要一个稳定的货币市场环境。维克塞尔的相关理论为货币当局通过使用利率杠杆来调控宏观经济贡献了思路，同时，为利率传导机制的进一步完善提供了思路。但他认为利率传导机制只是用来消除货币利率与自然利率的差异，这是关于利率传导机制理论的局限所在。再有，维克塞尔强调利率对于稳定经济的作用，这表现为利率对经济的调控作用，为我们制定"反周期"的利率政策提供了理论基础。

第六节　货币主义关于利率传导机制的相关理论

货币主义又被称为"名义国民收入的货币理论"，以弗里德曼发表《货币的数量：重新论述》为标志，诞生于 20 世纪 50 年代，并在 70 年代成为欧美发达国家货币政策的理论依据。弗里德曼作为货币主义的代表人物，提出"黑箱"理论，有着与凯恩斯不同的观点，认为货币供给量的变化是如何刺激经济的整个过程不重要，但要弄清楚货币供给的变动是如何直接影响居民手中的真实货币余额，进而影响产出水平。短期内，由于预期的存在，价格调整存在时滞，工资价格也不能得到及时调整，用传导链表示为：货币供给量↑→投资↑→利率↓→产出↑。但伴随着投资的增加，价格和工资也会相应增加，利率慢慢也会出现回升，产出水平也会根据利率变化再次达到均衡。因而，长期看来，货币供给量的增加只会引起价格水平的上涨，而其他因素均会回到原有水平。

    货币主义吸收了凯恩斯的流动性偏好理论，认为利率是决定货币需求或货币流通速度的一个变量，但利率对货币需求的影响很有限，货币需求对利率不敏感，原因在于利率的变化对货币需求函数中的其他资产的机会成本影响很小。货币主义是一套针对经济过热和通货膨胀的理论。关于为什么政府在明知通货膨胀具有巨大危害的情况下还大量增加货币供应量的问题，货币主义认为原因之一在于中央把控制利率作为政策目标而不把控制货币供应量作为政策目标。货币主义认为，滞胀的原因是政府长期奉行凯恩斯主义政策，即增加政府支出的充分就业政策与福利国家政策，而医治通货膨胀最好的办法是减少货币供应量的增加（见图 2 - 1）。

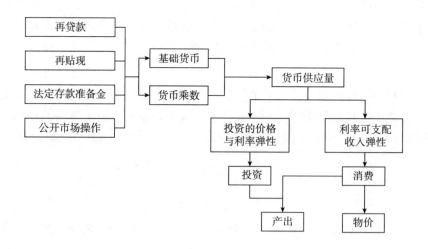

图 2 - 1　货币主义利率传导机制

    货币主义强调货币政策的重要性。货币主义认为，中央银行应该以自身能够有效控制的变量来指导自己，而不是相反而为之，中央银行能够有效控制的变量包括利率、汇率、通货膨胀率、失业率、货币供给量等。而且，不赞同中央银行以利率为控制变量，因为很难观测到所有的相关理论，且利率对价格变化及价格预期均会做出反应，货币供应量的变化对利率变化方向的影响是会发生变化的。货币主义也不赞同以失业率、汇率、通货膨胀率作为货币政策的控制指标，因此，他们认为，只有货币供应量才具备作为合适的货币政策控制变量的条件，利率在货币政策传导机制中的作用并未得到足够的重视。

第七节　本章小结

本章通过对马克思、古典学派、新古典学派、凯恩斯学派、后凯恩斯主义、新凯恩斯学派、奥地利学派以及货币主义关于利率以及利率传导机制的相关理论进行回顾，发现：

第一，马克思通过对利率及其本质的科学分析，揭示了在资本主义经济下利率的特殊运动规律，阐释了利率的宏观调控功能。虽然马克思没有明确提出利率在调控经济时具有逆周期的功能以及其与中央银行之间的联系，但详细说明了利率的升降同经济繁荣与低迷之间的联系，并进一步说明了货币供给与利率之间的关系，增加货币供给可以有效推动利率下降。这表明中央银行可以通过调控货币供应来调控利率，为分析利率由中央银行向商业银行的传导机理提供了理论基础。

第二，新古典主义关于"理性预期假设"和"制定长期不变的货币政策规则"这两方面的观点为本书提供了一定的理论基础。无论是哪种利率调控模式，比如公开市场操作、利率走廊、负利率政策等，实际都是建立在理性预期的假设之上，能够引导公众预期，制定长期不变的货币政策规则有利于公众形成稳定的合理预期。新古典主义主张提高货币政策的权威性和可信度，这意味着可通过提高中央银行的权威性以及提高其调控利率的深度和广度，促进利率传导机制的畅通。

第三，凯恩斯将有效需求、投资、利率、货币等因素有机联系在一起，形成了利率传导机制的线索和链条。后凯恩斯主义的代表人物托宾则通过托宾 Q 理论将金融因素引入利率传导机制中，这为商业银行是利率传导机制中的重要微观基础提供了佐证。

第四，结合我国的现实状况，即使中央银行采用宽松的货币政策，向市场增加货币供应，但很多中小企业和民营企业还一直处在"融资难、融资贵"的困境。新凯恩斯学派的信贷配给理论对这一困境给出了解释：商业银行考虑自身风险等因素，会在原有贷款利率的基础上加上风险溢价，这会导致贷款利率水平偏高，或者考虑借款人的还款能力比较低，而直接不发放贷款，使得中央银行释放出来的流动性都集中在商业银行，无法向企业传导。

第五，奥地利学派代表人物维克塞尔认为，货币影响经济的传导中介是利率。他强调利率对经济的稳定作用，这表现为利率能够对经济产生重要的调控作用，为我们制定"逆周期"的利率政策提供了理论基础。

第六，货币主义认为，只有货币供应量才具备作为合适的货币政策控制变量的条件。这也为实施数量型货币政策奠定了理论基础。

由上述内容可以看出，各学派的相关理论都可以与本书内容相结合并加以使用，但这些理论因时间与环境的变化以及自身认识水平等原因存在局限性，主要表现在：

第一，由于时代原因，马克思不可能对还尚未实践的社会主义利率问题进行更加详细的阐述。有鉴于此，本书应该以马克思的利率理论为指导，结合中国自身的特殊性，分析我国利率传导机制的具体问题。

第二，凯恩斯认为，"零利率下限"无法被突破，但是负利率政策的出现说明了其理论具有一定的局限性，本书将尝试对负利率存在的合理性以及"负利率下限"在哪里等问题进行解答。

第三，除马克思与凯恩斯以外的其他学派关于利率传导机制的相关理论并不够系统化，但可根据上述总结的各自特点，为本书分析具体的问题提供理论支撑，笔者会把各个学派关于利率传导机制的理论观点充分融入本书的研究之中。

第三章　我国的利率传导过程与作用机理

第二章在回顾理论的基础上，将理论内涵融入利率实践之中。本章则重点介绍利率在中央银行、商业银行以及企业和居民这三类主体之间的传导，包括三个层级：中央银行向商业银行的传导、商业银行之间的传导、商业银行向企业与居民的传导。通过考察每层级中利率传导的过程，分析每层级中不同利率、不同市场对利率传导机制的主要作用机理，归纳每层级中利率传导各自具有的内在逻辑与特点。利率传导的三个层级既具有独立性，又具有整体性。独立性主要表现在每层级都能够在一定条件下各自发挥作用，根据每层级利率传导过程中遇到的问题而实施有针对性的措施；整体性则主要是指不能孤立地看待这三个层级，如果要实现实施各项利率政策的真正目标，必须将其结合起来从整体角度考察利率最终传导至企业、居民的实际效果。同时，在分析我国利率传导三个层级的基础上，指出我国利率传导机制存在的主要问题。

第一节　我国利率的传统演进历程

中国古代利率称为息，有官定利率和民间利率。最早可以追溯到先秦《管子》中的"换乘之币"（《管子·山国轨篇》），就是古代国家贷放给农户的基金，利用基金可以种粮食，秋收时余粮户则要按照预定价格向国家出售余粮，而缺粮户则可以继续贷款。公元前 2 世纪~公元 4 世纪，首次出现反对高利贷的声音。西汉初，晁错持反对高利贷的态度，他认为，"亡者（指贫穷农民）取倍称之息，于是又卖田宅、鬻子孙、以偿债者矣"（《汉书·食货志》上）。东汉初，有人从重农轻商角度反对高利贷。他们反对的高利贷专指私人高利贷，那时的封建政权也曾进行贷放取息活动。公元前 2 世纪，司马迁公开承认贷放取息活动是合理行为，他将"子钱家"（货币贷放者）视为正当事业。公元 1 世纪，王莽基于《周礼·泉府》进一步研究官府贷放问题，形成了自己的官定基准利息论。主要包括以下内容：一是将官府贷放机构的贷款方式分为非生产性贷款和生产性贷款。官府应按照贷款用途决定是否取息，官府贷放对非生产性贷款免取利息，归还期限一般为 3 个月；对生产性贷款才收取利息，归还期限较长。二是明确了对生产性贷款的取息方式。王莽的办法是"欲贷以治产业者，均受之。除其费，计其所得受息，毋过岁什一"（《汉书·食货志》下）。他认为，生产性贷款取息应在扣除成本后的年利润中抽取，取息多少按贷款人所得年利润的 1/10 计算。这说明王莽很早就肯定了利息来源于利润的观点。明清时期，高利贷则被分为生活性借贷与生产性借贷，并指出生活性借贷能够对社会生产造成一定的伤害；而生产性借贷却有着积极作用，其在工业、航运业等的使用明显增加，从而确立了高利贷（利息）在社会再生产中的地位。16 世纪后，高利贷逐渐有了今天的含义，即超出正常、合理范围的贷款利率。

实际上，对利率的控制自古至今一直都有，古代主要实行利率上限管制，近现代中央银行出现后，利率则演变为重要的货币政策工具。中华人民共和国成立以来，我国基本上实行管制利率，由我国央行统一管理。1955 年，我国央行在《关于调整现行利率的请示报告》中强调了利率对于企业的影响。该报告强调，应当对企业制定适当的利率，目的是促进企业能够合理地使用流动资金。如果利率偏高，则企业成本较大，不能激发企业贷款的积极主动性，无法推动国家经济计划的实施；如果利率偏低，则不能鼓励企业加速资金周转和经济核算。1981 年，我国央行在《关于调整银行存款、贷款利率的报告》中说明了银行存款利率和贷款利率存在的问题：第一，对企业单位设立的定期存款利率偏低，筹集资金比较难；第二，存款利率和贷款利率设立得都比较低，无法促进企业加强经济核算，提高资金使用效率；第三，利率档次的划分既没有按照期限长短也没有按照贷款用途，没有充分发挥其作用。可以发现，对于利率的运用还局限于微观经济，没有把它的作用与宏观经济结合起来，用以控制资金的供求和调节资金的流向。1993 年，我国翻开利率调控经济的新篇章，《关于建立社会主义市场经济体制改革若干问题的决定》《关于金融体制改革的决定》相继提出了关于利率市场化的设想。1998 年后，我国央行一直将调控利率政策作为经济平稳增长的重要手段，接下来的 20 多年，利率成为我国央行最主要的货币政策工具，其在宏观经济调控中的作用举足轻重。2019 年，我国央行先是完善了贷款市场报价利率形成机制，事隔 3 个月调降中期借贷便利（Medium - term Landing Facility，MLF）一年期中标利率 5 个基点（Basis Paint，BP），相隔半个月更是迎来四年来首次下调 7 天逆回购利率 5 个基点。我国央行在不断创新与完善价格性工具的使用方式，提高利率传导机制的效率。表 3 - 1 概括了我国不同时期各类利率的作用。可以说，利率已经逐渐成为我国中央银行调控的核心指标。

表 3 - 1　各类利率不同时期内的变化

年份	利率相关政策	作用
1978 ~ 1989	重点解决利率总水平偏低的问题	—
1990 ~ 1992	简化利率结构，开始关注利率传导机制的作用	—
1993 ~ 1995	通货膨胀严重，上调利率	已有利率市场化改革的基本设想
1996	中央银行取消同业拆借市场利率上限	开始利率市场化改革进程
1997	放开债券回购利率和现券交易利率	债券市场利率实现市场化定价
1998	放开贴现和再贴现利率	商业银行贴现自主定价权确立
1999	放开政策性金融债发行利率，对保险公司大额定期存款实行协议利率	首次放开存款利率管制
2000	放开外币贷款利率	外币存贷款利率市场化初探
2002	央行统一中外资金融机构外币利率管理政策	消除中外资金融机构不平等性
2003	外币小额存款利率下限放开，实行上限管理	开始培育外币存贷款利率市场化定价机制
2004	完全取消贷款利率上限和存款利率下限，并完全放开外币存款利率	实行贷款利率管住下限、存款利率管住上限，外币存款利率实行市场化定价
2007	上海银行间同业拆放利率正式运行	货币市场市场化基准利率体系建立
2013	中国人民银行取消金融机构贷款利率下限管制，推出短期流动性调节工具（Shoft - term Liquidity Operations，SLO），同年，贷款基础利率也开始运行	贷款利率管制取消，开启贷款利率市场化定价进程
2014	创设中期借贷便利和抵押补充贷款（Pledged Suplementary Lending，PSL）	探索建立中期政策利率，对中期利率的调控力度加大
2015	取消金融机构存款利率上限管制	标志着存贷款利率完全放开，存贷款利率管制完全取消

年份	利率相关政策	作用
2016	着力培育以上海银行间同业拆放利率、国债收益率曲线和贷款基础利率等为代表的金融市场基准利率体系	货币市场、债券市场、贷款市场协调运行的市场化基准利率体系基本成熟
2018	创设定向中期借贷便利（Targeted Medium - term Lending Facility，TMLF）	降低民营企业、小微企业的贷款利率
2019	央行宣布改革完善贷款市场报价利率形成机制，使得贷款市场报价利率在8月、9月连续两次下调	重塑贷款利率传导机制
	11月5日，小幅调降中期借贷便利一年期中标利率5个基点至3.25%，11月18日，更是四年来首次下调了7天逆回购利率5个基点	长期疏通传导机制，引导金融机构降低贷款利率

资料来源：中国人民银行官网。

第二节　我国的利率传导过程与理论分析框架

一、我国的利率传导过程

一般认为，利率既可以通过银行体系传导，也可以通过债券市场传导，但是无论通过上述哪一种传导方式，都涉及中央银行、商业银行以及企业和居民这三类主体。因此，利率通过银行体系或者债券市场传导的过程实际上就是利率通过中央银行、商业银行以及企业和居民依次传导的过程。利率通过中央银行、商业银行以及企业和居民传导，则经过三个层级，分别是中央银行向商业银行的传导、商业银行之间的传导、商业银行向企业和居民的传导。把利率传导的过程划分为上述三个层级，能够将通过银行体系的利率传导和通过债券市场的利率传导进行统一。本书主要从这三个层级分析我国的利率传导过程及其作用机理。

进一步看，中央银行是利率政策的制定者和执行者，利率政策只有对企业和居民的投资、消费、净出口等实体经济活动产生刺激作用，才能实现传导，长期利率是对实体经济产生作用的关键因素。商业银行是将短期的货币市场利率转化为长期利率的转化器和加速器。企业和居民是开展投资、消费、净出口等经济活动的不可替代的微观主体。从利率传导的主体来看，利率传导的起点是中央银行，终点是企业和居民，商业银行则是联系中央银行与企业和居民的金融媒介和桥梁。将利率传导的过程划分为三个层级，具有以下几层含义：

第一，我国的融资市场结构是间接融资市场占主导，直接融资市场快速发展。据中国人民银行公布的统计数据，2019 年 1～11 月，我国人民币贷款增量占社会融资规模增量的比重为 74.46%，企业债券占社会融资规模增量的比重仅为 13.85%，企业债券增量仅次于人民币贷款增量，但其所占比重不到人民币贷款增量所占比重的 1/5。这表明，银行贷款在我国企业融资过程中具有统治地位，对于中小企业，银行贷款甚至是企业唯一的融资方式。由此可见，商业银行作为金融中介，是我国利率传导过程中不可缺少的经济活动主体。

第二，利率传导的宏观过程具有特定的内涵。主要包括：①利率传导以中央银行确定的政策利率为起点，以市场利率为中间目标，最终实现通货膨胀、总需求、就业、经济增长等宏观经济调控目标。②利率传导机制的有效作用是实现宏观经济调控目标的必要前提条件，利率传导机制重在考察政策利率能否向短期利率，进而向中长期利率顺畅传导，长期利率是货币政策有效地刺激和影响实体经济的关键因素。③利率传导机制的形成与调控依赖于由中央银行、商业银行、企业和居民等经济活动主体组成的传导路径，没有中央银行、商业银行、企业和居民等经济活动主体的参与，就无法形成市场及利率传导的市场环境，利率传导机制将无从谈起。因此，归根结底，利率传导机制与由中央银行、商业银行、企业和居民构成的传导路径密不可分。

第三，中央银行、商业银行、企业和居民等主体组成的传导链条是利率传导机制所赖以存在并发挥作用的重要载体。利率传导机制的形成、发挥和调控均需要一定的载体，由中央银行、商业银行、企业和居民等组成的市场是利率传导机制赖以生存和发展的环境。其中，中央银行、商业银行与企业和居民基本构成了利率传导的完整过程，分析利率如何依次通过中央银行、商业银行与企业和居民进行传导，可以帮助我们更好地认识和理解利率传导的内在作用机理，同时，更客观地诊断和发现阻碍利率传导的各类因素。学术界也逐渐将大量的目光投向了利率传导机制所依托的环境，不断加深对中央银行、商业银行、企业与居民等主体在利率传导过程中的行为模式的认识，持续研究分析其行为决策如何影响利率的传导机制。

第四，我国的利率传导在由中央银行向商业银行、企业和居民依次展开的过程中，主要涉及货币市场、债券市场和贷款市场。其中，中央银行与商业银行之间的利率传导与货币市场有关，主要包括央行借贷便利市场、存款准备金市场等，商业银行与商业银行之间的利率传导与货币市场有关，主要包括银行间同业拆借市场、银行间债券回购市场等，商业银行与企业和居民之间的利率传导与存贷款市场、债券市场有关，包括贷款市场、存款市场和企业债券市场等。

在利率传导过程中，中央银行、商业银行、企业与居民均发挥着各自重要的角色和作用：

（1）中央银行是利率政策的决策和执行主体。从中央银行与利率调控政策的关系来看，中央银行具有双重角色，既是货币政策的制定者和执行者，也是金融市场的参与者。严格意义上，中央银行与商业银行的市场关系并不是对等的，中央银行在实施货币政策过程中具有绝对的主导地位，不仅表现在规则制定方面，也表现在利率定价方面。在与商业银行的借贷过程中，中央银行既有遵循市场规则的市场行为，也有因执行监管职责而实施的非市场行为，中央银行的短期行为可能导致市场扭曲，但长期行为则会向市场规则遵守者回归。中央银行的行为更是国家意志的体现，中央银行实施货币政策体现国家的经济金融政策意图，调控经济金融健康发展。此外，中央银行还是商业银行与非金融机构市场行为的引导者，通过各类货币政策工具影响市场的预期和市场的行为决策，从而实现对经济金融的逆周期或顺周期调控。正是中央银行具有的上述特点和性质，才决定了中央银行在调控利率、疏导利率传导过程中具有不可替代的作用，中央银行是研究分析利率传导机制的起点。

（2）商业银行在利率传导过程中发挥着重要的金融中介作用。根据金融中介理论，商业银行具有"加速器"的功能。以商业银行为核心的金融机构既是货币市场的交易主体，也是资本市场和信贷市场的交易主体。短期利率对货币市场产生重要影响，长期利率对资本市场和信贷市场产生重要影响。利率的调控和传导离不开中央银行和商业银行之间的交易，也离不开拆借市场、回购市场、债券市场、信贷市场乃至汇率市场的参与。这意味着商业银行是短期利率向长期利率传导过程中必须要考虑的重要市场主体之一。传统的利率传导理论认为，商业银行是利率政策的被动接受者，被视为一个"密闭的箱体"，这个"密闭的箱体"按照一定的规则机械被动地接受利率政策的冲击，发挥传导利率功能，即当中央银行执行一项利率政策时，商业银行自然地向下游链条进行传导，商业银行不会对利率的传导产生实质性的干扰。然而遗憾的是，传统的利率传导理论与现实情况并不完全相符，在一些特定的条件下并不成立。而新的利率传导理论认为，商业银行是一个主观能动的行为主体，具有自主的独立意识，例如，商业银行通过"影子银行"行为逃避中央银行对货币创造的约束，能够对利率政策做出积极主动的反应，并基于自身的资产负债表、流动性、杠杆率和风险管理等因素做出评估判断与行为选择，从而对信贷市场和利率的传导产生冲击，影响利率传导机制的顺畅。将商业银行作为一个积极能动的市场主体更加符合利率传导的实际情况，从货币政策实践来看，商业银行的自发行为的确对利率传导机制产生了根本性影响。

（3）企业、居民是利率传导机制作用于实体经济的体现者。利率传导机制能否对反映实体经济的通货膨胀、投资、消费和净出口等经济指标产生刺激作用，取决于利率政策能否对企业、居民的经济行为产生预期的有效影响。利率政策传导至企业、居民的有效程度直接决定了利率传导机制有效性的高低。事实上，利率的高低对企业、居民的资产负债表、盈利能力、风险偏好、预期等产生直接影响，促使企业、居民基于利率政策的变动来评估自身的融资成本、投资收益和风险水平，进而对投资和投机做出判断和行为选择，并最终反向影响利率的传导。不同于商业银行的是，企业、居民作为资金需求末端的重要市场主体，不但不会成为利率这一价格的接受者，相反，企业、居民是具有一定市场地位的谈判者。国内外大量的研究已经表明，利率传导机制受到银行风险承担能力和意愿的影响，同时也受到企业风险承担能力和意愿的影响。

二、我国利率传导机制的理论分析框架

基于上述分析，本书对我国的利率传导机制构造了一个理论分析框架，即"传导主体—传导层级—传导市场—传导效果"（见图3-1）。利率传导的效果主要由利率传导的主体、传导的层级以及传导的市场等所决定。其中，中央银行、商业银行以及企业居民构成了核心的利率传导主体；中央银行向商业银行的利率传导、商业银行之间的利率传导、商业银行向企业和居民的利率传导形成了利率传导的三个关键层级；货币市场、债券市场、存贷款市场以及我国央行的利率政策等组成了利率传导的市场环境和制度环境；而政策利率、基准利率体系以及不同期限的市场利率则测度了我国利率传导的效果。如图3-1所示，在利率经过上述三个层级传导的过程中，不同的传导主体、传导市场以及相关的利率品种形成了一个有机整体，构成我国利率传导机制的理论分析框架。本章的后续分析将重点围绕该理论分析框架详细展开，分析每个层级利率传导的作用机理。需要特别说明的是，本书对第二层级的传导主体有所限定，重点考虑商业银行（包含影子银行）对于利率传导机制的影响。

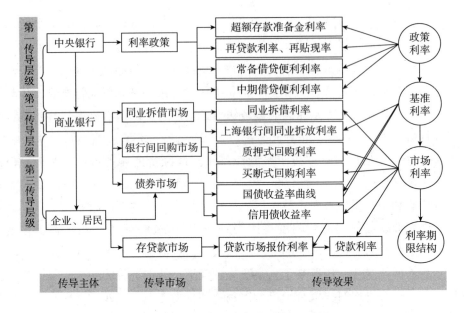

图3-1 我国利率传导机制的理论分析框架

第三节 我国央行与商业银行之间的利率传导

现代中央银行的出现对金融市场的发展产生了深远影响，作为"最后贷款人"的角色，中央银行承担着一个国家或经济体货币政策的管理职责，在经济发展与金融市场运行中始终处于核心地位。分析我国央行与商业银行两者之间的利率传导，不能仅就两者之间的利率传导而看两者之间的利率传导，而是要站在利率传导的整体过程来考察两者之间的利率传导，即站在整体看局部，要避免"只见树木，不见森林"。换言之，如果不从利率传导过程的全局来考察两者之间的利率传导，极易造成中央银行与商业银行之间的传导虽然是顺畅的，但商业银行向下游的利率传导则是阻滞的局面。但从货币政策的实际操作来看，在某些情况下，又无法同时实现"中央银行与商业银行"以及"商业银行向下游"这两大环节利率传导的畅通。此时，由于中央银行与商业银行的利率传导机制更易于受中央银行控制，且我国货币市场利率市场化程度高，因而我国央行与商业银行之间的利率传导机制相对更为有效。

一、我国央行以利率为操作目标影响商业银行的机理

1. 基准利率是影响我国央行与商业银行之间利率传导的关键政策工具

中央银行在利率体系中居于主导地位，起着关键作用。在我国利率政策发展过程中，中央银行建立了完善的基准利率体系，采用了成熟的利率工具，对中央银行与商业银行之间的利率传导产生了巨大的影响和作用。我国央行设定的具有基准作用的利率工具主要包括：再贷款利率、再贴现利率、超额存款准备金利率、常备借贷便利利率、中期借贷便利利率等，如表3 2所示。中央银行通过利率工具实现基础货币的吞吐，适时调控商业银行的流动性和资金成本，引导商业银行的信贷投向和规模，引导市场利率的升降变化。一方面，从源头上控制基础货币的总量，实现对利率的调控，控制好货币供应的总闸门；另一方面，通过利率的高低变化实现对商业银行融资成本的调控，以商业银行为中介，向下游传

表3－2 央行货币政策利率种类

政策利率	简　介	发起者	对金融机构（商业银行）的主要作用
法定存款准备金利率	依法需要缴存的存款准备金	法律规定	影响金融机构的信贷资金供应能力
超额存款准备金利率	法定存款准备金之外金融机构超额缴存的准备金	金融机构决定存放	影响商业银行的资金流向
再贷款利率	中央银行对金融机构的贷款	央行	吞吐基础货币，引导资金流向和信贷投向
再贴现利率	中央银行对金融机构持有的未到期已贴现商业汇票予以贴现	金融机构主动申请	明确再贴现票据选择，吞吐基础货币，调整信贷结构
常备借贷便利利率	金融机构可根据自身流动性需求申请常备借贷便利	金融机构主动发起	满足金融机构期限较长的大额流动性需求
中期借贷便利利率	发挥中期政策利率的作用，调节向金融机构中期融资的成本	央行	对象为符合宏观审慎管理要求的商业银行、政策性银行，金融机构需提供合格质押品
补充抵押贷款利率	我国主要政策利率及其作用	央行	对金融机构提供期限较长的大额融资

资料来源：中国人民银行网站。

导利率政策，对实体经济进行间接调控。中央银行能够通过再贷款利率、再贴现利率、超额存款准备金利率、常备借贷便利利率和中期借贷便利利率等利率工具主导利率由中央银行向商业银行的传导，通过影响商业银行的预期、资金成本以及流动性等变量，对利率传导整个过程施加作用和影响，从而树立利率工具作为基准利率的地位。

再贷款利率、再贴现利率和超额存款准备金利率是我国央行传统的基准利率，至今仍然是中央银行常用的利率工具，能够对中央银行与商业银行之间的利率传导产生有效的刺激。常备借贷便利利率和中期借贷便利利率是我国央行创新设立的结构性货币政策工具，能够为商业银行提供便捷的货币供给，准确地调控不同期限的市场利率，因而常备借贷便利利率和中期借贷便利利率对商业银行的利率水平具有决定性的作用。常备借贷便利利率能够对货币市场利率产生有效的刺激作用，被中央银行设定为利率走廊的上限，可见其重要性，常备借贷便利利率能够对银行间拆借利率产生很强的替代作用。而中期借贷便利利率则被我国央行用于调控中长期利率，在短期利率不能有效向中长期利率传导的情况下，中央银行通过中期借贷便利利率对中长期利率进行直接调控，从而使利率政策能够有效地刺激投资、消费、净出口等总需求，实现货币政策的最终目标。

但是，政策性基准利率具有很强的行政规定性，它并不是市场化的。政策性基准利率反映的主要是政府实施货币政策时对利率的态度，这必然决定了央行政策性基准利率的形成缺乏市场形成机制。中国人民银行在确定政策性基准利率时，不仅需要根据宏观经济环境以及市场上资金的运行状况，还需要参照国际市场上基准利率水平。政策性基准利率由中国人民银行直接宣布，不具有市场交易的形成机制。所以政策性利率反映了央行的调控作用，但是市场性不足。这也是造成我国利率传导不畅的重要原因之一。但是伴随着利率市场化程度的不断加深，政策性基准利率会让位于市场型基准利率。这样可以使得基准利率更加市场化，既能够发挥中央银行的主观调控作用，也能发挥良好的市场传导性。

2. 我国央行调控商业银行的资金成本

中央银行可通过再贷款利率、再贴现利率、借贷便利利率等各类政策工具来调控商业银行的再融资成本，向商业银行及市场传导利率政策信号，引导市场利率的总体走向。对商业银行而言，中央银行向商业银行执行的再融资利率是商业银行的资金成本，对中央银行而言，商业银行的再融资利率是中央银行的资金收益。因此，中央银行对商业银行实行的再融资利率决定了利息在中央银行和商业银行之间的分配，再融资利率的高低反映了中央银行和商业银行之间的利息分配比重，贷款利率的高低反映了利润在商业银行与企业之间的分配比重。

如果商业银行向中央银行进行再融资的利率上升，表明中央银行获得的预期利息分配比重增加，商业银行获得的预期利息分配比重减少，商业银行的预期利差收益降低，受到资金成本压力的驱动，商业银行将通过提高自身与企业之间预期利润分配所占比重来进行对冲，从而商业银行提高利率，推动货币市场利率和贷款利率上升。相反，如果商业银行向中央银行进行再融资的利率下降，说明中央银行获得预期利息分配的比重减少，商业银行获得预期利息分配的比重增加，商业银行的预期利差收益增加，受到资金成本下降的影响，商业银行会降低自身与企业之间预期利润分配所占的比重，增加企业在预期利润分配中的比重，推动市场利率与贷款利率的下降，刺激企业和居民投资、消费等需求的增加。

3. 我国央行通过抑制货币市场利率的波动稳定商业银行的预期

我国曾经出现过利率大幅波动的情况，对利率传导机制的正常运行产生了极为不利的冲击。表面上看，利率大幅波动影响了利率的有效传导，但实际上是商业银行的不确定性预期阻碍了利率的传导，即利率的频繁大幅波动造成商业银行不能形成稳定的预期，导致短期利率无法有效向中长期利率传导。原因在于利率频繁大幅波动会增加未来利率变化的不确定性，商业银行无法判断利率的走势，出于对风险的担忧，商业银行愿意拆出资金的期限利率局限于隔夜利率、7天利率等超短期利率，而不愿意参与货币市场其他期限利率的资金拆出，进而导致隔夜利率以外的利率期限市场的流动性不能得到有效增加，相应期限的市场利率无法降低，即流动性无法由短期市场向中长期市场流动，短期利率不能向中长期利率传导。稳定利率的波动则可以稳定商业银行的预期，降低商业银行面临的利率风险，促进商业银行积极参与不同利率期限市场的资金拆出，增加对不同利率期限市场的流动性供给，促进各期限市场利率的下降，实现短期市场利率向中长期利率的传导。因此，为了畅通利率传导机制，我国央行需要稳定商业银行的预期，而要稳定商业银行则需要稳定货币市场利率的波动，防止货币市场利率大幅频繁波动。

公开市场操作和利率走廊是我国央行调控自身与商业银行之间利率传导的常用货币政策工具，无论是公开市场操作还是利率走廊，其调控利率的共同特征均是要实现利率的稳定，从而保证商业银行形成稳定的预期。否则，中央银行与商业银行之间的利率传导则仅仅是两者之间的利率传导，利率传导机制局限于中央银行与商业银行之间产生作用。具体来看，在货币需求比较稳定的情况下，中央银行通过调节货币供应量就可以实现利率的稳定，这也是数量型货币政策能够有效发挥传导机制的基础。然而，当货币需求变得越来越不确定时，如果依然通过规则化的货币供给来应对不确定的货币需求，不但不能平滑利率，反而会造成利率的大幅频繁波动。通过公开市场操作来抑制利率的大幅频繁波动，便需要频繁的公开市场操作，进而便会增加中央银行公开市场操作的成本，削弱公开市场操作的可持续性。利率走廊则可以很好地适应货币需求的不确定性，利率走廊通过上限、下限及其所形成的利率宽度来抑制利率的大幅频繁波动，有助于恢复商业银行的稳定预期，修复中央银行与商业银行之间的利率传导机制，与公开市场操作相比，利率走廊不会明显增加中央银行利率调控的操作成本。

4. 我国央行通过调节自身与商业银行之间的货币供求影响商业银行的利率定价

从我国货币政策实践来看，无论运用数量型货币政策工具还是价格型货币政策工具，中央银行调控自身与商业银行之间的利率的操作逻辑均是"以利率为目标，以货币供应相配合"，即调节货币是以调节利率为目的，中央银行调节自身与商业银行之间的货币供求，以实现对利率的调节。这种方式最大的特征在于锚定利率调节货币，因而与以货币供应量为中介目标的数量型货币政策具有本质的不同。

中央银行与商业银行之间的利率根本上是由货币的供求所决定的，中央银行拥有货币的供给主动权。当商业银行货币需求较为稳定时，我国央行运用公开市场操作调节对商业银行的货币供应量，就可以达到利率调控的目的。此时，尽管公开市场操作以货币供应量为中介目标，但由于货币供应量与利率之间的传导关系比较稳定，因此，中央银行通过调控货币供应量就可以调控利率。当商业银行货币需求明显不稳定时，中央银行单纯地控制货币供应量便难以有效控制利率，需要对利率进行直接调控，我国探索并逐渐建立了符合我国实际国情的利率走廊模式。中央银行运用利率走廊模式改变货币市场的资金供求关系，主要依靠商业银行自我驱动的融资行为，变"中央银行批次量化地向商业银行提供货币供给"为"商业银行分散、主动地向中央银行进行再融资"，提高了商业银行向中央银行进行货币供应的机动性、灵活性，也放宽了中央银行向商业银行供应货币的门槛，利率走廊模式带来的最大好处便是中央银行能够快速响应商业银行的货币需求，及时进行货币供给，搭配利率走廊所具有的预期效应，可以有效地起到调控利率、稳定利率的作用。

考察利率走廊上限的作用机理，可以看出利率走廊模式同样是遵循"以利率为目标，以货币供应量相配合"的逻辑。中央银行发挥利率走廊的上限作用所依靠的工具是常备借贷便利利率，所调控的利率对象是同业拆借利率，中央银行向商业银行的货币供应与商业银行之间的货币供应具有较强的替代效应。因此，中央银行通过使用常备借贷便利工具为商业银行提供便利的货币供应支持，可以刺激同业拆借利率的下降，拆借利率的下降直接反映了中央银行向商业银行货币供应量的增加，增加货币供应量的大小是由拆借市场利率调控水平决定的，在利率走廊模式下，货币供应量从属于利率，货币供应辅助于利率调控。

二、我国主要货币政策操作模式对央行与商业银行之间利率传导的影响

1. 贷款市场报价利率形成机制下我国央行主导报价商业银行的贷款报价利率

根据中国人民银行公告〔2019〕第 15 号，我国进一步深化利率市场化改革，提高利率传导机制，改革完善贷款市场报价利率形成机制。自 2019 年 8 月 20 日起，在全国银行间同业拆借中心于每月 20 日公布贷款市场报价利率。从这次改革的内容来看，与原有的贷款市场报价市场利率相比，变化之处如表 3 - 3 所示，包括：①在报价行类型上有所扩展，在原有的全国性银行基础上增加城市商业银行、农村商业银行、外资银行和民营银行。报价行数量由 10 家扩大至 18 家，几乎扩大了 1 倍。②利率期限品种由只有 1 年期品种扩大到 1 年期和 5 年期两个品种，即新增 5 年期贷款市场报价利率期限品种。③报价行主要以中期借贷便利利率为基础进行加点报价，全国银行间同业拆借中心在去掉最高报价和最低报价后，对剩余报价利率进行算数平均，计算得出贷款市场报价利率。④自 2019 年 8 月 16 日起，在新发放的贷款中，各银行应主要参考贷款市场报价利率进行定价，并且在浮动贷款合同中将贷款市场报价利率作为定价基准。

表 3 - 3 贷款市场报价利率改革前后对比

对比内容	改革前	改革后
报价行类型	全国性银行	全国性银行、城市商业银行、农村商业银行、外资银行、民营银行
报价行数量	10 家	18 家
贷款市场报价利率期限品种	1 年期	1 年期、5 年期
报价频次	每日报价	每月报价
报价利率确定方式	报价行根据对其最优质客户执行的贷款利率进行报价	在中期借贷便利利率的基础上加点

对比内容	改革前	改革后
贷款利率定价方式	以贷款基准利率为基础上下浮动	主要参考贷款市场报价利率定价，浮动贷款合同以贷款市场报价利率为基准定价
改革后首次报价日（2019 年 8 月 20 日）5 年贷款利率	4.9%（贷款基准利率）	4.85%（贷款市场报价利率）

　　贷款市场报价利率形成机制的改革，向市场传递了清晰的央行政策利率与商业银行贷款执行利率之间的内在联系，极大地增强了我国央行政策利率（中期借贷便利利率）向贷款执行利率传导的决定性影响机制，使商业银行的贷款执行利率能够紧扣和锚定央行的政策利率，有效促进央行的政策利率目标层层传导至贷款执行利率，提高利率政策的有效性。从贷款市场报价利率的运行情况来看，改革后的贷款市场报价利率有效推动了商业银行贷款利率的下行（见图 3-2），为我国央行实现货币政策目标提供了坚实支持。

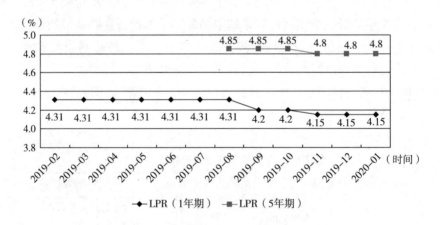

图 3-2　贷款市场报价利率（LPR）走势图

资料来源：上海银行间同业拆放市场官方网站。

　　贷款利率尤其是长期贷款利率是影响实体经济的重要利率，因此，央行的政策利率能够传导至长期利率是利率政策保持有效的关键条件。央行改革贷款市场报价利率所确定的新政策利率——中期借贷便利利率，是一种中期政策利率，能够调节商业银行的中长期流动性状况，有利于商业银行进行中长期信贷投资。从贷款市场报价利率的形成机制来看，我国央行通过中期借贷便利利率决定报价行的报价利率，报价行的报价利率决定贷款市场报价利率，贷款市场报价利率决定商业银行的贷款执行利率，因而，中期借贷便利利率可以有效决定商业银行的贷款执行利率。在全球经济复苏乏力以及我国进入经济新常态的现实背景下，为提高利率传导机制的有效性，打破贷款利率隐性下限，推动我国向价格型货币政策框架转变，创设中期政策工具具有重要意义。在贷款市场报价利率形成机制的作用下，运用中期借贷便利政策工具，我国央行通过调节中期借贷便利利率就可以实现对商业银行贷款执行利率的调控，有效疏导市场利率对贷款市场利率的传导机制，保障央行的利率目标能够有效地传导至实际贷款利率，对企业、居民的投资和消费等实体经济活动产生影响，刺激经济稳健增长。

2. 利率走廊模式下我国央行有效控制货币市场利率的上限和下限

我国央行通过利率走廊模式构建了一对约束市场利率的利率上限与下限，央行将常备借贷便利利率作为我国利率走廊的上限，将超额存款准备金利率作为我国利率走廊的下限。常备借贷便利利率和超额存款准备金利率的大小由央行制定，央行之所以能够制定常备借贷便利利率和超额存款准备金利率，是依靠自身能够为商业银行提供充足的基础货币且不受限制地吸纳商业银行的流动性的特性。本质上是央行通过灵活调控商业银行的流动性来实现对市场利率的调控，最重要的是调控商业银行流动性的方式具有商业银行主动发起、央行与商业银行一对一交易等特征，与传统公开市场的特征形成鲜明的对比。

由于利率走廊模式能够引导商业银行建立稳定预期，商业银行相信只要自己产生流动性需求，就可以向央行申请任意规模（在满足央行合格抵押品条件下）的再贷款，商业银行便不会因预防性货币需求而不愿向企业、居民增加贷款或扩大债券资产配置。同样，当商业银行出现多余流动性的时候，可以超额存款准备金的形式存入央行。央行充当了商业银行的最后贷款人和最后存款吸纳人，央行只要控制住了常备借贷便利利率和超额存款准备金利率的水平，就能够控制住市场利率的变化幅度。当实际拆借利率高于利率走廊的上限时，没有一家银行愿意以高于利率走廊上限的价格在银行间同业拆借市场拆入资金，于是转向中央银行拆入资金，这样就会降低银行间拆借市场的资金需求，迫使银行间拆借市场降低拆借利率，从而推动拆借市场利率处于利率走廊上限之下。同样，当拆借市场利率低于利率走廊的下限时，没有一家银行会愿意以低于利率走廊下限的价格在银行间同业拆借市场拆出资金，于是选择将资金作为超额准备金存入中央银行，获得利率走廊下限水平的收益，这样就会减少对银行间同业拆借市场的资金供给，迫使拆借市场利率上升，从而推动拆借市场利率处于利率走廊下限之上。

从政策实践的效果来看，我们通过选取 2016 ~ 2019 年 SLF 隔夜利率、SHI-BOR 隔夜利率、同业拆借 1 天利率、质押式回购 1 天利率、买断式回购 1 天利率的相关数据，来验证常备借贷便利利率能够较好地发挥利率走廊上限的效果，见表 3 - 4。如图 3 - 3 所示，SHIBOR 隔夜利率、同业拆借 1 天利率、质押式回购 1 天利率、买断式回购 1 天利率的变动均在 SLF 隔夜利率之下，很好地起到了平滑利率波动的作用。可见，SLF 隔夜利率很好地发挥了利率走廊名义上限的作用和角色。

表 3 - 4　常备借贷便利利率与其他相关利率数据比较

时间	SLF 隔夜利率（%）	SHIBOR 隔夜利率（%）	同业拆借 1 天利率（%）	质押式回购 1 天利率（%）	买断式回购 1 天利率（%）
2016 - 12	2.7500	2.2300	2.3441	2.3077	2.7266
2017 - 03	3.3000	2.5384	2.5125	2.5857	2.9838
2017 - 06	3.3000	2.6180	2.8499	2.8478	3.1859
2017 - 09	3.3000	2.9380	2.7846	2.8351	3.2394
2017 - 12	3.3500	2.8400	2.7118	2.7292	3.0725
2018 - 03	3.4000	2.6900	2.6560	2.6751	2.9564
2018 - 06	3.4000	2.6280	2.6217	2.6243	2.8727
2018 - 09	3.4000	2.6530	2.5183	2.4960	2.6126
2018 - 12	3.4000	2.5540	2.4631	2.4275	2.5771
2019 - 03	3.4000	2.4860	2.3480	2.3839	2.4400
2019 - 06	3.4000	1.3705	1.6025	1.5668	1.6681

资料来源：中国货币网。

3. 我国央行通过公开市场操作可精准调控银行间市场利率

我国在探索实施利率走廊模式以前，一直通过公开市场操作调控利率的传导。公开市场操作所形成的回购利率、逆回购利率和央票利率等利率工具，可以在中央银行与商业银行之间利率传导机制中发挥重要作用。公开市场操作是我国央行影响利率和货币供应量的一种主动行为，央行通过公开市场操作既可以进行大量的市场流动性操作，也可以对市场进行微调，因而有利于央行更为精准高效地引导银行间同业拆借利率与银行间债券回购市场利率，从而有效调控货币市场利率。央行通过国债等高等级有价证券回购交易以及现券买卖，实现对货币供应量的吞吐，从而对包括银行间同业拆借利率、银行间债券回购市场利率等货币市场利率升降进行直接调控。其中，通过回购交易实施对货币供应量的回收，引导银行间市场利率上升，通过逆回购交易实施对货币供应量的投放，引导银行间市场利率下降，回购交易和逆回购交易可以有效引导银行间市场利率与央行的货币政策意图和利率调控目标保持一致。

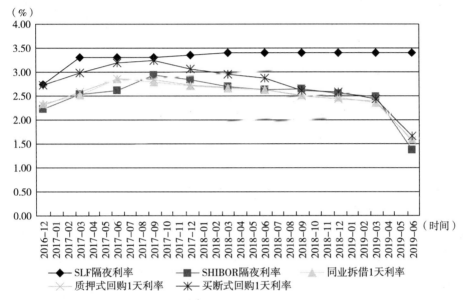

图 3 - 3 SLF 隔夜利率作为利率走廊上限的效果

资料来源：中国货币网。

回购交易依赖于成熟的国债市场以及中央银行持有一定规模的国债储备，有了这个基础，央行则可以通过公开市场操作有效影响国债市场的供求，对银行间同业拆借利率与银行间债券回购利率产生作用。这意味着当中央银行持有的国债规模较小或者国债市场规模巨大时，通过回购交易对银行间市场利率的作用将比较有限，难以达到对利率的调控目的。此时，中央银行可以通过发行央行票据，对货币供应量进行投放，同时，将央票利率作为价格信号实现对市场利率的引导和调控。值得注意的是，当银行间市场利率波动比较大时，央行进行公开市场操作的频率和幅度将随之增加，公开市场操作的成本也将增加。由于公开市场操作是央行发起的一种交易行为，在商业银行的流动性需求频繁变化的情况下，央行通过公开市场操作难以对商业银行的流动性需求做出快速响应，公开市场操作对银行间市场利率的调控效果将会下降。

第四节　我国商业银行之间的利率传导

商业银行是利率传导的重要金融中介，是利率向总需求端传导不可逾越的一环。在中央银行的政策利率向短期利率、中长期利率传导的过程中，商业银行是极为重要的交易主体，商业银行不但与中央银行进行交易，与同业之间的交易更为活跃，且交易规模巨大，在整个货币市场中占有举足轻重的地位。银行间市场是我国货币市场极为重要的组成部分，更是发挥商业银行之间利率传导机制的决定性市场。同时，我国银行间市场是利率在商业银行之间传导的重要载体，是短期利率连接央行政策利率和中长期市场利率并发挥传导机制作用的关键场所。如果没有银行间市场的支持，短期利率很难发挥其传导机制，我国央行的政策利率工具向短期利率的传导是在银行间市场实现的。

我国的银行间市场由银行间同业拆借市场和银行间债券回购市场两大市场组成，商业银行之间的利率传导主要经由银行间同业拆借市场和银行间债券回购市场完成。并且，上述两个市场对商业银行之间利率传导的作用不是独立分割的，银行间债券回购市场与银行间同业拆借市场之间具有紧密的联系。银行间同业拆借市场中最具代表性的利率体系当属上海银行间同业拆放利率，银行间债券市场最具代表性的利率则是银行间回购利率，包括质押式回购利率和买断式回购利率，其中，上海银行间同业拆放利率和银行间质押式回购利率具有重要的基准利率作用。银行间同业拆借市场和银行间债券市场的有效性决定着利率传导机制是否有效，即央行的政策利率传导至银行间市场后，货币市场利率能否继续向下游传导，短期利率能否通过银行间市场顺利向中长期利率传导，关键在于银行间的利率传导机制能否发挥有效作用。

一、银行间同业拆借市场对商业银行之间利率传导的作用机理

1. 建立市场化的银行间同业拆借利率

银行间同业拆借利率是我国利率市场化建设的重要标志之一。1996年1月，全国统一的银行间同业拆借市场建立，同年6月，央行规定金融机构可以根据市场供求自行确定银行间同业拆借利率，同时开始定期公布银行间同业拆借市场利率。2007年，央行正式实施上海银行间同业拆放利率。目前，银行间同业拆借

市场已完全实现利率市场化，市场化定价机制日臻成熟和完善，银行间同业拆借市场交易规模占货币市场交易规模的比重基本维持在14%～18%，仅次于银行间债券质押式回购市场交易规模（如图3-4所示）。同时，上海银行间同业拆放利率逐渐成为我国银行间同业拆借市场定价的基准利率体系，推动我国银行间同业拆借市场健康发展中的核心地位更加稳固。

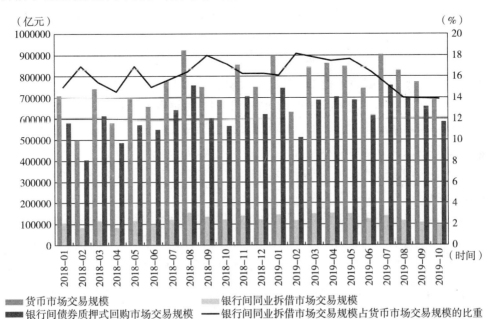

图3-4　我国银行间同业拆借市场交易规模情况

资料来源：中国货币网。

　　银行间同业拆借市场旨在调节金融机构的短期资金头寸，但是在全国同业拆借市场建立之初，证券公司等非银行金融机构曾经利用银行间同业拆借市场套取商业银行的资金进行长期投资，这样就造成了资金期限的错配，资金的需求也不能真实反映商业银行的短期需要。1996年，我国在建立全国银行间同业拆借的同时对其进行了改革，一方面对参与拆借市场的金融机构的资格进行了明确规定，另一方面我国央行严格限制商业银行等金融机构资金的拆借期限和拆借额度。其中，商业银行的最大资金拆借额度根据其存款资金余额的比例而定，最长资金拆借期限4个月；商业银行以外的金融机构的资金最大拆借额度根据其资本金水平而定，最长资金拆借期限7天。目前，上海银行间同业拆放利率的报价银团成员全部由国有银行和大中型股份制银行组成，银团成员中不包括非银行金融机构，上海银行间同业拆放利率是批发性利率，且上海银行间同业拆放利率是银行间同业市场利率的定价基准利率，这就决定了上海银行间同业拆放利率在银行间同业市场中的关键作用。

2. 构建我国银行间同业拆借市场的基准利率体系

银行间同业拆借市场是我国最早实行利率市场化的领域，利率市场化与市场化基准利率的建立是相辅相成的。从国内外利率市场化改革实践来看，能够被市场普遍认可的基准利率对利率市场化改革具有决定性的影响，可以说，利率市场化改革的过程就是市场化基准利率建立的过程，也是基准利率由政府型向市场化转变的过程。一个良好的基准利率体系能够有效反映市场的流动性供求状况、资金的成本和市场的预期。我国在推动银行间同业拆借利率市场化的过程中深入探索市场基准利率的建立，上海银行间同业拆放利率在我国利率市场化改革进程中具有重要的意义。自2007年央行正式推出上海银行间同业拆放利率至今，经过10多年的培育和发展，上海银行间同业拆放利率逐渐发展成为我国银行间同业拆借市场定价的基准利率体系。

从上海银行间同业拆放利率的形成机制来看，上海银行间同业拆放利率属于一种无担保利率、批发利率、单利，利率期限品种共有8个，最短期限为隔夜利率，最长期限为1年期利率，除此之外还包括7天利率、14天利率、3个月利率、6个月利率以及9个月利率等品种。上海银行间同业拆放利率是将18家报价行的报价利率（剔除4个最高报价及4个最低报价）进行算数平均而得出。18家报价行均为信用等级较高的商业银行，且属于公开市场中的一级交易商或者外汇市场中的做市商。选取的报价行一般在我国货币市场交易较为活跃，同时信息披露较为充分。上海银行间同业拆放利率的报价频次为每个交易日报价。从实践效果来看，上海银行间同业拆放利率中交易较为活跃的是隔夜、7天、14天三个期限品种。

3. 形成银行间同业拆借利率以上海银行间同业拆放利率为定价基准的机制

基准利率本质上是一种报价利率，即是一种事前利率，而市场利率是一种实际利率，即是一种事后利率。商业银行在确定市场利率时，以基准利率为定价基础进行定价是基准利率的基准地位得以确立的重要条件。上海银行间同业拆放利率在基准性、市场性、代表性和稳定性等方面均具有良好的表现，能够起到作为基准利率的有效作用。上海银行间同业拆放利率不仅可以作为银行间同业拆借市场的利率定价基准，也成为越来越多的金融衍生产品定价的基准。经过10多年的发展完善，上海银行间同业拆放利率已经基本确立其在我国货币市场的基准利率地位。长期以来，包括银行间同业拆借市场在内的我国货币市场交易中，上海银行间同业拆放利率在商业银行 3 个月以下期限的市场利率定价中得到了较好体现，3 个月以下的上海银行间同业拆放利率与市场实际利率保持了良好一致性，如图 3 – 5、表 3 – 5 所示，表明上海银行间同业拆放利率在作为短期市场利率定价基准方面具有稳固的市场基础。尽管 3 个月以上期限的上海银行间同业拆放利率与市场实际利率之间还存在一定的偏差，但这主要是由于货币市场利率还受到一些非市场因素的影响和干扰。

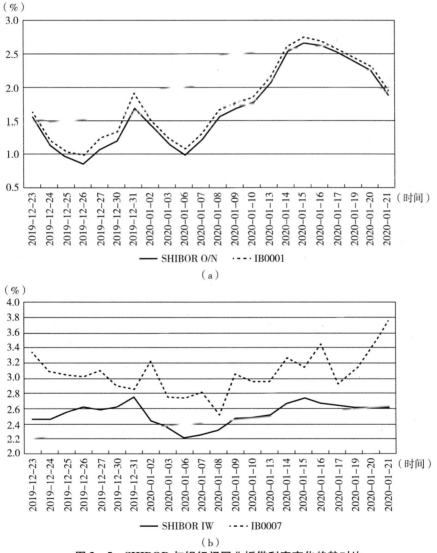

图 3 – 5　SHIBOR 与银行间同业拆借利率变化趋势对比

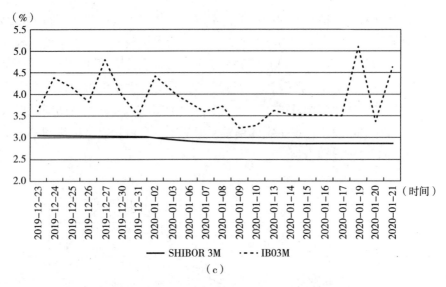

（c）

图 3 - 5　SHIBOR 与银行间同业拆借利率变化趋势对比（续）

资料来源：中国货币网。

表 3 - 5　主要 SHIBOR 利率品种与银行间同业拆借利率比较

时间	SHIBOR 隔夜利率 （%）	IBO 隔夜利率 （%）	SHIBOR 7 天利率 （%）	IBO 7 天利率 （%）	SHIBOR 3 个月利率 （%）	IBO 3 个月利率 （%）
2019 - 12 - 23	1.557	1.628	2.453	3.334	3.040	3.617
2019 - 12 - 24	1.114	1.196	2.450	3.082	3.034	4.369
2019 - 12 - 25	0.943	1.036	2.549	3.039	3.033	4.161
2019 - 12 - 26	0.848	0.974	2.607	3.017	3.026	3.811
2019 - 12 - 27	1.075	1.226	2.579	3.089	3.026	4.776
2019 - 12 - 30	1.200	1.318	2.618	2.893	3.021	3.985
2019 - 12 - 31	1.694	1.904	2.737	2.853	3.020	3.503
2020 - 01 - 02	1.444	1.506	2.433	3.211	2.994	4.397
2020 - 01 - 03	1.162	1.242	2.349	2.745	2.960	4.054
2020 - 01 - 06	1.003	1.077	2.219	2.733	2.920	3.801
2020 - 01 - 07	1.215	1.291	2.259	2.804	2.899	3.611
2020 - 01 - 08	1.553	1.629	2.320	2.512	2.881	3.713
2020 - 01 - 09	1.690	1.759	2.470	3.047	2.867	3.500

时间	SHIBOR 隔夜利率（%）	IBO 隔夜利率（%）	SHIBOR 7天利率（%）	IBO 7天利率（%）	SHIBOR 3个月利率（%）	IBO 3个月利率（%）
2020 – 01 – 10	1.772	1.846	2.487	2.945	2.864	3.282
2020 – 01 – 13	2.059	2.128	2.522	2.948	2.858	3.614
2020 – 01 – 14	2.518	2.593	2.654	3.260	2.862	3.529
2020 – 01 – 15	2.654	2.743	2.717	3.146	2.865	3.513
2020 – 01 – 16	2.609	2.677	2.663	3.437	2.868	3.493
2020 – 01 – 17	2.522	2.564	2.640	2.922	2.868	3.519
2020 – 01 – 19	2.413	2.440	2.608	3.103	2.863	5.086
2020 – 01 – 20	2.248	2.303	2.607	3.413	2.860	3.395
2020 – 01 – 21	1.885	1.951	2.601	3.7451	2.859	4.620

资料来源：中国货币网。

　　尽管上海银行间同业拆放利率最长期限为 1 年，但通过利率互换金融衍生工具形成的利率互换曲线，可以将上海银行间同业拆放利率的期限衍生至更长。目前，我国利率互换曲线的最长期限已达 10 年，利率互换曲线以上海银行间同业拆放利率曲线为基础。因此，上海银行间同业拆放利率对中长期利率也能够起到传导作用，同时，也表明了上海银行间同业拆放利率在中长期市场利率定价中具有的价值。

　　4. 增强银行间市场基准利率与商业银行上下游利率的敏感度

　　从整个利率的传导过程来看，上海银行间同业拆放利率具有承上启下的传导作用，其上接政策利率形成的传导效应，并对下游的中长期利率产生传导作用。上海银行间同业拆放利率是货币市场中的一种短期利率，并且易受到政策利率的影响。但这并不代表上海银行间同业拆放利率会向中长期利率有效传导，因为银行间同业拆借市场可能会自成一个市场体系，进行内部循环。根据市场分割理论，不同期限的市场利率受自身的供求影响，与其他期限市场利率的供求无关。如果上海银行间同业拆放利率所代表的短期利率不能有效向中长期利率传导，那么利率的传导机制就会阻滞，难以实现通货膨胀、就业、经济增长等利率调控最终目标。

　　从上海银行间同业拆放利率的上游来看，能够对上海银行间同业拆放利率产生影响的利率因素包括超额准备金利率、公开市场操作利率、央行借贷便利利率等。我国央行通过逆回购交易、正回购交易、现券交易等公开市场操作可以将基准利率精准调控至政策目标利率附近，对上海银行间同业拆放利率形成有效干预和调控。调节金融机构的流动性是银行间同业拆借市场的主要功能，市场化运行的银行间同业拆借市场有利于商业银行等金融机构提升自身的流动性管理水平，超额存款准备金利率是央行调节货币市场流动性的重要手段，上海银行间拆放利率与超额存款准备金利率具有较高的弹性。同时，我国的利率走廊建设已经取得巨大的突破，对调节上海同业拆放利率的作用愈加明显，我国央行设立了常备借贷便利利率政策工具，形成了利率走廊的上限，而超额准备金存款利率构成了利率走廊的下限，能够很好地对上海银行间拆放利率进行约束。公开市场操作利率可以调控上海银行间同业拆放利率向政策利率目标水平进行回归。

从银行间同业市场利率的下游即中长期利率来看，上海银行间同业拆放利率决定了商业银行的资金成本。如果上海银行间同业拆放利率上涨，商业银行获得流动性的成本和难度就会增加，导致商业银行可用于贷款和投资债券的流动性减少，进而导致贷款利率和债券收益率的提高，实体部门的贷款可获得性和贷款成本增加，最终影响投资、消费、净出口的增长，并抑制通货膨胀。同样，如果上海银行间同业拆放利率下降，说明商业银行的流动性比较充裕，商业银行可用于投放贷款以及投资债券的资金充足，推动贷款利率和债券收益率降低。

通过整理 2015 年 1 月到 2020 年 3 月 SHIBOR 隔夜利率、1 年期国债收益率以及 10 年期国债收益率的月度数据，验证上海银行间同业拆放利率的上升与债券收益率之间的变化关系。图 3-6 清晰地显示了短期利率与不同国债收益率之间的变动关系。其中，当 SHIBOR 隔夜利率上升或下降时，1 年期国债收益率与10 年期国债收益率也会上升或下降，呈现出同方向变化的趋势。此图能够直观地说明短期利率确实能够有效传导至短、中长期的国债收益率。而且 2017 年后，SHIBOR 隔夜利率与 10 年期国债收益率的变化的一致性更明显，这说明我们国家采取的不同措施确实有效提高了短期利率向长期债券利率的传导水平。

5. 通过银行间同业拆借利率准确反映商业银行之间的流动性松紧

银行间同业拆放利率是一种信用拆借利率，利率隐含的风险溢价成分相对较少，更多地反映的是对流动性的补偿，对银行间同业拆借市场流动性的松紧反应较为灵敏，能够很好地反映货币市场中短期利率的变化。银行间同业拆借利率受到贷款利率及其贷款期限的反向影响，这是因为银行的流动性需求变化对银行间同业拆放利率的影响比较大。如果商业银行发放的贷款规模较大、期限较长的贷款比重较大，而商业银行中短期限存款的比重较高，这就会造成存贷款期限的错配，进而导致商业银行的流动性趋紧。当商业银行的流动性紧张到一定程度时，就会对银行间同业市场利率产生重要影响，推高银行间同业拆借市场利率。

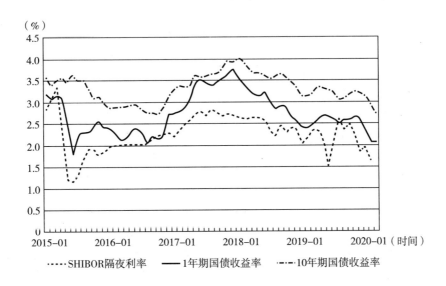

图 3-6 短期利率与不同期限国债收益率

资料来源：中国货币网。

值得注意的是，不论是上海银行间同业拆放利率还是以其为定价基础的银行间同业拆借市场利率，都属于货币市场利率，即最长不超过 1 年期的市场利率，那么，作为货币市场利率的上海银行间同业拆放利率是如何向长期利率传导的？实际上，政策利率传导至以银行间同业市场为代表的货币市场后，继续向长期利率传导不仅仅只依靠银行间同业拆借市场，还需要依靠银行间债券回购市场。从实践来看，银行间债券回购市场交易规模远远超过银行间同业拆借市场交易规模。债券市场同样是货币市场的重要组成部分，银行间债券回购利率期限品种包括多个短期限利率，能够很好地联系和衔接商业银行之间的利率传导。

二、银行间债券回购市场对商业银行之间利率传导的作用机理

债券市场是我国金融市场的重要组成部分，我国债券市场经过几十年的发展，已经形成了市场化运行的由债券回购市场、现券买卖市场组成的市场结构。其中，债券回购市场又分为银行间债券市场和交易所债券回购市场。目前，债券回购市场占据绝对的主导地位，其中又以银行间债券回购市场为主导，从各项评价指标来看，银行间债券回购市场的重要程度远远超过交易所债券回购市场，而银行间债券回购市场则以质押式回购交易为主、买断式回购交易为辅。我国现券买卖市场规模相对于债券回购市场而言较小，但未来的发展空间巨大，现券买卖属于主动性调节工具，可有效调节市场流动性和利率水平，会对利率和市场流动性产生长期影响。可以看出，银行间债券回购市场特别是银行间债券质押式回购市场，目前在整个债券市场中具有稳固的主导作用。

1. 我国银行间债券回购市场的运行现状

我国银行间债务回购市场始于 1997 年，设立之初只有质押式回购交易方式，直到 2004 年才增加了买断式回购交易方式。与银行间同业拆借市场交易规模相比，我国银行间债券回购市场牢牢占据了主导的地位，如表 3-6 所示。从银行间债券回购市场交易成员来看，数量超过 2 万家，交易主体众多，市场交易活跃，市场机制成熟，为商业银行等各类金融机构调节资金和债券的头寸，管理流动性提供了重要的渠道，也是央行进行流动性管理、实施货币政策、发挥利率传导机制的重要基础。从构成来看，我国银行间债券回购市场交易方式分为质押式回购交易和买断式回购交易。

表 3-6　质押式和买断式回购不同利率期限品种的成交情况（2019 年 9 月）

品种	质押式回购成交笔数（笔）	买断式回购成交笔数（笔）	质押式回购成交金额（亿元）	买断式回购成交金额（亿元）
R001	142662	2167	541639.70	6018.64
R007	34755	408	56792.21	449.61
R014	20552	295	41188.75	455.90
R021	6739	146	10980.50	243.64
R1M	3274	59	4581.20	72.52
R2M	1797	43	2085.63	93.42
R3M	263	5	399.14	3.41
R4M	36	4	73.76	12.38
R6M	33	1	126.35	2.02
R9M	5	—	2.60	—
R1Y	2	—	0.55	—
合计	210118	3128	657870.38	7351.53

资料来源：中国货币网。

其中，质押式回购交易指资金借入方向资金借出方质押债券以获得资金，同时，事先约定在未来的某一时间，资金借入方向资金借出方归还本金并支付利息（根据回购利率计算得出），资金借出方将债券归还资金借入方。在质押式交易的整个过程中，所有权不发生转移，债券由第三方托管机构进行冻结托管，并在到期时予以解冻。买断式回购交易指债券所有权人将一定数量的债券卖出，以获得所需资金，并与债券购买人约定，以一定的价格在将来的某一时间再将相同数量、相同种类的债券买回来。在我国回购交易市场，与买断式回购交易相比，质押式回购交易活跃度非常高，其交易规模占据压倒优势，如表3－6所示。特别是在我国银行回购交易市场中，无论是交易规模、交易笔数，还是债券余额，质押式回购交易均占有绝对的优势。总体而言，我国银行间同业市场呈现出银行间债券市场规模显著高于银行间同业拆借市场、债券回购市场规模显著高于现券交易市场、质押式回购市场显著高于买断式回购市场的格局，如图3－7所示。鉴于银行间债券质押式回购市场的重要性，本书将重点分析质押式回购利率的传导机制。

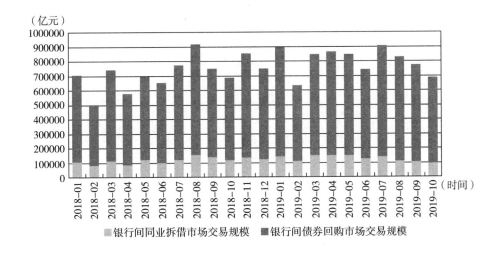

图3－7 我国银行间债券回购市场与同业拆借市场交易规模对比

资料来源：中国货币网。

2. 质押式回购利率对上海银行间同业拆放利率的变化产生作用

（1）银行间债券回购利率与上海银行间同业拆放利率的内在逻辑是基础。银行间债券质押式回购市场与银行间同业拆借市场并不是两个相互独立的市场，银行间债券质押式回购利率与上海银行间同业拆放利率之间存在清晰的内在逻辑关系，如图 3 – 8 所示。银行间债券质押式回购市场是我国货币市场交易规模最大的市场，是我国中央银行参与的重要市场，也是商业银行积极参与的货币市场，将中央银行和商业银行有效联系在了一起，中央银行调控银行间同业拆借市场利率是通过银行间债券质押式回购市场间接实现的，商业银行回购利率能够对上海银行间同业拆放利率的变化产生有效作用。银行间同业拆借利率以上海银行间同业拆放利率为基准进行定价，由商业银行作为市场参与主体而形成报价利率，并在以上海银行间同业拆放利率为定价基准的利率互换金融衍生产品配合运用下，将上海银行间同业拆放利率传导至中长期利率（目前我国利率互换曲线最长可达 10 年）。银行间债券质押式回购利率与上海银行间同业拆放利率之间的内在联系贯穿于商业银行之间的利率传导过程中，两者之间联系的稳固与强化，为利率在商业银行之间的传导提供了良好的机制基础，有利于商业银行之间利率传导机制的生成、运行和完善，为通过商业银行系统顺利实现由短期利率向长期利率的传导提供了必要条件。

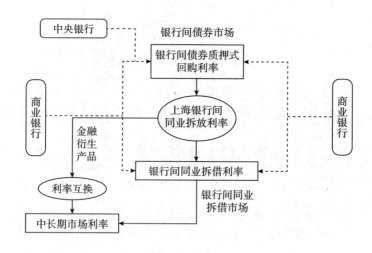

图 3 – 8　银行间市场与商业银行之间的利率传导

（2）银行间债券回购利率可以主动影响上海银行间同业拆放利率。银行间债券回购市场与银行间同业拆借市场之间既有联系又存在一定的分割，商业银行作为银行间债券市场与银行间同业拆借市场的纽带和桥梁，对连接银行间债券市场与银行间同业拆借市场，增强银行间债务回购利率与银行间同业拆借市场利率的联动性起到了至关重要的作用。有研究表明，银行间债券质押式回购利率与上海银行间同业拆放利率具有高度的相关性，两者之间的变化序列具有显著的一致性。其原因在于，银行间债券质押式回购利率对上海银行间同业拆放利率具有很强的推动效应，推动上海银行间同业拆放利率向目标利率水平调整，即上海银行间同业拆放利率可以被视为银行间债券质押式回购利率的变量函数，并且银行间债券质押式回购利率对上海银行间同业拆放利率的推动效应远远大于后者对前者的推动效应。银行间债券质押式回购交易本质上具有主动性，央行可以根据宏观经济与金融形势，通过质押式回购交易，以债券质押方式向市场吞吐流动性，对债券市场利率进行干预和调节，实现既定的利率调控目标。银行间债券交易的市场化运行，极大地增强了国债等优质资产的流动性，激活了债券二级市场，对银行间债券市场调节市场流动性和利率水平打下了基础。同时，由于银行间债券质押式回购交易实行优质债券质押担保方式，无疑使得银行间债券回购交易的风险处于极小的范围，极大地降低了质押式回购利率的风险溢价，所以其与银行间市场基准利率体系的差距较小。

（3）银行间债券质押式回购利率能够稳定上海银行间同业拆放利率，降低其波动幅度。如果作为基准市场利率的上海银行间同业拆放利率的波动不能得到有效控制，就会对市场产生负面的心理预期和信号传递，加重商业银行等市场主体的风险判断和流动性管理需求，降低商业银行杠杆率。极端情况下，甚至会出现流动性陷阱或者风险溢价的大幅上涨，从而导致市场利率不能真实反映拆借市场、债券市场与信贷市场的资金供求，致使利率传导机制受阻甚至失效，利率则不能继续由短端市场向长端市场传导，利率在银行体系进行内部循环，无法向实体经济传导。银行间债券回购市场是联系中央银行与商业银行的重要市场之一，中央银行作为最大的参与者，根据货币政策调控需求，可以对银行间债券回购市场进行主动的干预，通过干预银行间债券回购利率来引导上海银行间同业拆放利率，进而调节银行间同业拆放利率。因此，保持以上海银行间同业拆放利率为基准的银行间同业拆借市场利率的稳定性尤为关键，关系到乃至决定利率传导机制能否高效畅通。

理论上，同期限的质押式回购利率与银行间同业拆借利率的变动应保持一致，在实践中同样也可以得到验证。如图3－9所示，SHIBOR 隔夜利率与质押式回购1天利率两者之间的差距甚微，两者的变化方向也基本上保持一致。而SHIBOR 7天利率与质押式回购7天利率两者之间的差距比较大，质押式回购7天利率对SHIBOR 7天利率起到了较好的引导作用，平滑了SHIBOR 7天利率的波动。

另外，对于期限越小的利率品种，上海银行间同业拆放利率与银行间债券质押式回购利率的联动性表现得更为突出。

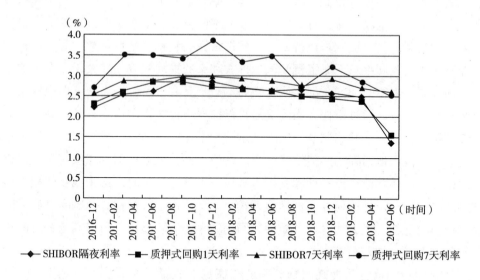

图 3 - 9　质押式回购利率与 SHIBOR 的变化关系

资料来源：中国货币网。

（4）银行间债券质押式回购交易规模巨大、市场占有量大、交易活跃，足以对银行间同业市场利率和流动性产生显著影响。据全国银行间同业拆借中心统计，2018 年，银行间同业拆借交易、债券质押式回购交易、买断式回购交易共计 862 万亿元，是现券买卖交易规模的近 6 倍。其中，质押式回购交易规模 708.7 万亿元，占比 82%；银行间同业拆借交易规模 139.3 万亿元，占比 16%；买断式回购交易规模 14 万亿元，占比 2%。银行间债券质押式回购交易量市场占比具有绝对优势，一方面说明银行间货币市场受银行间债券质押式回购市场的影响较大，另一方面银行间债券质押式回购交易规模大正是央行积极参与银行间债券质押式回购交易的结果。央行公开市场操作实际上就是运用债券质押式回购方式对回购利率进行调节，当流动性需求增加、利率压力较大时，央行通过逆回收公开市场操作在债券市场进行短期操作，向市场增加流动性供应，相应的一部分债券被冻结，从而压低回购利率，并对银行间同业拆借市场利率产生主动预期和引导，使上海银行间同业拆放利率与回购利率同步降低；反之亦然。

第五节　我国商业银行与企业、居民之间的利率传导

一、银行贷款是我国企业和居民主要的融资方式

与发达国家相比，目前，我国金融市场还不够成熟、发达，我国金融市场依然是以间接融资市场为主，银行贷款一直主导我国的债务融资市场。债券融资作为直接融资方式，近年来发展迅猛，在融资市场中的占比不断提高（吴石磊，2018），但依然难以撼动银行贷款的市场主导地位。从需求端来看，银行贷款方式是众多企业和居民获取融资的主要渠道，尤其是对于中小企业和居民，其高度依赖银行贷款进行融资，因为大型企业和国有企业除了可以选择银行贷款之外，还可以通过债券市场进行融资，相较于中小企业和居民的融资方式单一化，大型企业和国有企业融资方式比较多元化（高越，2018），这说明银行贷款对中小企业和居民更为重要。从供给端来看，商业银行的资产配置可以在债券投资和银行贷款间进行权衡选择，商业银行会综合考虑利率、风险等因素，在债券市场和信贷市场进行资产配置，进而形成商业银行在间接融资市场与直接融资市场的配置结构。但不论银行贷款还是债券市场，都需要依附于银行体系，离不开商业银行的参与，商业银行在整个融资市场中占有举足轻重的主导地位。银行贷款与商业银行的捆绑关系自不待言，对于债券市场，银行间债券市场则是我国规模最大的债券市场组成部分，在债券市场中具有很强的代表性，是债券市场变化的风向标。总而言之，商业银行贷款市场不容忽视，商业银行贷款利率是承载利率传导机制的重要形式，分析利率在商业银行与实体部门之间如何传导具有很强的意义。

从图 3 - 10 中可以看出，社会融资规模随着人民币贷款规模的增加而增加，贷款规模在社会融资规模中占有绝对的比重。近两年数据显示，人民币贷款存量占社会融资规模存量的比例约为 67%，人民币贷款是社会融资规模中最重要的金融资产。这表明我国的融资结构仍然是以间接融资为主的，贷款是企业获得融资的主要方式。因此，货币政策能否顺畅地传导至实体部门，贷款利率的决定作用很大，贷款利率的传导机制在很大程度上能够影响货币政策的有效性。

（万亿元）

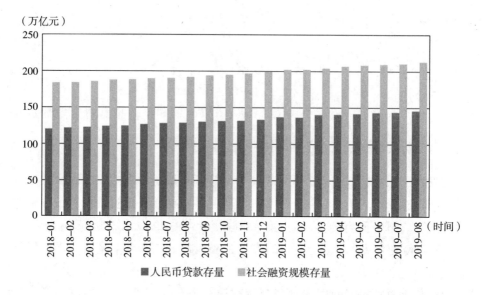

图 3 – 10　人民币贷款规模与社会融资规模对比

资料来源：中国货币网。

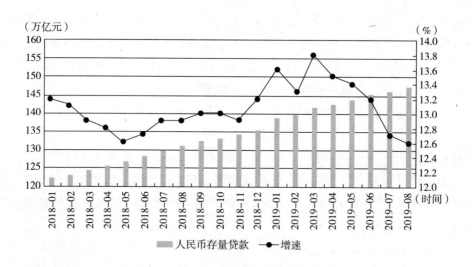

图 3 – 11　人民币贷款规模增长趋势

资料来源：中国货币网。

　　从图 3 – 11 来看，人民币贷款规模长期保持稳定的增长，月增速保持在 12%
以上。2018 年 1 ~ 5 月，贷款增速连续下降，此后，增速有所回升，并呈现出波
动的状态。可见，人民币贷款在规模不断增大的基础上依然能够保持稳定的增

长，贷款的市场需求是比较稳定的。

二、利率由我国商业银行向企业、居民传导的作用机理

从我国利率传导作用于企业、居民所经过的金融市场来看，有两个市场通道：一个是"政策利率→货币市场利率→债券市场利率→贷款利率→企业、居民"，该市场通道是企业、居民进行间接融资的主要通道，被称为"间接融资通道"；另一个是"政策利率→货币市场利率→债券市场利率→企业、居民"，该市场通道是企业进行直接债务融资的主要通道，被称为"直接融资通道"。但这两个市场通道并不是绝对分割的，两者之间同时存在着有机的紧密联系，既有分割又有交叉。需要指出的是，利率在商业银行与企业、居民之间传导机制的实现，实际上需要依靠上述两个市场通道机制的支持。

1. 利率通过间接融资通道由商业银行向企业、居民传导

2019 年 8 月 15 日，中国人民银行发布中国人民银行公告〔2019〕第 15 号，宣布改革完善贷款市场报价利率形成机制，18 家报价银行主要按中期借贷便利利率加点形成的方式报价，并在原有贷款基础利率 1 年期品种的基础上新增 5 年期品种。同时，自 2019 年 8 月 16 日起，银行新增贷款要参考贷款市场报价利率进行定价，从而实现银行贷款利率与贷款市场报价利率的直接挂钩。此次改革是中国人民银行进一步深化利率市场化改革的充分体现。通过此次贷款市场报价利率运行机制改革，建立起清晰的由政策利率依次向贷款市场报价利率、金融机构实际贷款利率、实体经济层层传导的机制，打通政策利率与贷款利率之间的传导机制，提高利率政策的传导效率。另外，中国人民银行也试图通过改革贷款市场报价利率推动贷款利率的下降，正是由于贷款利率定价的市场化程度不高，导致中国人民银行降息导向的货币政策不能有效向贷款市场传导，贷款利率下降水平未能与货币政策充分保持一致。改革贷款市场报价机制等于建立了市场化的贷款利率形成机制，从根本上保证了利率传导机制精简高效运行，有助于提高货币政策在信贷市场的传导效率。

从这次贷款市场报价利率的改革情况来看，中国人民银行调控贷款利率所使用的利率工具是中期借贷便利利率。中期借贷便利利率属于一种中期利率，由中国人民银行于 2014 年 9 月创设。自中期借贷便利实施以来，交易规模一直保持在高位运行，如图 3 - 12 所示。由此可以很清晰地看出，中国人民银行将中期借贷便利利率作为中期政策利率，在短期利率向中长期利率传导产生阻滞的情况下，跳过短期利率直接对中期利率进行调控，以确保货币政策对企业、居民的投

资、消费、净出口和汇率的传导作用。换言之，中国人民银行可以通过调控中期利率来提高对长期利率的传导效率，进而有效影响实体经济，避免短期利率向中长期利率传导受阻所引起的整个货币政策的低效或无效。在短期利率无法继续向中长期利率传导的情况下，通过中期政策利率依然可以实现货币政策向中长期利率的传导，进而有效影响企业、居民的经济活动。

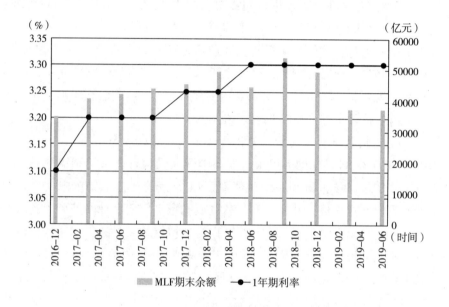

图 3-12　中期借贷便利期末余额及其 1 年期利率

资料来源：中国货币网。

2019 年 12 月 28 日，中国人民银行发布中国人民银行公告〔2019〕第 30 号，为推动商业银行对贷款市场报价利率的运用，就存量浮动利率贷款的定价基准转换为贷款市场报价利率的有关细则进行了公告。公告规定自 2020 年 1 月 1 日起，商业银行不得签订参考贷款基准利率定价的浮动利率贷款合同。2020 年 1 月 1 日前，金融机构参考贷款基准利率定价的浮动利率贷款（不包括公积金个人住房贷款），自 2020 年 3 月 1 日起，金融机构应将存量浮动利率贷款原合同约定的利率定价方式转换为以贷款市场报价利率为定价基准加点形成（加点可为负值，加点数值在合同剩余期限内固定不变）。这标志我国央行在推动贷款基准利率退出以及贷款利率市场化改革、贷款市场基准利率体系建设方面又向前迈进了关键性的一步，表明了央行打破贷款利率隐性下限、降低企业融资成本的决心，对疏导我国利率政策向贷款利率的传导机制具有重要意义，有利于刺激企业、居民的投资、消费、净出口等活动，促进金融更好地支持实体经济高质量发展。

2. 利率通过直接融资通道由商业银行向企业、居民传导

在直接融资通道下，受到我国央行对银行间同业拆借市场利率、银行间回购市场利率等货币市场利率干预的影响，连接商业银行和企业、居民的债券市场利率受到冲击，进而实现商业银行向企业、居民的利率传导与我国央行的利率政策的一脉相承。企业通过发行超短期融资券、短期融资券、中期票据、非公开定向债务融资工具、企业债、私募债等信用债与债券市场形成衔接，最终影响投资、消费、净出口等实体经济活动。企业发行信用债是一种直接融资方式，企业是信用债的供给方，包括商业银行在内的各类金融投资机构是信用债的需求方，企业通过发行信用债进行融资，获取货币资金。信用债一般在银行间市场发行，商业银行承担着债券承销商的角色和作用，商业银行是企业债券的重要购买主体，离开商业银行的参与以及银行间市场，企业发行信用债进行直接融资的通道将被切断。这表明，企业的直接融资通道在很大程度还需要商业银行的支持，对商业银行的依赖性比较强。在以直接融资为主的发达国家，利率传导机制的通畅更容易得到保障，利率依次通过货币市场和债券市场进行传导的机制更为有效，这与某一国家资本市场机制的完善和成熟密不可分。然而，我国的债券市场建设还存在需要完善的空间，对利率传导机制的支撑作用还具有一定的不确定性，利率能否通过债券市场传导至长期利率，并最终对实体经济产生作用，还值得进一步观察和商榷。随着我国金融市场不断成熟和完善，直接融资所占比重将逐渐上升，债券市场的地位将越来越重要甚至占据主导地位，也将更加有利于我国利率传导机制的畅通。

3. 长期国债利率对贷款利率形成有效传导

商业银行既是银行间市场（同业拆借市场、债券回购市场）的核心参与主体，也是国债资产的配置主体，即商业银行是国债市场的重要需求者。银行间债券市场是重要的国债二级市场，国债利率与银行间市场利率之间的内在联系紧密。有大量的研究表明，银行间市场利率与国债市场利率具有较强的联动性，两者之间存在传导关系。具体表现为：短期国债利率对银行间市场短期利率最为敏感，短期国债利率受到银行间市场利率变化的影响而最先变化，然后受市场利率跨期套利的驱动，短期国债利率向中长期国债利率同方向传导，直到利率套利消失，从而实现银行间市场利率向中长期国债利率的传导，并刻画出债券收益率。从债券收益率曲线中可以分离出长期国债利率，而长期国债利率是长期贷款利率

的定价基准，既能够通过长期贷款利率间接影响总需求、通货膨胀率和经济增长等实体经济，也可以通过预期效应直接影响实体经济，如图 3-13 所示。

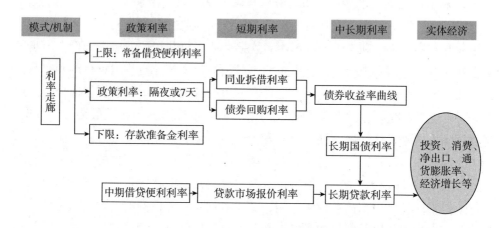

图 3-13　我国商业银行受政策利率驱动影响企业、居民的传导机制

而银行间市场短期利率能否传导至贷款利率取决于债券利率。债券市场利率通过两种方式影响贷款利率，一种是商业银行在进行利率定价时，将相应期限的长期国债利率加上风险溢价而形成的长期贷款利率，如图 3-14 所示。也就是说，长期贷款利率不仅以相应期限的长期国债利率为基础，还受到风险溢价的影响。在风险溢价的冲击下，长期国债利率不一定能够有效传导至贷款利率，当风险溢价极高时，贷款利率并不会随着长期国债利率的降低而显著降低。Boivin 等（2010）对利率传导的基本路径进行总结后，认为中央银行运用政策工具对货币市场短期利率施加影响和干预，在债券市场跨期限套利机制的作用下，货币市场短期利率的变化将传导至债券市场的中长期利率，并在跨市场套利机制的作用下，债券市场的中长期利率变化将传导至贷款市场的中长期利率。①

另一种是债券市场利率通过调节贷款市场的流动性来影响贷款利率。债券市场利率的升降引起流动性在债券市场和贷款市场的分配，当债券市场利率升高时，商业银行在进行资产配置时选择投资债券，流动性向债券市场集中，贷款市场的流动性降低，可贷资金减少，进而促使贷款利率上升；反之也成立。通过流动性在债券市场和贷款市场之间的分流机制，实现债券市场与贷款市场、债券市

---

① Boivin J. et al. How Has the Monetary Transmission Mechanism Evolved Over Time? [R] . NBER Working Paper, 2010 (15879) .

场利率与贷款利率的传导。

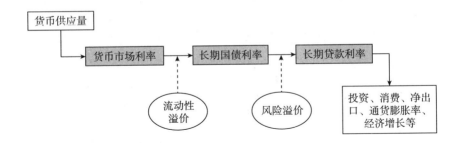

图3-14 经由货币市场、债券市场和贷款市场的利率传导机制

根据前述分析，由于债券市场利率更容易受到政策利率的冲击和影响，加之能够运用债券融资的企业的信用等级整体比较高，更符合商业银行对风险管理控制的要求，因此，在债券市场利率与贷款利率保持平衡的情况下，商业银行更优先选择债券投资进行资产配置，债务投资对银行贷款可用资金则形成了挤压，与银行贷款形成一定的替代效应，影响商业银行的资产负债表结构，利率调控在影响债券市场利率的同时也对流动性在债券市场与信贷市场之间的分化产生了重要冲击。债券市场与银行贷款市场存在的这种联系，是形成商业银行与实体部门之间利率传导机制的重要基础和条件。例如，正常情况下，如果债券市场的利率较高，商业银行出于利润最大化的目的，更倾向于将资金投向债券市场，导致银行可以用于贷款的流动性即可贷资金减少，企业和居民的贷款可得性降低，推动贷款利率上涨，使得贷款利率与债券利率的差距减少至均衡水平，最终实现债券市场利率向商业银行贷款利率的传导。同样，如果债券市场利率较低，商业投资债券的意愿和积极性降低，债券资产的价格上升，企业则更愿意通过债券市场进行融资，造成企业的贷款需求下降，从而导致贷款利率下降，最终形成债券利率向贷款利率传导的内在联动机制。

4. **利率在商业银行与企业之间传导的分层**

利率在我国商业银行与企业之间的传导还存在进一步的分层与分化，即利率由商业银行向优势企业（包括国有企业、大型企业、地方融资平台等）的传导不同于利率由商业银行向中小企业的传导，同时，还应注意利率在优势企业向中小企业的传导。因为优势企业与中小企业在融资市场中的地位和话语权差异很大，优势企业在资产、信用、担保、融资渠道等方面具有显著的优势，自由度高而约束少，融资资金的可得性更高。相比而言，中小企业由于规模、风险、资信、规模等方面的因素受到的约束比较多，融资渠道狭窄，没有话语权，容易遭遇商业银行的惜贷，而中小企业的融资需求又往往较强烈，容易造成越是需求强烈的企业越是难以获得贷款。这种情况在货币政策收缩时期更为明显，极易出现"强者恒强，弱者更弱"以及"中小企业追着银行跑，银行追着优势企业跑"的现象。此时低利率也不能有效刺激商业银行向中小企业贷款，高利率也不能有效遏制中小企业的贷款需求，反而可能需求更强，利率的传导效应十分有限甚至失效。

商业银行正是由于种种限制不能自主发放贷款，所以催生了影子银行的产生，银子银行是商业银行连接企业、居民的另一个通道。影子银行实际上还是由商业银行主导的，无论是资金来源，还是资金投向，并进一步完成贷款的投放。所以，我们可以看出，影子银行的出现是商业银行在外的另一种表现形式。商业银行一直在扮演着为影子银行提供流动性的角色，这些流动性流向了无法从商业银行直接贷款的企业。影子银行的出现并没有降低贷款利率，反而得到了相反的结果，贷款利率被推升。这是因为影子银行与商业银行两者是互为补充的关系，影子银行投放的贷款大多数流向了商业银行因为某些因素而没有投放贷款的企业，比如风险相对较高的房地产公司。对于风险较高的企业或是贷款能力比较低的企业，影子银行贷款时必定会由于风险溢价等因素抬高贷款利率。

在货币紧缩背景下，中小企业为拓宽融资渠道向商业银行申请贷款的同时，还会利用影子银行向优势企业进行融资，委托贷款和股权基金等工具的创新为优势企业向中小企业变相融资提供了通道，无形中形成了一个企业间借贷市场。一方面，优势企业更容易以多种方式从商业银行获得大量低成本的资金，实际上优势企业充当的是批发商的角色，再以资金成本加点的方式提供资金供给。另一方面，中小企业融资渠道的狭窄以及对资金的饥渴导致融资需求强烈，对利率的敏感性和弹性明显降低，融资成本与风险增加。为了实现资金平衡，只能投资回报率更高的项目，甚至以贷养贷，逆向选择现象严重，并不能抑制投资需求。这导致利率不能真实地反映资金的供求状况，不能发挥利率向实际经济传导的作用。如果在货币紧缩情况下中小企业向商业银行贷款，商业银行出于未来不确定性因素、风险、流动性偏好等考虑很可能惜贷或拒贷，即便中小企业愿意支付的利率再高，商业银行出于风险管理的需要也不会提供贷款，而通过信用债融资对中小企业来说门槛较高，也难以打通。这表明，在货币紧缩情况下，商业银行与中小企业之间的利率传导机制容易受阻，而这种受阻根本上是由银行体系的流动性不足以及伴随而来的市场预期所引起的，导致利率在信贷市场的传导过程中被放大，金融"加速器"功能更加明显。因此，保障在货币紧缩情况下利率传导机制畅通的基础条件应是金融市场流动性的合理充裕。

综上所述，利率在中央银行与商业银行、商业银行之间、商业银行与企业和居民这三个层级的传导是利率传导机制的具体展开，是利率传导机制有效发挥作用的核心基础，有效支撑了整个利率传导机制。利率传导机制在这三个层级依次展开的过程中，将影响利率传导的各个宏微观经济要素，以及利率传导机制要调节和干预的操作目标、中介目标和最终目标，通过利率政策机制的设计以及微观主体之间的内在联系，建立宏观经济变量之间的联系机制，推动货币政策对宏观调控目标的有效性。

第六节　对我国利率传导机制有效性的数据检验

本节对我国利率在中央银行向商业银行、商业银行之间、商业银行向企业与居民三个层级上的传导效果进行了数量分析，使理论推演得到了数据的检验。分别对每一个层级中不同期限的利率以及各层级代表利率之间的传导效果进行了数据检验和趋势分析。其中，在第一个层级（中央银行向商业银行）检验了政策利率向货币市场利率传导的效果，在第二个层级（商业银行之间）检验了短期市场利率之间传导的效果，在第三个层级（商业银行向企业与居民）检验了短期市场利率向中长期贷款利率与中长期国债收益率传导的效果。在此基础上，从整体上检验了不同期限利率对通货膨胀率和经济增长的传导效果。

一、第一层级利率传导效果的数据检验

1. 政策利率向货币市场利率传导的效果的数据检验

常备借贷便利利率与超额存款准备金利率分别作为我国利率走廊的上限和下限，其重要性不言而喻，在反映政策利率向货币市场利率传导效果方面具有较强的代表性，因而，本书选取常备借贷便利利率与超额存款准备金利率，对其向货币市场利率传导的效果进行了数据检验。通过分析 2016～2019 年的利率数据，如图 3-15 和表 3-7 所示，可以看出，常备借贷便利利率作为我国利率走廊的上限，近年来其利率水平稳中略微有升，同时，超额存款准备金利率一直维持在

0.72%的水平。两者很好地起到了作为我国利率走廊上限和下限的作用。SHI-BOR隔夜利率、同业拆借1天利率、质押式回购1天利率和买断式回购1天利率均没有突破利率走廊的上限和下限，一直处于常备借贷便利利率和超额存款准备金利率共同构建的"利率走廊"之内。不仅如此，SHIBOR隔夜利率、同业拆借1天利率、质押式回购1天利率三者具有高度的一致性，变化趋势保持同一节奏，表明SHIBOR隔夜利率、同业拆借1天利率、质押式回购1天利率三者之间存在稳定的内在传导机制。

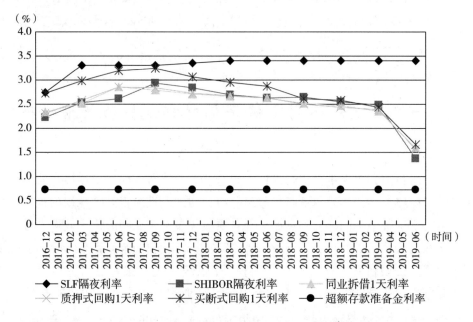

图 3 - 15　SLF 和超额存款准备金利率分别作为利率走廊上限和下限
对货币市场利率的传导效果示意图

资料来源：中国货币网。

表 3 - 7　2016 ～ 2019 年我国利率走廊上下限与货币市场隔夜利率数据对比

时间	SLF 隔夜利率（%）	SHIBOR 隔夜利率（%）	同业拆借 1 天利率（%）	质押式回购 1 天利率（%）	买断式回购 1 天利率（%）	超额存款准备金利率（%）
2016 - 12	2.7500	2.2300	2.3441	2.3077	2.7266	0.7200
2017 - 03	3.3000	2.5384	2.5125	2.5857	2.9838	0.7200
2017 - 06	3.3000	2.6180	2.8499	2.8478	3.1859	0.7200

时间	SLF 隔夜利率（%）	SHIBOR 隔夜利率（%）	同业拆借 1 天利率（%）	质押式回购 1 天利率（%）	买断式回购 1 天利率（%）	超额存款准备金利率（%）
2017 – 09	3.3000	2.9380	2.7846	2.8351	3.2394	0.7200
2017 – 12	3.3500	2.8400	2.7118	2.7292	3.0725	0.7200
2018 – 03	3.4000	2.6900	2.6560	2.6751	2.9564	0.7200
2018 – 06	3.4000	2.6280	2.6217	2.6243	2.8727	0.7200
2018 – 09	3.4000	2.6530	2.5183	2.4960	2.6126	0.7200
2018 – 12	3.4000	2.5540	2.4631	2.4275	2.5771	0.7200
2019 – 03	3.4000	2.4860	2.3480	2.3839	2.4400	0.7200
2019 – 06	3.4000	1.3705	1.6025	1.5668	1.6681	0.7200

资料来源：中国货币网。

此外，本书进一步分析了对我国央行政策利率最为敏感的 SHIBOR 隔夜利率向市场交易比较活跃的货币市场利率以及通货膨胀率的传导效果。从图 3 – 16 可以发现，质押式回购 7 天利率与同业拆借 7 天利率基本能随着 SHIBOR 隔夜利率的升降而升降，但 SHIBOR 隔夜利率的变化幅度要稍微大一些。2017～2019 年，SHIBOR 隔夜利率、质押式回购 7 天利率与同业拆借 7 天利率整体上处于下行通道，而我国通货膨胀率整体上则处于上升通道，其中，2017～2018 年通货膨胀率上升的速度较慢；2019 年，随着货币市场利率的继续下探，我国的通货膨胀率上升的速度明显加快，达到新的高点。2019 年通货膨胀率快速上升固然与猪肉价格上涨过高有关，但货币市场利率的传导效应是客观存在的。说明 SHIBOR 隔夜利率、质押式回购 7 天利率与同业拆借 7 天利率等货币市场主要利率对通货膨胀率具有一定的传导效果，但不是很显著。

2. 银行间回购利率和上海银行间同业拆放利率关系的实证分析

（1）研究目的和样本选取。接下来通过 VAR 模型分析银行间回购利率与上海银行间同业拆放利率之间的关系。如果能够验证银行间回购利率和上海银行间同业拆放利率之间存在有效的联动效应，则可以说明我国央行通过公开市场操作可以有效调控回购利率，并能够进一步传导至上海银行间同业拆放利率，进而实现对上海银行间同业拆借市场的有效调控，也可以说明我国从数量型货币政策向价格型货币政策转型的有效性。

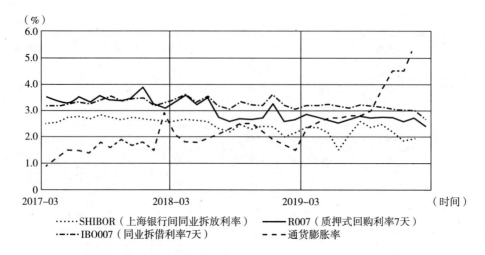

图 3 - 16　我国主要短期市场利率向通货膨胀率传导的效果示意图

资料来源：中国货币网、国家统计局网站。

本模型选取的数据样本为 2015～2020 年银行间质押式回购 7 天利率①和 SHI-BOR 隔夜利率的日度数据，对两者进行实证检验。在下述分析中，银行间回购 7 天利率用 R007 表示，SHIBOR 隔夜利率用 SHON 表示。数据来源于中国货币网、国泰安数据库（详细数据见附录 1）。

（2）ADF 检验。建立 VAR 模型之前，需要对原始序列的平稳性进行检验，否则可能出现"伪回归"的现象，使得分析结果不准确。经检验，得到表 3 - 8 中的结果，时间序列 R007、SHON 在显著性水平 1%、5% 和 10% 时的临界值均小于 ADF 统计量，这说明原始序列都是平稳序列，可以进行下一步的模型分析。

表 3 - 8　ADF 单位根检验

变量	ADF 检验	临界值（显著水平）	Prob. *	是否平稳
R007	- 7. 633433	- 3. 433927（1%）	0. 0000	平稳
		- 2. 863007（5%）		
		- 2. 567589（10%）		

---

①　银行间市场的债券回购交易量远大于证券交易所债券回购交易规模，并且银行间债券市场回购交易中买断式回购仅占交易额的极小部分。所以，本书实证部分选取银行间质押式回购利率作为分析指标。

变量	ADF 检验	临界值（显著水平）	Prob. *	是否平稳
SHON	- 7.598716	- 3.433927（1%）	0.0000	平稳
		- 2.863007（5%）		
		- 2.567589（10%）		

资料来源：根据 EViews10 模拟数据后自行整理而得。

（3）建立 VAR 模型。通过 VAR 模型可以利用数据本身来说明模型的动态结构，可以把系统中每一个内生变量作为系统中所有内生变量的滞后值的函数来构造模型，从而将单变量自回归模型推广到由多元时间序列变量组成的"向量"自相关模型。依据赤池信息准则 AIC 和施瓦茨准则 SC 最小原则确定滞后阶数为2，接下来将对 R007 与 SHON 建立的 VAR 模型进行数据分析，如表 3 - 9 所示。

表 3 - 9　VAR 模型

Vector Autoregression Estimates		
Sample（adjusted）：2003 3327		
Included observations：1325 after adjustments		
Standard errors in（）& t - statistics in［］		
	SHON	R007
SHON（-1）	1.106502	0.279989
	- 0.02822	- 0.06655
	［39.20630］	［4.20709］
SHON（-2）	- 0.175356	- 0.116820
	- 0.02807	- 0.06619
	［- 6.24741］	［- 1.76495］
R007（-1）	0.049899	0.676166
	- 0.01175	- 0.02770
	［4.24763］	［24.40890］
R007（-2）	- 0.019827	0.115969
	- 0.01178	- 0.02777
	［- 1.68352］	［4.17575］

续表

C	0.063480	0.248984
	−0.01792	−0.04226
	[3.54218]	[5.89169]
R − squared	0.935332	0.774724
Adj. R − squared	0.935136	0.774041
Sum sq. resids	22.95565	127.64880
S. E. equation	0.131874	0.310972
F − statistic	4772.988	1134.869
Log likelihood	806.7439	−329.9198
Akaike AIC	−1.210180	0.505539
Schwarz SC	−1.190598	0.525121
Mean dependent	2.220432	2.950048
S. D. dependent	0.517793	0.654194

从表3-9中可以看出，整个模型拟合优度效果较好，能够初步说明银行间回购利率与上海银行间同业拆放利率之间确实存在一定的相关关系。从上表中能够得出：第一，对于R007来说，对其影响最显著的是滞后一期的R007（影响系数为0.0676166，t值为24.4089），其次是SH0N，而滞后两期的R007和SH0N均不显著。这可以说明，对R007影响较为显著的是滞后一期的数据，而不是滞后两期的数据。第二，对于SH0N来说，对其影响最显著的是滞后一期的R007和滞后一期的SH0N。综上所述，滞后一期的R007对R007、SH0N都具有较为显著的影响。

表3-10 Granger 因果关系检验

Pairwise Granger Causality Tests			
Sample：2001 3327			
Lags：2			
Null Hypothesis：	Obs	F − Statistic	Prob.
SH0N does not Granger Cause R007	1325	26.7312	4. E − 12
R007 does not Granger Cause SH0N		11.5242	1. E − 05

（4）Granger 因果关系检验。对时间序列 R007 和 SH0N 进行 Granger 因果关系检验，检验结果如表3-10所示，当滞后期数为2时，在5%的置信水平下，

"R007 does not Granger Cause SHN"与"SH0N does not Granger Cause R007"的 P 值均小于 0.05，所以拒绝原假设，也就是说，R007 是 SH0N 的 Granger 原因，SH0N 也是 R007 的 Granger 原因。通过对 P 值进行比较，我们可以看出 R007 对 SH0N 的作用比 SH0N 对 R007 的作用要更加明显。这充分说明了 R007 与 SH0N 两者之间存在双向传递的过程，同时，R007 对于 SH0N 的推动作用更大。

（5）模型稳定性分析。接下来需要对 VAR 模型进行稳定性检验，通过 AR 根来检验其稳定性，结果如图 3 - 17 所示，VAR 模型的所有根均在单位圆内，则说明结果是有效的，由上述数据所得到的结论也是有效的。

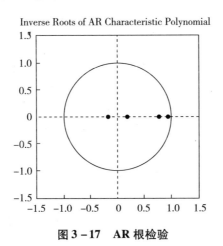

Inverse Roots of AR Characteristic Polynomial

图 3 - 17　AR 根检验

（6）实证结论。通过上面的实证模型与分析，可以得到以下几点结论：第一，R007 对 SH0N 的正向作用较明显；第二，通过 Granger 因果关系检验得到，R007 与 SH0N 两者之间互为因果关系，存在双向传递的过程，同时，R007 对 SH0N 的推动作用更大。综上所述，银行间市场质押式回购利率与银行间同业拆借利率之间存在有效的联动效应。

通过本部分实证研究，可以验证得到：我国央行通过公开市场操作可以有效调控回购利率，并进一步传导至银行间同业拆借利率，进而实现对上海银行间同业拆放市场的有效调控，也可以说明我国从数量型货币政策向价格型货币政策转型的有效性。

二、第二层级利率传导效果的数据检验

反映商业银行之间利率传导机制的主要是同业拆借市场利率和银行间回购利率，因此，要考察商业银行之间利率传导的效果，就要分析同业拆借市场利率和银行间回购利率两者之间以及各自内部不同期限利率之间的传导效果。

1. 第二层级利率传导效果的数据分析

本书对商业银行之间利率的传导效果的分析分别从两个方面展开：一方面，分析在相同利率期限下质押式回购利率与上海银行间同业拆放利率、同业拆借利率的传导效果。如图 3-18 所示，同样是隔夜利率，质押式回购隔夜利率、SHI-BOR 隔夜利率、同业拆借隔夜利率三者之间的升降变化几乎完全吻合，呈现出高度的一致性，表明质押式回顾利率向上海银行间同业拆放利率以及上海银行间同业拆放利率向同业拆借利率的传导效果十分明显，质押式回购利率、上海银行间同业拆放利率、同业拆借利率三者之间传导机制的有效性较强。

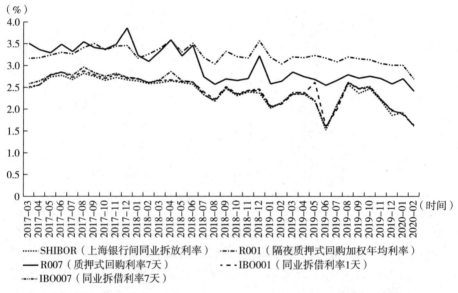

图 3-18　质押式回购利率与 SHIBOR、同业拆借利率三者的变化趋势对比

资料来源：中国货币网。

另一方面，再考察同一市场下不同期限利率之间的传导效果。从图 3-19 可以看出，同业拆借隔夜利率对同业拆借 7 天利率的传导效果要优于同业拆借隔夜利率对同业拆借 1 年利率的传导效果。但同业拆借隔夜利率的升降变化与同业拆借 1 年利率的升降变化总体保持一致，两者呈现同向的变化趋势，只是同业拆借 1 年利率对同业拆借隔夜利率的敏感度比同业拆借 7 天利率要低。这表明，相同市场下两个利率的期限越近，则两者的联动性也越高，随着利率之间的期限距离增加，其联动性随之下降。

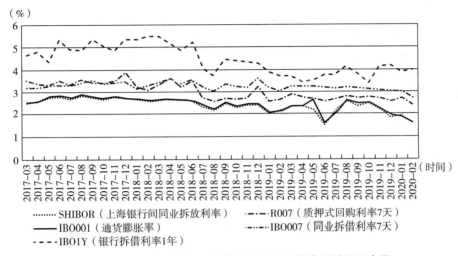

图3-19　同业拆借市场不同期限利率之间的传导效果示意图

资料来源：中国货币网。

2. 第二层级利率传导效果的计量模型检验

虽然通过上面的图表分析，可以比较直观地说明商业银行之间利率传导的效率问题，但是要想更加准确地说明各种利率之间的相关关系，则需要继续用计量模型加以证明。其中，质押式回购利率与上海银行间同业拆放利率之间的具体传导分析已在上一节第一层级中进行了实证分析，并且验证了两者之间的联动关系，从而说明了同业拆借市场和银行间回购市场之间的传递关系，与上述数据分析得到的结论是吻合的。

下面将对同业拆借市场不同期限利率之间的相互影响进行实证分析。将选取2017～2020年的同业拆借隔夜利率（IBO001）、同业拆借7天利率（IBO007）以及同业拆借1年利率（IBO1Y）的月度数据为研究样本。数据来源于中国货币网。与上一层级中的实证分析步骤基本一样，先进行ADF检验，之后用VAR模型进行分析。省略之前的同样步骤，直接对其影响结果进行解释说明。

表3-11列出了同业拆借市场不同期限利率（隔夜、7天、1年）变化之间的相互关系。第一，IBO007与IBO1Y的变化主要受IBO001滞后一期的影响，而IBO001的变化主要受自身滞后一期的利率变化的影响；第二，IBO001对IBO007（t值为2.12583）的传导效果要优于IBO001对于IBO1Y（t值为1.74312）的传导效果。综上所述，我们可以得到：同业拆借市场中不同期限结构的短期利率之间传导是有效的，有着显著的相互影响关系。同时，相同市场下两个利率的期限越近，则两者的联动性也越高，随着利率之间的期限距离增加，其联动性随之下

表 3 – 11　VAR 模型

Vector Autoregression Estimates

Sample（adjusted）：2017M05 2020M02

Included observations：34 after adjustments

Standard errors in （ ） & t – statistics in [ ]

	IBO001	IBO007	IBO1Y
IBO001 （ -1）	0. 606907	0. 284024	0. 586342
	- 0. 22496	- 0. 13361	- 0. 33637
	[2. 69781]	[2. 12583]	[1. 74312]
IBO001 （ -2）	- 0. 153843	- 0. 047162	0. 090490
	- 0. 24967	- 0. 14828	- 0. 37332
	[- 0. 61619]	[- 0. 31806]	[0. 24240]
IBO007 （ -1）	- 0. 392715	0. 037888	- 1. 018262
	- 0. 41482	- 0. 24636	- 0. 62026
	[- 0. 94671]	[0. 15379]	[- 1. 64167]
IBO007 （ -2）	0. 225889	0. 066790	0. 045441
	- 0. 43224	- 0. 25671	- 0. 64630
	[0. 52261]	[0. 26018]	[0. 07031]
IBO1Y （ -1）	0. 103970	0. 018456	0. 664421
	- 0. 13781	- 0. 08185	- 0. 20606
	[0. 75444]	[0. 22549]	[3. 22438]
IBO1Y （ -2）	0. 113813	0. 058176	0. 132667
	- 0. 14120	- 0. 08386	- 0. 21112
	[0. 80606]	[0. 69375]	[0. 62838]
C	0. 899704	1. 971782	2. 361122
	- 1. 34380	- 0. 79809	- 2. 00931
	[0. 66952]	[2. 47062]	[1. 17509]
R – squared	0. 519974	0. 445083	0. 728690

降。这与上述分析结论是吻合的。

三、第三层级利率传导效果的数据检验

商业银行向企业与居民之间的利率传导反映的是短期利率向中长期利率的传导，只有长期利率才能有效地刺激企业和居民的有效需求，进而对实体经济产生作用。从我国利率传导作用于企业、居民的过程看，有两个市场通道：一个是债券市场通道；另一个是贷款市场通道。不论哪一种市场通道，本质上都要体现由短期利率向中长期利率传导的过程与效果，但是实践与理论得到的结果是否一致？下面将通过数据进行分析验证，以使本书的理论推演得到数据检验。

1. 短期利率通过债券市场向中长期利率传导的效果

通过整理 2015 年 1 月至 2020 年 2 月 SHIBOR 隔夜利率、1 年期国债收益率、5 年期国债收益率以及 10 年期国债收益率的月度数据，验证上海银行间同业拆放利率的上升与债券收益率之间的变化关系。如图 3 - 20 所示，分析如下：

第一，当 SHIBOR 隔夜利率上升或下降时，1 年期国债收益率、5 年期国债收益率与 10 年期国债收益率也会上升或下降，基本呈现出同方向变化的趋势。这可以说明 SHIBOR 隔夜利率的变动引起了不同期限的国债收益率的变动，传导有一定的效果。第二，自 2017 年起，SHIBOR 隔夜利率与 5 年期、10 年期国债收益率的变化的一致性更加明显，由此可知，近几年利率的传导效率较之前有所提高。这主要源于我国采取的疏导利率的措施确实有效提高了短期利率向长期债券利率的传导水平。第三，从对 SHIBOR 隔夜利率的反应看，1 年期国债收益率比 5 年期、10 年期国债收益率更迅速、更准确。这说明 SHIBOR 隔夜利率对于短期国债收益率的传导效果要高于中长期国债收益率。

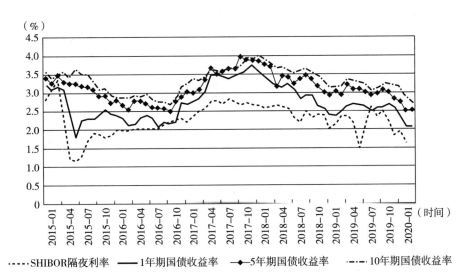

图 3 - 20　短期利率与不同期限国债收益率变化对比

注：详细数据见附录 2。

资料来源：中国货币网。

图 3-20 能够直观地说明 SHIBOR 隔夜利率对不同期限国债收益率的传导效果，短期利率确实能够传导至短、中长期的国债收益率，这为之前的理论推演提供了数据支持。但是，还存在一个问题，上面的分析进行了很直观的观测，但究竟其量化程度如何？可以进行实证检验。下面将采用 VAR 模型，以 2015 年 1 月至 2020 年 3 月 SHIBOR 隔夜利率、1 年期国债收益率、5 年期国债收益率以及 10 年期国债收益率的月度数据为研究样本，对上海银行间同业拆放利率与国债收益率之间的变化关系以及不同期限国债收益率之间的变化关系进行实证分析。与上一层级中的实证分析步骤基本一样，先进行 ADF 检验。

使用 EViews10 对上海银行间同业拆放利率以及不同期限的国债收益率进行 ADF 平稳性检验，对原始序列进行 ADF 单位根检验，见表 3-12。结果表明：SHIBOR 隔夜利率以及 1 年期、5 年期与 10 年期国债收益率均是非平稳时间序列，须使用一阶差分后的平稳时间序列进行向量自回归分析。

表 3-12　ADF 单位根检验

变量	ADF 检验	临界值（显著水平）	Prob. *	是否平稳
隔夜	-2.580550	-3.542097（1%）	0.1025	不平稳
		-2.910019（5%）		
		-2.592645（10%）		
1 年	-1.892923	-3.542097（1%）	0.3335	不平稳
		-2.910019（5%）		
		-2.592645（10%）		
5 年	-1.292816	-3.540198（1%）	0.6278	不平稳
		-2.909206（5%）		
		-2.592215（10%）		
10 年	-1.177165	-3.542097（1%）	0.6790	不平稳
		-2.910019（5%）		
		-2.592645（10%）		
隔夜（一阶差分）	-4.815428	-3.552666（1%）	0.0002	平稳
		-2.914517（5%）		
		-2.595033（10%）		
1 年（一阶差分）	-6.035425	-3.542097（1%）	0.0000	平稳
		-2.910019（5%）		
		-2.592645（10%）		

变量	ADF 检验	临界值（显著水平）	Prob. *	是否平稳
5 年（一阶差分）	−8.657416	−3.542097（1%） −2.910019（5%） −2.592645（10%）	0.0000	平稳
10 年（一阶差分）	−6.382815	−3.542097（1%） −2.910019（5%） −2.592645（10%）	0.0000	平稳

之后用 VAR 模型进行分析。省略与之前模型分析相同的步骤，直接对其影响结果进行解释说明，可以得到：从货币市场看，1 年期国债收益率和 5 年期国债收益率代表的中期利率变化对货币市场上的隔夜利率变化存在显著影响，相比较之下，1 年期的影响更为显著。而 10 年期国债收益率代表的中长期利率变化对货币市场上对短期利率变化并不存在显著影响。这与之前的数据分析基本一致。

从债券市场看，1 年期、5 年期、10 年期国债收益率之间均不存在显著相互影响关系，这说明我国中期利率与长期利率之间缺乏明确的传导渠道。这个结论则是前面数据没有分析到的，中长期国债收益率间不存在显著的相互影响，这为本书发现问题以及提出对策建议提供了理论基础。

2. 短期利率通过银行体系向中长期利率传导的效果

人民币贷款的 FTP 系统要以我国人民银行公布的贷款基准利率为基础，在贷款基准利率上加点或减点才能形成实际贷款利率定价。选取 2010 年 1 月至 2020 年 3 月我国 6 个月贷款基准利率、3~5 年贷款基准利率、5 年期国债收益率以及 SHIBOR 隔夜利率数据进行分析，如图 3-21 所示，发现我国贷款基准利率和 SHIBOR 隔夜利率、5 年期国债收益率数据的变动并没有呈现出一致性，这说明贷款利率与市场利率的相关性较弱，我国需要进一步完善人民币贷款定价机制。

图 3-21 能够直观地说明我国贷款基准利率与市场利率的相关性不高，利率传导效果较差，这为之前的理论推演提供了数据支持。2019 年，我国央行宣布改革完善贷款市场报价利率形成机制，将要疏通由政策利率依次向贷款市场报价利率、金融机构实际贷款利率、实体经济的传导。

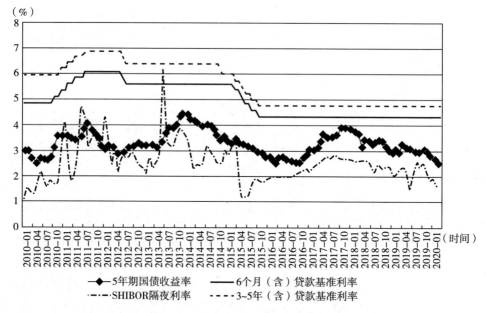

图 3 – 21 我国货币市场利率与贷款基准利率走势对比

注：详细数据见附录3。

资料来源：中国货币网。

3. 利率向通货膨胀率、需求端及经济增长等实体经济的传导效果

利率传导机制最终对实体经济的影响是评判央行的刺激政策是否有效的重要标准。能够反映或者影响实体经济的宏观经济指标主要包括通货膨胀率、采购经理人指数和经济增长率等。因此，本书通过分析不同类型的利率以及不同期限的利率对上述宏观经济指标的传导效果，以考察不同层级上的利率对实体经济的传导效果。

首先，图 3 – 22 显示了 2017 年 3 月至 2020 年 1 月货币市场利率、国债收益率以及贷款基准利率对通货通胀率的传导效果。从中可以发现，SHIBOR 隔夜利率与 5 年期国债收益率自 2017 年以来呈略微下降的趋势，总体上处于下降的通道，但 5 年期国债收益率的变化幅度较小，SHIBOR 隔夜利率震荡幅度相对较大。与之形成对比的是，在这期间，通货膨胀率则处于震荡上升的态势。换言之，货币市场和国债收益率对通货膨胀率的传导效果能够被观测到，但由于通货膨胀率在同一时间还受到其他因素的影响，因此传导效果又略显不足。而我国贷款基准利率长期没有变化，对通货膨胀率的影响难以体现。

其次，本书使用制造业采购经理指数来衡量需求端，分析中长期利率向实体

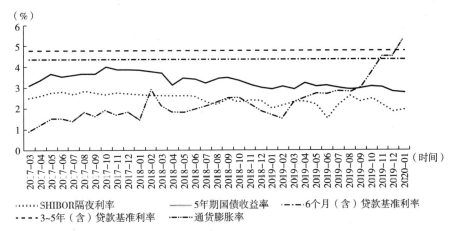

图 3－22　货币市场利率、国债收益率和贷款基准利率向通货膨胀率的传导效果示意图

资料来源：中国货币网、国家统计局网站。

经济需求端传导的效果。从图 3－23 来看，5 年期国债收益率和 10 年期国债收益率对制造业采购经理指数的传导效果并不理想。通过分析 2017 年 3 月至 2020 年 3 月的相关数据，发现过去 3 年，5 年期国债收益率和 10 年期国债收益率总体处于下降的态势，但是制造业采购经理指数同期总体上也处于下降的态势，并没有体现利率的刺激作用，反映出微观主体和实体经济的需求没有被充分调动起来，中长利率对需求端的传导作用有限。

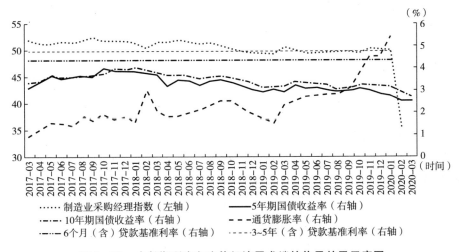

图 3－23　中长期利率向实体经济需求端的传导效果示意图

注：详细数据见附录4。

资料来源：中国货币网、国家统计局网站。

　　最后，图 3 – 24 显示了 1999 ~ 2018 年贷款基准利率与 GDP 增长之间的变化趋势与联系。可以看出，过去 20 年，即我国贷款利率市场化改革未完成之前，贷款基准利率与 GDP 增长率的联动性并不强，较为异常的是两者的变化表现出同向性。表明贷款基准利率的下降对经济增长的刺激作用有限，贷款基准利率对实体经济的传导效果并不显著。

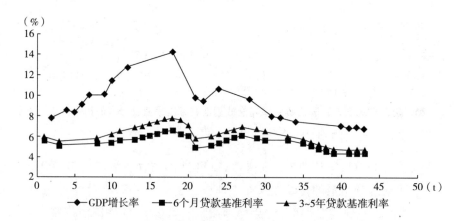

图 3 – 24　贷款基准利率向实体经济的传导效果示意图
资料来源：中国货币网、国家统计局网站。

第七节　我国利率传导机制存在的问题

一、贷款基准利率依然存在并影响贷款市场利率

　　一直以来，我国的利率传导机制存在从政策利率向短期利率传导畅通而向长期利率传导阻滞的问题。贷款利率是重要的中长期利率，能够对实体经济产生重要的传导和影响，是货币政策调控实体经济的关键环节。尽管 2015 年实现了贷款利率管制的全部取消，但由于中国人民银行保留了贷款基准利率，金融机构的贷款利率实际定价依然与贷款基准利率对标。而贷款基准利率本质上并不是市场化利率，因此，必然会影响货币政策对贷款利率的传导效率，导致货币政策向贷款利率的传导机制和效率欠佳，从而也影响货币政策对实体经济的刺激作用。

我国央行发布的存贷款基准利率曾经发挥了巨大的作用，但随着存贷款利率管制的取消以及利率市场化的深入推进，存贷款基准利率赖以发挥作用的基础已基本消失，存贷款利率的作用和约束力逐渐减弱，商业银行的贷款利率定价逐步与贷款基准利率脱钩，存贷款基准利率已经基本完成自身的历史任务。目前，我国央行仍然没有取消存贷款基准利率，存贷款基准利率依然在隐性地影响着商业银行的定价行为，对贷款市场报价利率机制的运行产生一定的干扰和影响，为更好地促进商业银行的贷款利率定价体系与贷款市场报价利率机制衔接和关联，推动贷款市场报价利率更加成熟高效，进而以贷款市场报价利率为基石，建立新型市场化贷款基准利率体系，我国央行需要考虑尽快取消存贷款基准利率。目前，取消存贷款基准利率的必要性和迫切性日益增强，如果在运行贷款市场报价利率机制的同时，继续保留存贷款基准利率，两者之间形成机制的不同以及在利率水平上存在的本质差异，势必会对商业银行的预期和判断产生信号干扰，不利于形成有效的贷款利率传导机制，积极的贷款利率政策对实体经济的促进作用也将受到限制。

二、短期市场利率对贷款利率的传导效率不高

我国央行直接调控的是短期政策利率，即中国人民银行的利率政策工具首先对短期政策利率施加影响，再由短期政策利率向国债利率、贷款利率等中长期利率传导。短期政策利率的降低可以有效降低流动性溢价和资金的时间价值对利率的影响，一般可以显著影响国债利率的变化，然而贷款利率受风险溢价的影响较大，短期政策利率的降低难以对冲风险溢价对利率的影响，因此容易出现短期政策利率不能有效向贷款利率传导的情况。如果贷款利率对我国央行的短期政策利率变化不敏感，利率政策工具就不能实现对贷款利率的调控目的，货币政策的效果将大为减弱。例如，当中国人民银行为刺激经济进行降息时，可通过影响政策利率促使货币市场、债券市场和贷款市场的利率发生整体性降低。但在改革贷款市场报价利率形成机制之前，由于贷款市场报价利率与短期政策利率之间关联度不高，并且金融机构实际执行的贷款利率也没有和贷款市场报价利率进行挂钩，依然存在隐性贷款利率下限，导致我国央行的利率政策意图没有在贷款利率上得到充分的反映和体现，影响利率的传导效率。

为发挥货币政策对经济的反周期刺激作用，我国央行坚持适度宽松的货币政策，向市场投放了大量的货币，金融机构的流动性得到明显的改善和提高，利率下降压力加大，但贷款利率的下行压力远小于货币市场短期利率的下行压力，即适度宽松的货币政策并未有效起到引导贷款利率下降的作用。其原因在于没有建

立完善的贷款利率市场化定价机制，贷款基准利率体系缺乏市场化机制，贷款基准利率的价格粘性较强，在一定程度上与上海银行间同业拆放利率、回购利率等货币市场利率存在脱节和滞后，贷款利率与货币市场短期利率的弹性不高。

三、利率走廊模式尚需进一步完善

经过多年的运行，我国在探索利率走廊模式的道路上取得了长足的进展和成效，利率走廊模式在疏通利率传导机制方面发挥了巨大优势，符合我国利率市场化改革的方向和要求。发达国家实施利率走廊模式已有近 30 年的时间，而我国实施利率走廊时间还比较短，目前，我国的利率走廊模式仍存在许多尚需完善之处，主要表现在：

第一，利率走廊模式下的政策利率尚未被明确，利率走廊体系不完整，导致利率走廊模式的信号预期传导作用大为下降。第二，隔夜利率或 7 天利率在银行间同业市场都属于最为活跃的利率期限品种，其他期限品种的货币市场利率均受到隔夜利率和 7 天利率的显著影响，在选择货币走廊模式下的政策利率时如何在隔夜利率和 7 天利率之间进行取舍存在一定的难度。第三，利率走廊存在隐性上限，实际利率走廊上限要高于名义利率走廊，名义利率走廊上限多次被突破。由于作为利率走廊上限的常备借贷便利要求提供高等级抵押担保资产，因此，会导致一些没有合格抵押物的商业银行无法获得中国人民银行的常备借贷便利融资。当银行间同业拆借利率高于常备借贷便利利率时，这部分商业银行依然会留在同业市场进行资金拆借，从而出现常备借贷便利利率被突破的情况。第四，由于利率走廊机制建设仍不完善，我国尚未建立标准意义上的利率走廊机制，利率走廊机制在实际运行过程的效果也不理想。因此，利率走廊模式还没有被中国人民银行作为重点使用的货币政策工具，其对我国货币政策操作框架模式由数量型向价格型转型的有效支撑不足。

有鉴于此，我国利率走廊机制的建设和完善需要围绕上述问题继续深入向前推进，挖掘利率走廊模式的优势和潜力，将利率走廊模式的实践试验与改革完善紧密结合起来，使其能够更好地发挥防止和控制利率波动的作用。

四、商业银行定价能力对利率传导机制的支撑不足

我国银行体系的二元结构与影子银行业务降低了外部因素在银行利率中的决定作用，并在一定程度上降低了利率市场化定价的改革成效。2008 年以来，货币政策数量型调控效率下降，而利率调控的有效性逐渐提高，但由于存在商业银

行内部利率定价的"双轨制"特征，货币市场利率向贷款利率的传导依然不畅。我国金融市场的利率粘性依然较高，货币市场利率与商业银行贷款利率之间存在弱滞后传导关系。并且，大、小型商业银行的贷款利率定价方式有所不同，大型商业银行将采取竞争定价策略，小型商业银行将更注重发展关系型借贷。同时，经过多年的改革和演进，尽管货币市场利率向债券市场利率的传导机制逐渐成熟，但货币市场利率向存贷款利率的传导机制仍然处于演变之中，这实际上与我国商业银行的利率定价能力不强以及市场基准利率体系不完善紧密相关。并且，在我国央行未取消贷款利率管制之前，商业银行的贷款利率定价与央行发布的贷款基准利率挂钩，商业银行长期依赖人民银行公布的存贷款基准利率，导致自身利率定价体系构建和市场机制培育长期滞后，制约了商业银行的自主定价能力的发展，商业银行产生了明显的政策依赖性和操作惯性，创新意识与能力不强，已经显著影响了我国利率传导机制的运行。

五、贷款市场利率对央行货币政策的联动性有待进一步提高

贷款市场报价利率形成机制改革是我国央行进一步深化利率市场化改革的充分体现。通过贷款市场报价利率形成机制改革，建立起清晰的由政策利率依次向贷款市场报价利率、商业银行实际贷款利率、企业和居民层层传导的机制，打通政策利率与贷款利率之间的传导机制，提高利率政策的传导效率。另外，我国央行也试图通过改革贷款市场报价利率推动贷款利率的下行，因为正是贷款利率定价的市场化程度不高，导致中国人民银行降息导向的货币政策不能有效向贷款市场传导，贷款利率下降水平未能与货币政策充分保持一致。改革贷款市场报价机制等于建立了市场化的贷款利率形成机制，从根本上保证了利率传导机制精简、高效运行，有助于提高货币政策在信贷市场的传导效率。目前，我国实施改革后的贷款市场报价利率的时间还不长，正在推进存量浮动利率贷款的定价基准转换为贷款市场报价利率，新的贷款市场报价利率的运行效果难以确定，其与我国央行货币政策联动性的强弱有待进一步考察。

第八节　本章小结

本章主要介绍了利率通过我国中央银行、商业银行以及企业和居民这三类主体的传导，即中央银行向商业银行的传导、商业银行之间的传导、商业银行向企业与居民的传导三个层级。通过考察每层级利率传导的过程，分析每层级中不同利率、不同市场对利率传导机制的主要作用机理，总结每层级利率传导的逻辑与特点，并从整体上考察我国利率传导机制的基本规律。最后，在分析我国利率传导三个层级的基础上，指出我国利率传导机制存在的主要问题。主要得出以下结论：

（1）我国利率通过银行体系或者债券市场传导的过程实际上就是利率通过中央银行、商业银行以及企业与居民依次传导的过程，相应地经过中央银行向商业银行的传导、商业银行之间的传导、商业银行向企业与居民的传导三个层级。在我国利率传导过程中，中央银行、商业银行、企业与居民均发挥着各自重要的角色和作用。其中，中央银行是利率政策的决策和执行主体，商业银行在利率传导过程中发挥着重要的金融中介作用，企业、居民是利率传导机制作用于实体经济的体现者。

（2）我国央行以利率为目标影响商业银行的机理主要包括四个。第一，再贷款利率、再贴现率、超额存款准备金利率、常备借贷便利利率、中期借贷便利利率等基准利率是影响我国央行与商业银行之间利率传导的关键政策工具。第二，由于中央银行向商业银行执行的再融资利率是商业银行的资金成本，因此，我国央行通过调控商业银行的资金成本，从而影响利率由央行向商业银行的传导效果。第三，我国央行通过稳定货币市场利率的波动来稳定商业银行的预期，进而实现利率的有效传导。第四，我国央行通过调节自身与商业银行之间的货币供求影响商业银行的利率定价。同时，我国央行依靠不同的政策工具可以有效影响利率在央行与商业银行之间的传导。其中，在贷款市场报价利率形成机制下，我国央行主导报价商业银行的贷款报价利率；在利率走廊模式下，央行有效控制货币市场利率的上限和下限；我国央行通过公开市场操作可精准调控银行间市场利率。

（3）我国商业银行之间的利率传导主要经由银行间同业拆借市场和银行间债券回购市场。我国银行间同业拆借市场影响商业银行之间利率传导的逻辑链条表现为：首先，建立了市场化的银行间同业拆借利率；其次，构建了我国银行间同业拆借市场的基准利率体系——上海银行间同业拆放利率；最后，形成了银行间同业拆借利率以上海银行间同业拆放利率为定价基准的机制。在此基础上，持续增强银行间市场基准利率与商业银行上下游利率的敏感度，并使得银行间同业拆借利率能够准确反映商业银行之间的流动性松紧。同时，银行间债券回购利率与上海银行间同业拆放利率之间具有内在逻辑关系，银行间债券回购利率可以主动影响上海银行间同业拆放利率，银行间债券质押式回购利率能够稳定上海银行间同业拆放利率，降低其波动幅度。此外，银行间债券质押式回购交易规模巨大、市场占有量大、交易活跃，足以对银行间同业市场利率和流动性产生显著影响。

（4）利率由我国商业银行向企业、居民的传导分别经过间接融资通道和直接融资通道两个通道。在间接融资通道下，我国央行通过贷款市场报价利率建立起清晰的由政策利率依次向贷款市场报价利率、金融机构实际贷款利率、实体经济层层传导的机制，能够打通政策利率与贷款利率之间的传导机制，打破贷款利率隐性下限，提高利率政策的传导效率。在直接融资通道下，商业银行主要通过利率债、信用债等债券市场与企业、居民进行衔接，商业银行向企业的利率传导受债券市场利率的显著影响。银行间市场利率与国债市场利率之间存在传导关系，国债利率是债券市场利率的核心，银行间市场短期利率能否传导至贷款利率受债券利率的影响较大。债券市场利率通过两种方式影响贷款利率：一种是商业银行在进行利率定价时，将相应期限的长期国债利率加上风险溢价而形成长期贷款利率；另一种是债券市场利率通过调节贷款市场的流动性来影响贷款利率。此外，利率在我国商业银行与企业之间的传导还存在分层与分化现象，即利率由商业银行向优势企业的传导不同于利率由商业银行向中小企业的传导。

（5）我国的利率传导机制日益成熟完善，但也存在一些亟待解决的问题。第一，贷款基准利率依然存在并影响贷款市场利率。在运行贷款市场报价利率机制的同时，继续保留存贷款基准利率，势必会对商业银行的预期产生信号干扰，不利于形成有效的贷款利率传导机制。第二，短期市场利率对贷款利率的传导效率不高。在我国适度宽松的货币政策背景下，贷款利率的下行压力远小于货币市场短期利率的下行压力，适度宽松的货币政策并未有效起到引导贷款利率下降的作用。第三，利率走廊模式尚需进一步完善。我国实施利率走廊时间还比较短，仍存在许多尚需完善之处，包括利率走廊模式下的政策利率尚未被明确和利率走廊体系不完整。利率走廊存在隐性上限，实际利率走廊上限要高于名义利率走廊上限，名义利率走廊上限多次被突破。利率走廊模式对我国货币政策操作框架模式由数量型向价格型转型的有效支撑不足。第四，商业银行定价能力对利率传导机制的支撑不足。长期以来，商业银行的贷款利率定价与央行发布的贷款基准利率挂钩，导致自身利率定价体系构建和市场机制培育长期滞后，商业银行产生了明显的政策依赖性和操作惯性，创新意识与能力不强，已显著影响了我国利率传导机制的运行。第五，贷款市场利率对央行货币政策的联动性有待进一步提高。我国实施改革后的贷款市场报价利率的时间还不长，正在推进存量浮动利率贷款的定价基准转换为贷款市场报价利率，新的贷款市场报价利率的运行效果难以确定，其与我国央行货币政策联动性的强弱有待进一步考察。

第四章　疏导我国利率传导机制的
经验模式借鉴与难点

第三章从三个层级（中央银行向商业银行的传导、商业银行之间的传导、商业银行向企业和居民的传导）分析了我国利率传导的作用机理以及存在的主要问题。本章则根据我国利率在三个层级之间传导的作用机理，围绕解决利率传导机制存在的问题，研究疏导我国利率传导机制的难点以及可以借鉴的经验模式。站在历史、逻辑和国际的角度，跳出我国的利率传导机制看我国的利率传导机制，从利率传导的三个层级这一角度，分析和总结利率走廊、收益率曲线调控、质化宽松政策、负利率政策等模式，疏导利率传导机制的逻辑规律；从背景、成因、方式和效果等方面，总结主要发达经济体疏导利率传导机制的经验做法，揭示疏导利率传导机制的政治经济学逻辑，为提出疏导我国利率传导机制的解决之策提供理论参考和实践借鉴。

第一节　疏导利率传导机制的基本逻辑

利率经过中央银行与商业银行、商业银行之间、商业银行与企业和居民这三个层级进行传导。其中，中央银行与商业银行、商业银行之间的利率传导主要受反映短期利率的货币市场影响；商业银行与企业和居民的利率传导主要受反映中长期利率的贷款市场和债券市场影响。2008年全球金融危机爆发后，许多国家金融市场中的短期利率向中长期利率传导的过程不再顺畅。由于通过调控短期利率影响中长期利率的可靠性明显下降，于是一些国家的中央银行开始直接调控中长期利率，增强中央银行对中长期利率的作用强度，以此疏导利率传导机制。

长期利率是中央银行影响实体经济的关键因素，中央银行疏导利率传导机制一般围绕上述三个层级以不同期限的利率为操作对象。因而，尽管疏导利率传导机制的模式多种多样，但万变不离其宗。所谓的"宗"就是中央银行的利率调控政策需能够对长期利率产生有效影响，以长期利率为纽带，最终实现对通货膨胀率、总需求及实体经济的调控目标。这既是疏导利率传导机制的基本逻辑，也可以成为衡量疏导利率传导机制的模式是否高效合理的重要标准。

中央银行是利率调控的主体，也是货币市场的最大参与主体（王宇、李宏瑾，2015）。中央银行的利率调控一般始于货币市场利率，最终要对通货膨胀率和实体经济产生影响，但中央银行的利率调控政策是否有效影响通货膨胀率和实体经济，很大程度上取决于长期利率。因此，中央银行利率调控的有效性关键取决于短期利率能否向长期利率有效传导。正常情况下，短期利率可以通过预期效应和流动性效应向长期利率传导。换言之，中央银行可调控当期短期利率以影响未来短期利率，进而以未来短期利率影响长期利率。但如果金融系统的信用体系遭受诸如金融危机等事件的冲击，那么，附加于短期利率之上的风险溢价将会大幅增加，短期利率向长期利率的传导将会产生明显阻滞。

利率传导机制建立在利率市场化基础之上，利率市场化不仅意味着利率由市场的供求决定，还意味着中央银行要建立市场化的基准利率体系。可以说，利率传导机制、利率市场化、基准利率体系三者相辅相成。从主要发达经济体中央银行的操作经验来看，中央银行不论调控短期利率还是中长期利率，其操作主要围绕基准利率展开，通过基准利率向市场实际利率传导，实现最终调控目标。中央银行往往在货币市场建立短期基准利率，在债券市场建立中长期基准利率，通过调控基准利率体系向市场利率传导。在政策实践中，中央银行一般将国债收益率曲线作为中长期基准利率，短期基准利率则不尽相同。在短期基准利率可以向中长期基准利率有效传导的情况下，中央银行通过调控短期基准利率来实现对市场利率的调控和引导。当短期基准利率向中长期利率传导出现阻滞时，中央银行为了疏导利率传导机制，则会在调控短期基准利率的同时，直接调控中长期基准利率。

第二节　疏导利率传导机制的主要模式与经验

进入 21 世纪以来，中国对外开放程度不断提高，各类要素在国内、国外两类市场中的流动性不断增强，资源配置更加优化。但随着近些年国际经济形势变化，中国对外贸易发展面临着新的巨大挑战（张红霞，2018）。无论在我国还是其他国家，利率都作为非常重要的手段用于调控经济应对国际形势的变化。研究国外利率传导机制非常必要。受 1997 年亚洲金融危机与 2008 年金融危机的冲击，利率传导机制产生阻滞的时间间隔明显缩短，出现的频率越来越高。为疏导利率传导机制，全球主要发达经济体进行了积极的实践探索，显著推动了利率传导机制疏导模式的创新发展。加拿大最早运用利率走廊模式，其在 1999 年正式实施利率走廊模式，随后，美国、德国、英国、法国、澳大利亚、新西兰、俄罗斯、韩国、土耳其、印度等国家纷纷建立了利率走廊模式。2009 年，瑞典最先实施负利率政策；丹麦为维护本国汇率稳定，于 2012 年实施了负利率政策；欧洲中央银行在 2014 年 6 月宣布实施负利率政策，以稳定中长期通货膨胀预期；日本也于 2016 年在质量双宽松货币政策的基础上推出了负利率政策。截至目前，全球央行共有九个国家或者经济体实施了负利率政策。美联储分别于 2011 年与 2012 年实施了两轮期限扩展计划（Maturity Extension Program，MEP）。日本自 2016 年 9 月实施控制收益率曲线的 QQE 政策（量化质化双宽松政策），至今仍在持续实施这一货币政策。

一、利率走廊模式：调控短期利率

在利率走廊出现之前，数量型货币政策处于主导地位，然而由于各种金融创新导致货币需求的不确定性增强，利率的波动性随之增强，对商业银行的流动性管理提出了更高的要求，传统的以货币供应量为中介目标的数量型货币政策受到了挑战。利率波动加剧使市场难以形成稳定预期，增大利率风险，导致商业银行不愿意进行长期投资，使得货币政策难以有效传导至总需求端。而通过利率走廊可以控制利率的波动，稳定利率水平，向市场传递稳定的预期信号，进而为短期利率向中长期利率传导提供必要条件。自 20 世纪 90 年代初开始，发达经济体逐渐建立了利率走廊模式，以银行间市场短期利率为政策利率的货币政策操作框架逐渐形成。加拿大与瑞典等国家央行率先实施利率走廊操作框架，随后，欧元区国家、澳大利亚和新西兰等央行以及欧洲央行相继推出了利率走廊。利率走廊模式一直是许多发达国家和新兴市场国家重要的货币政策操作框架。

1. 利率走廊模式的内涵

中央银行为了将市场利率控制在其设定的政策目标利率（i^*）附近水平上，通过向商业银行提供一个利率为 i^l 的贷款便利工具以及一个利率为 i^d 的存款便利工具来驱动实现。央行向商业银行等金融机构承诺，商业银行不论有多大规模的流动性需求，都可以通过央行的贷款便利工具以 i^l 融入资金，商业银行不论有多大规模的盈余准备金，都可以通过央行的存款便利工具存入央行，央行对超额存款准备金以 i^d 支付利息。当商业银行准备金不足时，既可以在同业市场进行资金拆借，也可以向中央银行进行贷款，如果同业市场利率低于央行贷款便利利率，商业银行的理性选择应是在同业市场拆借资金，而如果同业市场利率高于央行借贷便利利率，商业银行会向央行进行贷款融入资金，而不会以高于贷款便利利率的价格拆入资金。同样地，当商业银行具有超额准备金时，如果同业市场利率高于存款便利利率时，商业银行会选择将资金在同业拆借市场拆出；如果同业市场利率低于存款便利利率时，商业银行则会把资金存入央行，而不会以低于存款便利利率的价格拆出资金。从国际经验来看，许多发达经济国家中央银行都将隔夜利率作为利率走廊的政策利率。一般情况下，政策目标利率处于贷款便利利率和存款便利利率的中心位置，而贷款便利利率实际上成为了市场利率的上限，存款便利利率便成为了市场利率的下限，类似于在图形上呈现出一个由两条平行线所形成的通道走廊，政策目标利率只能在这个走廊通道中上下波动，如图 4-1 所示。实际操作中，商业银行向中央银行申请贷款便利时，中央银行一般会要求商业银行提供高等级债券或优质信贷资产等合格抵押品。

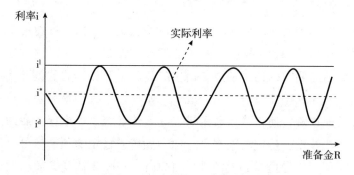

图 4-1　利率走廊模式运行基本原理

目前，比较有代表性的利率走廊模式主要是对称利率走廊模式和地板利率走廊模式。对称利率走廊模式主要在 2008 年全球金融危机前被广泛使用，而在金融危机发生后，许多国家将利率走廊模式转向了地板利率走廊模式。对称利率走廊是指在零存款准备金制度下，中央银行将政策目标利率设定在利率走廊上限和下限的中心位置，使市场利率向政策目标利率或其附近逼近，如图 4-2 所示。对称利率走廊是一种标准的利率走廊模式，在该模式下，利率走廊的上限与政策目标利率的距离等于利率走廊的下限与目标利率的距离。地板利率走廊在对称利率走廊的基础发展而来，是对称利率走廊的升级版本。地板利率走廊是指中央银行将利率走廊的下限即存款便利利率设定为政策目标利率。同时，为了实现市场利率与政策目标利率的一致，中央银行必须要投放大量的准备金，以使准备金供给曲线与准备金需求曲线下端的水平线相交，从而使准备金供给曲线向后移动，如图 4 - 3 所示。在现实实践中，如果一个国家利率走廊的政策目标利率与利率走廊下限非常接近，就可以认为该国的利率走廊模式是地板利率走廊模式。

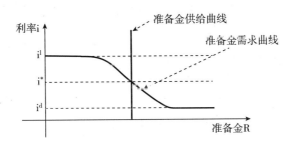

图 4 - 2 对称利率走廊模式下的准备金需求与供给

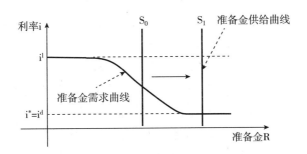

图 4 - 3 地板利率走廊模式下的准备金需求与供给

值得注意的是，地板利率走廊可以将央行的利率政策与流动性政策相分离。也正是由于地板利率走廊具有这个特点，2008 年全球金融危机发生后，地板利率走廊模式在很多国家得到了普及，典型的央行包括欧盟央行、日本央行、加拿大央行、英国央行、挪威央行等。由于许多国家金融市场在金融危机后出现普遍性的流动性不足问题，中央银行为应对金融危机，需要向市场投放大量的流动性，先后实施了量化宽松的货币政策，但是央行在短期内投放大量的流动性，必然会导致市场利率显著下降，向利率走廊下限趋近，央行无法再保证市场利率与对称利率走廊下的目标利率保持一致，原来的对称利率走廊模式难以持续。实施地板利率走廊模式后，无论中央银行投放再多的流动性，都无法导致市场利率低于利率走廊的下限，实现了利率与流动性的隔离，控制了货币市场的利率波动，具备了这个条件，央行就可以不再受货币市场利率的限制，专注于实施量化宽松等数量型货币政策工具，调节金融市场的流动性，增加融资资金的可得性，刺激经济复苏与增长。

2. 利率走廊模式疏导利率传导的机理

货币市场代表短期资金市场，是中央银行调控利率以及进行流动性管理的主要场所。作为货币市场极其重要的参与者，中央银行往往首先将利率政策作用于短期利率，对货币市场利率产生直接调控作用。中央银行在货币市场建立短期基准利率，发挥利率走廊的流动性效应和预期效应，通过调控短期基准利率，为货币市场利率提供利率定价基准，引导货币市场利率的变化。

从国际实践经验来看，中央银行通过其创设的贷款便利工具和存款便利工具为利率走廊设定了上限和下限，以此将货币市场利率控制在利率走廊的宽度内，抑制市场利率波动，降低利率风险。与此同时，中央银行在货币市场中选择一个市场充分认可的利率期限品种作为政策利率，并通过公开市场操作将该政策利率调控至目标水平，引导市场形成合理预期。利率走廊是中央银行调控短期利率的重要工具，与公开市场操作不同，利率走廊模式能够使中央银行有效响应商业银行自发的融资需求，并且这种响应可以是一对一的融资管理，针对性和灵活性更强。利率走廊有利于央行对市场流动性进行调节，当市场流动性不足时，央行以利率走廊上限向市场增加流动性，当市场流动性过剩时，央行以利率走廊下限从市场回收流动性，从而实现对利率的调控。同时，中央银行通过存款便利工具将商业银行的过剩流动性进行回笼，有利于商业银行形成稳定预期，引导商业银行向长期资金市场增加流动性。利率走廊模式对利率传导机制的疏导机理主要体现在：

第一，利率走廊通过利益驱动机制抑制利率的波动。在利率走廊模式下，中央银行可以支持商业银行流动性的可得性和安全性，也可以支持商业银行获得保底收益以及控制融资成本。当市场利率大于利率走廊的上限时，中央银行承诺能够以利率走廊上限的利率水平向商业银行注入任意规模的流动性，从而为商业银行融资成本设置了封顶价格，有利于商业银行控制融资成本。当市场利率小于利率走廊下限时，中央银行承诺可以利率走廊下限吸纳商业银行任意规模的流动性，从而为商业银行提供了保底收益，这实际上是利用了商业银行逐利以及利益最大化的驱动效应。可见，中央银行可以调整利率走廊的上下限及对应的利率走廊宽度有效抑制短期市场利率的波动，为稳定市场预期创造条件。

第二，利率走廊模式通过预期效应引导市场预期。许多建立完善利率走廊的经济体均明确了政策利率，从而向商业银行传递明确的信号和预期，即中央银行以其权威性（中央银行能够通过市场手段保证政策利率目标实现的确定性），树立商业银行对其所实施货币政策的威信，中央银行向商业银行公布的政策利率期限、政策利率目标水平以及利率走廊宽度等信息都将对商业银行产生重要的信号传递和预期引导作用。中央银行选择的政策利率是一致认可的市场利率，商业银行会对政策利率的变化产生积极的应变。中央银行向商业银行公布政策利率的目标水平，相当于向商业银行传递特定的政策信号，让商业银行了解中央银行未来政策目标，进而根据中央银行的政策目标调整自己的决策，采取与中央银行政策意图相一致的行为。

总之，利率走廊模式实际上体现了中央银行通过调控货币市场的流动性和利率水平，对商业银行进行的流动性管理和预期管理，激励其将流动性和利率向债券市场和贷款市场等中长期资金市场传导。在利率走廊模式下，中央银行通过政策利率调控货币市场基准利率，基准利率影响货币市场利率和中长期基准利率传导，进而传导至长期利率，最终对通货膨胀率、总需求和实体经济等产生刺激作用，如图4-4所示。

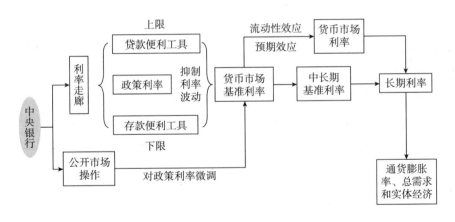

图4-4 利率走廊模式对利率传导机制的疏导机理

3. 我国利率走廊模式的实践

2013年，我国金融市场出现了较为突出的利率波动状况。随后，中国人民银行于2014年初创设推出了常备借贷便利工具，在取得试点成功后现已全面推广，为商业银行等金融机构补充流动性提供融资便利，我国常备借贷便利利率期限分为隔夜、7天和1个月，目前，其利率水平分别为2.75%、3.25%和

3.60%。2015年10月，中国人民银行彻底放开了存款利率上限管制，标志我国利率市场改革基本完成，也为我国实施利率走廊模式创造了良好条件，因为利率走廊的建设离不开利率市场化环境与机制的支持。常备借贷便利工具为我国探索建立利率走廊模式提供了重要基础，中国人民银行每季度发布的货币政策执行报告明确提出将常备借贷便利利率作为我国利率走廊的上限。同时，中国人民银行设定的超额存款准备金利率事实上发挥着我国利率走廊下限的作用，也是我国潜在的利率走廊下限，目前，超额存款准备金利率一直保持在0.72%的水平上。近年来，在超额存款准备金利率保持不变的基础上，经过常备借贷便利利率下调，中国人民银行实现了对利率走廊区间的缩小和收窄，中国人民银行稳定利率波动的意图比较明显。

政策利率的选择必须要符合我国实际国情，不能盲目照搬国外发达经济体的经验做法。出于利率调控手段和商业银行定价机制等因素的考虑，目前，我国仍然未正式明确利率走廊模式下的政策利率以及政策目标利率，将隔夜利率还是7天回购利率作为我国利率走廊模式下的政策利率仍然存在争论，同时，我国自然利率的测算和确定还不够成熟，政策目标利率的形成、传导和调控存在许多不足和弱项，中国人民银行倾向于通过中国人民银行利率政策指导体系来构建中长期基准利率，力求实现对利率的有效引导和控制。应该看到，由于2007年我国对银行间市场进行了大规模扩容，将银行间市场参与主体扩大到所有银行以及绝大多数非银行金融机构，银行间市场中的资金需求和资金供给更加丰富多元，提高了银行间同业市场和银行间质押式回购市场的活跃度，在此基础上，我国正式建立了上海银行间同业拆放利率。从银行间同业拆借市场和债券回购市场来看，自2007年以来，隔夜市场交易规模所占比重一直维持在80%以上，2018年隔夜拆借规模和隔夜质押式回购交易规模分别占比90.1%和80.7%，这充分表明，隔夜利率是银行间市场极为重要的利率期限。

二、国债收益率曲线调控模式：建立短中长期基准利率体系

中央银行通过国债收益率曲线建立短中长期基准利率，并且强化其对中长期端利率的直接调控，有助于修复在特定情况下利率走廊所产生的利率传导机制失灵问题，可以更加有效地避免短期利率向长期利率传导的低效或无效，有效引导市场预期，增强利率由商业银行向企业、居民的传导效率。

1. 国债收益率曲线调控模式的内涵与特点

国债收益率曲线调控模式与利率走廊模式之间具有本质的区别，利率走廊模式关注的是短期利率，并通过调控短端的政策目标利率来对长期利率和实体经济进行引导和影响。国债收益率曲线调控模式则不仅仅关注短期利率，还关注长期利率，在设置短期政策目标利率的同时还设置中长期目标利率，从而实现不同期限利率所形成的国债收益率曲线发生整体的移动。国债收益率曲线调控模式加强了中央银行对中长期端利率的直接调控，有助于修复在特定情况下利率走廊所产生的利率传导机制失灵问题，可以更加有效地避免短期利率向长期利率传导的低效或无效，向市场参与主体释放准确信号，使其产生符合中央银行调控目标的预期，增强长期利率影响投资、消费、净出口等总需求以及通货膨胀率、经济增长等实体经济的动力。

国债收益率是一种无风险利率，适合作为市场的基准利率而使其他市场利率根据国债收益率进行定价。国债具有多种利率期限结构，例如，我国国债的期限包括 3 个月、6 个月、1 年、2 年、3 年、5 年、7 年、10 年、15 年、30 年等，不同期限利率的变化关系总体较为稳定，如图 4－5 所示，所有期限品种的国债收益率组成了一条收益率曲线。国债收益率曲线调控模式即是通过调控收益率曲线的水平、斜率和曲率等信息（见图 4－6），进而影响金融市场的融资成本和预期，从而对未来的投资、消费、净出口等总需求以及通货膨胀率、经济增长等实体经济活动进行传导。收益率曲线具有较强的经济预测功能，其能够对货币政策松紧、未来通货膨胀率、未来即期利率、未来经济增长率以及未来经济周期变化等进行有效预测。

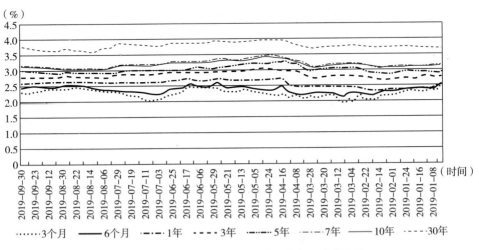

图 4－5　我国不同期限品种的利率水平变化比较

资料来源：中国货币网。

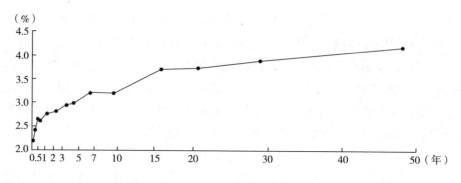

图 4-6 收益率曲线示例图

资料来源：中国货币网。

2. 国债收益率曲线调控对利率传导机制的疏导机理

国债收益率曲线体现了中央银行构建短中长期基准利率对利率传导机制的重要性。中央银行构建国债收益率曲线旨在塑造短中长期基准利率，为债券市场和贷款市场提供定价基准，并引导市场形成合理预期。货币市场基准利率的期限较少，仅限于短期利率，无法构建利率期限完整的基准利率曲线。货币市场基准利率不能有效将中央银行的政策利率传导至中长期利率，无法为中长期市场提供利率定价基准，容易导致商业银行由于找不到中长期利率定价基准而将资金集中于货币市场。国债收益率曲线作为短中长期市场的基准利率，可以与货币市场基准利率进行有效衔接。既有助于中央银行通过货币市场基准利率将政策利率传导至中长期基准利率，也有助于中央银行运用利率走廊或公开市场操作以货币市场利率为纽带影响中长期基准利率，进而为债券市场和贷款市场提供长期利率定价基准，提高中央银行对通货膨胀率、总需求及实体经济的调控效果，如图 4-7 所示。

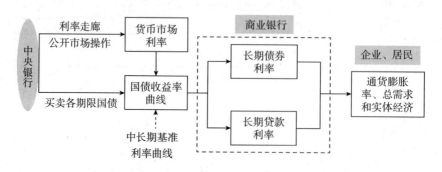

图 4-7 国债收益率曲线调控模式对利率传导机制的疏导机理

　　具体而言，国债收益率曲线调控主要信号渠道和资产组合再平衡渠道促进利率传导。所谓信号渠道，是指货币政策通过价格型中介目标影响预期的未来短期利率，从而调控不同期限的国债收益率。资产组合再平衡渠道是指通过货币政策影响国债收益率的期限溢价，从而调控特定期限的国债收益率。长期国债收益率可以分解为预期的未来短期利率和期限溢价部分，其中，预期的未来短期利率取决于中央银行的政策目标利率，与信号渠道密切相关，期限溢价则取决于特定期限国债的货币供给，与资产组合再平衡渠道紧密相关。信号渠道意味着预期的未来短期利率对长期国债收益率曲线的影响最大，期限溢价随期限变化的节奏比较可靠，而资产组合再平衡渠道则意味着期限溢价对长期国债收益率曲线的影响最大。从实际结果也可以表明，国债收益率曲线中不同利率期限之间可以同时通过信号渠道和资产组合再平衡渠道两种渠道进行传导。其中，信号渠道传导利率的稳定性更强，而资产再平衡渠道在特定的环境与条件下可能导致利率期限溢价无法得到有效控制，进而不能有效地传导至长期国债收益率。例如，著名的"格林斯潘利率之谜"现象（2004 年初，美国联邦基金利率上升了 200 个基本点，但美国长期国债收益率却明显下降），主要原因就在于长期国债货币供给的大量增加，引起长期国债期限溢价的显著下降，而在"格林斯潘利率之谜"现象之下，美联储联邦基金利率仍然可以影响长期国债收益率中的风险中性部分，即利率实现了部分的传导，但是期限溢价部分的下降幅度对冲了风险中性部分所传导的上升压力，从而使得长期收益率最终呈现出下降的状态，而不是随着美联储基金利率的上升而上升。

　　3. 国债收益率曲线操作模式的国际实践

　　欧美日等发达经济体在完成利率市场化改革后，极大地促进债券市场的快速发展，客观上推动了债券市场走向成熟，直接融资的市场占比随之迅速增加。反过来，成熟的债券市场机制又进一步保障了利率传导机制的良性运转。全球许多发达国家与新兴发展国家的债券市场都是以国债市场为基础，我国也是如此。在金融市场上，国债依靠自身的特点，包括高流动性、无信用风险和丰富的期限结构，获得了定价基准地位，国债也是以政府信用为基础建立收益率曲线的关键条件。国债收益率是包括公司债、资产抵押债券、基础设施建设债券等其他信用债券的定价基础，其他债券在国债收益率基础上附加信用风险溢价和流动性风险溢价进行定价，进而形成了金融机构和非金融机构的融资成本。从全球来看，中央银行公开以收益率曲线为操作目标的实践较为少见，中央银行不愿公开的原因包括担忧收益率曲线操作政策效果不确定、不理想，以及顾虑收益率曲线操作政策效果不及预期而不具有可持续性。日本银行是最早公开宣布实施收益率曲线政策的中央银行，并对收益率曲线操作开展了大量的探索实践。

（1）日本收益率曲线政策经验。

2016 年 9 月，日本在推出颇具争议的负利率政策仅有半年的时间后，宣布实施调控收益率曲线的 QQE 政策，正式将收益率曲线纳入日本央行的核心范畴。日本央行实施调控收益率曲线的 QQE 政策具有其特定背景。

首先，日本长期以来一直面临通货紧缩的困境，2% 的通货膨胀率一直未能得到根本实现，原有货币政策工具的调控效果逐渐减弱，货币政策挖潜与创新的压力较大。

其次，2001 ~ 2006 年，日本央行为对冲国内通货紧缩先后实施了负利率政策与量化宽松政策，2013 年，又向前迈进一步，推出了更为宽松的 QQE 政策，即保持零政策目标利率，以基础货币为目标的货币政策。然而，QQE 实施的效果不及预期，通货膨胀率仍然不理想。随后，日本银行于 2016 年 2 月在 QQE 基础上又引入了负利率政策，进一步加码和叠加可以组合的货币政策工具。实施负利率之后，日本的国债收益率曲线变得平坦，10 年期国债收益率也变为负利率，如图 4 - 8 所示，债券收益率进一步下降，进一步降息对实体经济的刺激大大减弱，因此，日本银行正式推出调控收益率曲线的 QQE 政策。事实上，保持国债收益率具有一定的陡峭和斜率、维持金融机构具有一定的盈利空间对金融机构支持实体经济是很有必要的。2016 年 3 月卸任的日本货币政策委员会前委员白井早由里曾经指出，控制收益率曲线实际上是为了纠正负利率政策（过度压低市场利率）的不良作用，由于量化宽松和负利率政策的实际作用很有限，因此，应进一步提高长期收益率目标区间，并缩减资产购买规模。

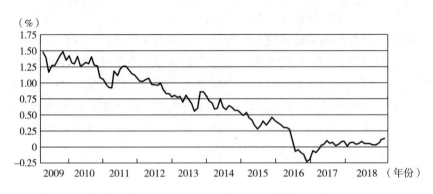

图 4 - 8　日本 10 年期国债收益率曲线

资料来源：CEIC 数据库。

最后，日本央行为实施自 2013 年开始的更为宽松的 QQE 政策，制定了每年 80 万亿日元的刚性债券资产购买计划，而金融市场认为随着日本央行购买国债规模的增加，将面临可购买国债数量不足的约束，对日本央行实施 QQE 政策的持续性表示存有疑虑。2013 年 3 月末，日本央行持有日本国债余额 124 万亿日元，占日本国债总规模的 15.1%，到了 2016 年 3 月末，日本央行持有日本国债的余额为 343 万亿日元，占比 37.6%，一跃成为日本国债最大持有者，因此，QQE 政策对金融市场所能产生的预期作用有限，制约其利率传导机制的发挥。

日本央行国债收益率曲线的调控框架主要由三个部分组成，即国债收益率曲线调控、资产购买与通货膨胀超调承诺。其中，国债收益率曲线调控又被日本央行称为长短期利率操作，指通过调控短期利率和长期利率，使国债收益率曲线达到日本央行设定的目标状态。具体调控目标是：

第一，短端的政策目标利率为 −0.1%，长端的政策目标利率为通过国债购买将 10 年期国债收益率维持在 0% 的上限水平。同时，日本央行引入新的货币政策工具，可以根据某一固定的利率无规模限制地购买国债，并将日本央行供应基础货币的时间由原来的 1 年延长到 10 年。第二，实施控制国债收益率曲线的 QQE 政策之前，日本央行购买的资产包括长期国债、交易所交易基金、房地产信托基金、短期融资券、公司券。实施控制国债收益率曲线的 QQE 政策之后，日本央行对交易所交易基金、房地产信托基金的购买规模分别每年增加 6 万亿日元、900 亿日元，并维持 2.2 万亿日元短期融资券和 3.3 万亿日元公司债的购买规模。第三，日本央行承诺，到实现 2% 的通货膨胀目标并将其稳定在 2% 上方运行为止，将维持控制收益率曲线的 QQE 政策不变，这一通货膨胀超调承诺实际上是前瞻性指引货币政策工具的升级版和加强版，是一种更为硬性的承诺约束，可以生产更有力的预期引导。

（2）美国收益率曲线政策经验。

美国债券市场是世界上发展最为成熟的债券市场之一，也是全球交易规模最大、流动性最强的债券市场。美国的债券收益率曲线一般是指国债收益率曲线。由于美国国债市场具有完善、成熟的机制与环境，美国国债收益率曲线普遍被用来作为金融机构风险管理、流动性管理和资产定价的基准，同时，由于国债收益率具有预测功能，也被视为预测经济形势的重要参考指标。

美国使用国债收益率曲线调控经济金融具有特定的背景。美国自 1776 年就开始发行国债，并在历史上出现过三次暴涨，分别是 19 世纪 60 年代、20 世纪 10 年代、20 世纪 40 年代。1860 年底，美国的国债规模为 6500 万美元。在 1998

年之前，美国国债的市场规模所占比重一直处于首位。1998～2010年，由于美国资产证券化以及房地产市场的繁荣，美国的房地产抵押债券市场快速增长，其市场规模超过国债市场，成为第一大债券细分市场。2007年底，美国房地产抵押债券市场规模占美国债券市场的比重为29.55%，是美国国债市场规模的两倍。2008年，美国次贷危机引发全球金融危机，美国房地产抵押债券市场在短时间内迅速萎缩，2011年以来，美国国债规模快速扩大，再次成为市场规模最大的债券细分市场。截至2017年底，美国国债市场规模达到20.24万亿美元，其中，可流通的国债规模为13.91万亿美元，占国债市场总额的71.08%。

美国国债的期限分为短期国债、中期国债、长期国债，其中，短期国债是指1年期以下的贴现国债，中期国债是指1年期以上、10年期以下的付息国债，长期国债是指10年期以上的附赎回条件的国债。美国的中短期国债占主导地位，5年期以下的国债占比超过80%，美国主要期限品种国债收益率曲线如图4-9所示。由于中短期国债的到期时间短，风险可控，市场对中短期国债的认可度很高，甚至将中短期国债等同于现金，因而美国的国债市场交易非常活跃，国债变现能力强，对国债收益率曲线具有决定性作用。

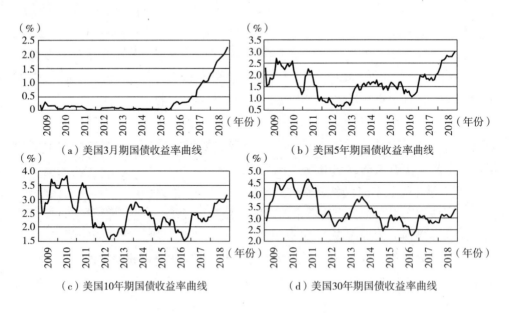

（a）美国3月期国债收益率曲线　　　（b）美国5年期国债收益率曲线

（c）美国10年期国债收益率曲线　　　（d）美国30年期国债收益率曲线

图4-9　美国主要期限品种国债收益率曲线

资料来源：CEIC数据库。

三、质化宽松政策：直接调控长期利率

中央银行的质化宽松政策往往是在大规模运用量化宽松政策之后实施的，在量化宽松实施阶段，中央银行购买了大量的国债资产，自身的资产负债规模快速膨胀，继续购买资产的能力受到限制，因此，选择用出售短期债券的货币来购买中长期债券，而不继续增加中央银行的资产负债规模。

1. 质化宽松政策的概念

质化宽松也可称为"期限扩展计划"，是指在不改变货币供给总量的情况下，中央银行调整债券市场的货币供给结构，降低短期债券市场的货币供给导致短期利率上升，而在中长期债券市场增加等量的货币供给以使中长期利率降低，进行债券期限错配资产购买操作，从而达到降低中长期利率，使陡峭的债券收益率曲线扁平化甚至右倾的调控目的。极端的质化宽松政策将中长期利率低于短期利率，使得中长期债券收益率低于短期债券收益率，从而出现了长短期债券收益率倒挂的情况。质化宽松是通过调控货币供给来影响中长期利率，与中央银行数量型货币政策操作相联系，但其具有不增加货币供给总量的特点，并强调增加中长期债券市场的货币供给，从而降低长期债券收益率。而数量型货币操作强调货币供给总量的增长，因而质化宽松本质上是一种价格型货币政策工具。可以说，质化宽松政策是一种非自然、强制地迫使短期利率向中长期利率传导的操作模式。

质化宽松政策的一个典型特征是不改变债券市场整体的货币供给，而是改变货币供给的结构。实际上，中央银行锁定总量而调整结构的原因在于，中央银行的质化宽松政策往往是在大规模运用量化宽松政策之后实施的，在量化宽松政策实施阶段，中央银行购买了大量的国债资产，自身的资产负债规模快速膨胀，继续购买资产的能力受到限制，因此，选择用出售短期债券的货币来购买中长期债券，而不继续增加中央银行的资产负债规模。

质化宽松政策操作虽然与收益率曲线紧密相关，但与前述收益率曲线调控模式具有明显的区别。收益率曲线调控模式是对短期目标利率和中长期目标同时进行直接调控，推动短期利率和中长期利率同方向产生与中央银行调控目标相一致的变化，收益率曲线操作被称为"微移操作"。而质化宽松操作模式则更关注中长期利率，中长期利率高于短期利率的调控顺位，中央银行往往非公开地设定一个长期政策目标利率，跳过短期利率直接对中长期利率进行调控，使得短期利率上涨而中长期利率下降，甚至会在短期内出现短期利率与长期利率倒挂的情况，

即长期利率小于短期利率，从而使得收益率曲线呈现右倾的形态，质化宽松被称为典型的"扭曲操作"。同时，质化宽松操作模式可能会产生长期利率倒逼短期利率变化的作用。

2. 质化宽松政策对利率传导机制的疏导机理

质化宽松政策是改变收益率曲线形态的扭曲操作和极端方式，与量化宽松政策既存在区别又存在联系。而所谓的质化宽松与量化宽松之间的联系是指质化宽松往往是在量化宽松的基础上开展的，质化宽松政策可以说是量化宽松政策的结构化表现形式，是在量化宽松政策有效性趋于失效的背景下出现的，弥补量化宽松政策的一部分漏洞，使得宽松调控更加精准化、更具靶向性，为利率传导机制注入新的动力。质化宽松政策是一种瞄准长期利率的结构性货币政策调控方式，其目的是解决利率传导机制的结构性问题。当短期利率向中长期利率传导受阻时，如果这种受阻是由货币供给量在长短期限之间的分布失衡造成的，那么，继续通过量化宽松政策向市场增加货币供给量，则不但不会缓解或者消除期限分布的不均衡问题，反而会进一步加剧失衡。其原因在于，量化宽松政策所产生的新增货币供给量将大部分流向短期市场，进一步压低短期市场利率，对短期利率作用远远大于长期市场利率，并且在短期市场利率已经触碰零利率下限甚至负利率的情况下，量化宽松政策近乎失效，加上中央银行通过量化宽松向市场投放了大量的货币供给，在货币供给总规模已经很大的情况下，中央银行要想对市场利率施加影响需要的投入将越来越大，中央银行的政策操作成本将明显超过政策的益处，边际效益递减，制约中央银行进一步运用量化宽松政策。而此时，质化宽松政策的优势和价值充分凸显出来，质化宽松政策弱化了短期利率向长期利率传导的作用，能够破解量化宽松政策所产生的利率传导机制障碍问题。

质化宽松政策反射出债券市场中的短期利率存在无法有效向中长期利率传导的情况，债券市场整体货币供给的增加不一定意味着中长期债券市场货币供给的增加，低短期利率不一定必然生成低中长期利率。由于实体经济取决于长期利率，因而质化宽松政策通过直接干预和调控长期利率的方式，使长期利率显著下降，甚至出现短期利率与长期利率短期内倒挂的情况，以增强中央银行刺激实体经济的有效性。一般情况下，由于长期债券市场货币供给的大量增加，可以有效降低长期债券的期限溢价，在预期的未来短期利率基本稳定的情况下，长期利率会出现整体下降，得以对实体经济产生刺激作用。因此，中央银行运用质化宽松政策，在保持货币供给总量不变的情况下，卖掉短期国债并以等量的资金购买中长期国债，对长期债券市场定向增加货币供给量，以降低中长期基准利率，进而驱动长期债券利率与长期贷款利率降低，最终刺激通货膨胀率上升、总需求增加以及经济增长，如图 4 – 10 所示。

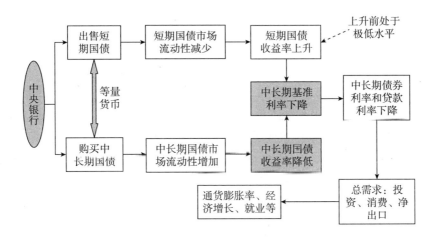

图 4 – 10 质化宽松政策利率传导逻辑图

　　在调控长期利率过程中，中央银行不宜单纯只盯住长期利率而完全忽略短期利率的高低。如果短期利率上升至过高水平，由于长期利率由预期的未来短期利率和期限溢价组成，当短期利率无法向长期利率有效传导时，利率的风险中性部分仍然可以传导至长期利率，如果利率风险中性部分较大，长期利率上升的压力增加，则会削弱质化宽松政策的有效性。美联储和日本央行在实施质化宽松政策前，短期利率均处于接近零利率甚至负利率水平，因为极低的短期利率水平有助于抑制短期利率上升对质化宽松政策的干扰。同时，质化宽松政策有助于中央银行直接调控和降低长期利率，提高企业的资金可获得性，减轻企业的融资成本，鼓励企业等市场主体在直接融资市场发行企业债、公司债等信用债，将长期市场提供的货币供给转化为企业的信用债融资。因此，在实施质化宽松政策时，保持国债市场整体规模的稳定同样至关重要，避免财政部门利用低长期利率机会增发长期国债，能够防止国债增发规模对冲长期债券市场的货币供给增加，从而大大避免质化宽松政策的低效或者失效。

　　3. 美国和日本运用质化宽松政策的经验与效果

　　美国是世界上最早开展质化宽松政策的国家。截至目前，美联储历史上共开展过三次典型的质化宽松政策操作。美联储首次实施质化宽松政策是在 1961 ~ 1963 年。美国第二次开展质化宽松政策是全球金融危机发生后的 2011 ~ 2012 年被称为"期限扩展计划"（Maturity Extensiom Program，MEP）的政策。2011 年 9 月，作为美联储第二轮量化宽松政策（QE2）的配套补充，美联储宣布自当年的 10 月份开始到 2012 年 6 月，美联储将从国债市场中出售 4000 亿美元 3 年期以下国债和国库券，并以等量的资金购买 6～30 年期限的美国中长期国债，美联储随后又在 2012 年 6 月追加了 2670 亿美元的期限扩展计划操作额度，并将质化宽松政策操作期限延长至 2012 年 12 月底。美国第二次的质化宽松政策与第一次相比，最大的不同在于第二次质化宽松政策操作是在联邦基金利率处于零利率下限附近的基础上展开的，极大地降低了短期利率上升压力对降低长期收益率政策效果的制约，增强了质化宽松政策的实施效果与有效性。从实际效果来看，美国 2011～2012 年实施的第三次质化宽松政策也的确起到了降低长期利率的作用，减轻了企业的融资压力。但此次质化宽松政策同样受到了美国财政部大量发行美国长期国债所带来的对冲和抵消，显著削弱了此次质化宽松政策的效果。研究显示，在美国国债规模余额不变的前提条件下，此次质化宽松政策可以将美国 10 年期长期国债的收益率降低 85 个基点，而由于美联储购买长期国债的规模远低于美国财政部新增发行的长期国债规模，导致此次质化宽松政策实际对美国 10 年期长期国债只降低了 17 个基点，削减 68 个基点，可见大部分政策效果被对冲掉了。

日本央行自 2013 年 4 月也启动了 QQE 政策。与美联储不同，日本银行是将质化宽松政策与其他货币政策同时配合运用，在同一时期，同时运用了质化宽松政策、量化宽松政策、负利率政策与前瞻性指引等政策工具，最终形成了调控收益率曲线的 QQE 政策，以增强降低长期利率的政策效果。日本央行的质化量化宽松政策包含质化宽松的政策内容，对不同期限债券进行错配，通过对长期债券资产的购买计划降低长期利率。

四、负利率政策：中央银行驱使商业银行增加市场流动性

2008 年全球金融危机后，为刺激经济复苏和增长，全球许多央行实施了极为宽松的货币政策，向市场投入了大量流动性，但未能有效改变实体部门的流动性状况，货币政策的通货膨胀调控目标不仅没有达到，还伴随着国际资本的大量流入，本币升值压力加大。由于央行实施宽松货币政策，市场流动性总体充裕，但结构性问题突出，央行与商业银行间、银行同业间的流动性较为充足，而商业银行与企业、居民间的流动性则较为匮乏，大部分流动性被商业银行以超额存款准备金的形式回流到了央行，形成了货币囤积，导致利率传导机制受阻，迫切需要新的货币政策工具打破原有的利率传导机制障碍。正是在这一背景下，负利率政策逐渐被一些国家运用。

1. 负利率政策的合理性

根据费雪的"零利率下限"约束理论，假如一个理性人借出资金而要向借入方支付利息，那么，他就会选择自己持有货币。同时，根据凯恩斯的"流动性陷阱"假说，当名义利率接近零利率水平时，人们会选择持有货币而不愿持有债券。但费雪和凯恩斯的上述结论均建立在持有货币成本为零的基础上。实际上，金融机构持有货币会产生一定的保管、保险等管理费用，即商业银行自持货币会产生成本。只要名义负利率的绝对值不大于自持货币的成本，那么，即使实行负利率政策，商业银行仍然愿意在中央银行存入超额存款准备金，这一定程度上说明了负利率政策的合理性。根据欧洲央行的研究结果，欧元区经济体使用现金交易的平均成本约为2.3%，并且从欧元区经济体的政策效果来看，执行负利率政策之后，商业银行持有货币的规模并未出现显著的上升，表明负利率水平没有超过商业银行自持货币的成本。此外，中央银行也可以通过法律手段对持有货币进行约束，提高商业银行持有现金的经济成本和法律成本，从而增强负利率的合理性。

负利率政策颠覆了传统的货币理论，打破了"零利率下限"的历史认知，改变了利率不能低于零的传统认知，扩大了货币政策的操作空间，对利率传导机制的疏导具有重要影响。

2. 负利率政策的作用逻辑

只有在负利率水平相对于商业银行的货币持有成本具有比较优势的前提下，央行的负利率政策才能对商业银行的货币囤积行为（商业银行向央行存入超额存款准备金）产生显著影响。需要特别指出，本书所指的负利率下限是指由商业银行的货币持有成本所决定的负利率水平，即商业银行能够承受的最低的超额存款准备金利率，当超额存款准备金利率等于负利率下限时，商业银行的超额存款准备金将为零。

如图4-11所示，如果负利率水平位于区间1，即商业银行将超额存款准备金存入央行所需支付的利息低于商业银行持有货币的成本，由于负利率水平与商业银行持有货币的成本相比仍然具有比较优势，商业银行的超额存款准备金依然具有相对收益（相对收益=商业银行的持有货币成本-商业银行向央行支付的利息），此时，商业银行的超额存款准备金会减少，但不会完全消失，商业银行会继续在央行存入一部分存款准备金，央行只能通过负利率政策有效"驱赶"商业银行的一部分超额存款准备金。商业银行持有货币的成本所决定的负利率下限是商业银行不再将超额存款准备金存入央行的临界值，当负利率水平降低至临界值时，即负利率水平恰好位于点 I，商业银行将超额存款准备金存入央行所需支付的利息等于商业银行自身持有货币的成本，商业银行向央行存入超额存款准备金的吸引力将完全消失。

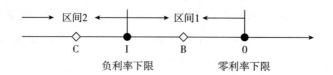

图 4 – 11　货币持有成本所决定的负利率下限与零利率下限对比

注：①I 表示商业银行持有货币的成本所决定的负利率水平；②B 位于区间 1，满足条件：I < B < 0；③C 位于区间 2，满足条件：C < I。

如果负利率水平位于区间 2，即商业银行将超额存款准备金存入央行所需支付的利息高于商业银行持有货币的成本，商业银行在央行的超额存款准备金将产生净损失（净损失额 = 商业银行向央行支付的利息 – 商业银行的持有货币成本），商业银行在央行存入超额存款准备金将不是一个理性的选择。在理论上，在区间 2 内的任何利率水平上，由于商业银行已将超额存款准备金完全释放出来，商业银行在央行存放的超额存款准备金都将为零，不会促使商业银行额外增加市场的流动性，负利率政策对市场利率的传导机制无效。因此，负利率水平不会进入区间 2，负利率下限不会被突破。

3. 负利率政策对利率传导机制的疏导机理

一般而言，负利率政策的传导渠道主要包括五个，分别是信用渠道、资产价格渠道、汇率渠道、资产组合渠道和再膨胀渠道。从信用渠道来看，负利率政策驱动商业银行增加信贷资金供给，提高信贷资金的可得性，推动贷款利率下降，提振投资和消费。在资产价格渠道的传导下，负利率政策引起债券和股票等资产价格的上涨，进而通过财富效应刺激投资和消费需求的增加。从汇率渠道来看，负利率政策引起银行间市场流动性的增加，降低市场利率，从而使本币贬值，稳定汇率。资产组合渠道方面，负利率政策将促使商业银行加大对国债等安全资产的配置力度，引起国债收益率下降直至为负。从再通胀渠道来看，负利率政策会使市场形成通货膨胀预期，推高通货膨胀，降低实际利率，进而减轻居民债务负担，刺激消费需求的增加。

发达经济体主要通过两种方式实施负利率政策。一种是将利率走廊下限设定为负利率来实施负利率政策，即央行将超额存款准备金利率设定为负利率。全球金融危机后，由于商业银行风险偏好下降以及金融监管加强，商业银行更加倾向于增加超额存款准备金以及购买国债等安全性资产，导致商业银行的流动性向央行回流，利率走廊下限为正利率，开始阻碍利率传导机制。与利率走廊下限为正利率可以回收流动性不同的是，利率走廊下限为负利率则可以释放流动性，其逻辑在于：将超额存款准备金利率设定为负利率，相当于中央银行向商业银行征收"货币税"，增加商业银行囤积货币的成本，迫使商业银行减少囤积货币，将其超额存款准备金转化为市场中的流动性。而市场流动性供给的增加，引致市场利率的降低，利率的下降最终为实现提振通货膨胀、抑制本币升值与经济增长等调控目标提供条件。当利率走廊下限为负利率时，利率走廊不仅可以有效地平滑利率波动，促进市场形成稳定的预期，还可以打破"零利率下限"，明确传递央行鼓励商业银行增加市场流动性供给的政策信号，提振市场的信心，有利于经济的复苏与增长。负利率作为利率走廊下限，能够让商业银行相信，央行具有进一步的货币政策空间，不受"零利率下限"的约束，商业银行的超额存款准备金可以被"驱赶"。央行将依靠负利率政策弱化超额存款准备金利率具有的回收流动性的功能，促使商业银行形成新的预期，商业银行将减少超额存款准备金，扩大资产配置力度，向同业拆借市场或实体部门增加货币供给，从而向市场释放更多货币供应量，促使市场利率下降，提高金融市场流动性的可得性。

需要指出的是，负利率作为利率走廊下限能够对超额存款准备金产生直接的刺激作用，通过调节商业银行的超额存款准备金来影响市场流动性供给以及市场利率。而从央行释放出的超额存款准备金首先会对央行和商业银行之间的短期市场利率产生作用，短期市场利率能否向长期市场利率传导因受到风险溢价的影响而存在不确定性。在经济下行、商业银行风险偏好下降、市场预期等因素的综合影响下，因超额存款准备金无法对风险溢价起到决定性作用而导致短期利率向长期利率传导的机制有效性可能会减弱。

总体而言，当负利率作为利率走廊下限时，在其基本逻辑及上述传导渠道的作用下，能够对物价、汇率、产出等经济变量产生重要影响，实现提振通货膨胀、抑制本币升值与经济增长等调控目标，如图 4-12 所示。

另一种负利率政策实施方式是发行负利率国债。当利率走廊为负利率时，由于国债收益率为正，商业银行将释放出来的超额存款准备金转向国债市场，为追求安全收益而购买国债，造成国债市场的流动性供大于求，推升国债价格，降低国债收益率。实际上，这相当于商业银行利用国债市场进行货币囤积。因此，在

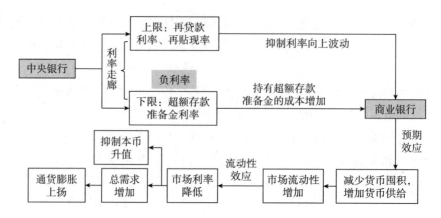

图 4 – 12　利率走廊下限为负利率时的利率传导示意图

利率下限为负利率的情况下，要抑制商业银行将超额存款准备金向国债市场转移，可以发行负利率国债，堵住流动性向央行回流的通道，合理引导商业银行向市场增加流动性供给。可见，发行负利率国债与将超额存款准备金利率设定为负利率之间存在传导效应，这也印证了负利率国债为什么会在许多发达经济体得到追捧。目前，全球已有许多国家发行了负利率长期债券，包括瑞士（ – 0.055%，10 年期国债）、德国（ – 0.675%，10 年期国债）、日本（ – 0.3%，10 年期国债）、法国（ – 0.39%，10 年期国债）等国家，丹麦甚至发放了全球首笔负利率贷款（房贷年利率为 – 0.5%）。截至 2019 年 10 月底，全球负利率债券规模已达13.4 万亿美元，创历史新高。

　　综上所述，全球许多央行将超额存款准备金利率设定为负利率或者发行负利率国债，以应对商业银行的货币囤积行为和国际资本的流入，改变市场预期，抑制本币升值或通货紧缩。从负利率政策疏导利率传导机制的作用机理来看，负利率政策通过迫使商业银行释放流动性及打破"零利率下限"，增强流动性效应和预期效应，促使短期利率和国债收益率下降，进而引致长期利率和汇率下降，最终刺激通货膨胀率上升、总需求增加以及经济增长，如图 4 – 13 所示。

　　4. 如何设定利率走廊下限的负利率水平

　　可以通过考察负利率作为利率走廊下限如何影响商业银行的超额存款准备金变化，分析利率走廊下限负利率水平的设定。如图 4 – 14 所示，纵轴代表超额存款准备金利率 i，横轴代表超额存款准备金 R。假设经济金融系统总体流动性充裕，则曲线 S 代表在利率走廊下限不同水平下商业银行持有的超额存款准备金水平，i_{max} 代表常备借贷便利的利率水平，I_1 代表利率走廊下限为正利率 i_1，I_2 代表

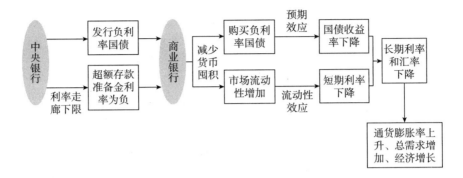

图 4 – 13　负利率政策对利率传导机制的疏导机理

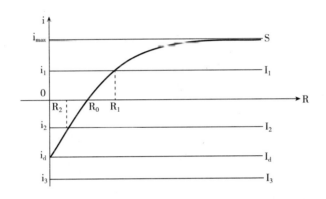

图 4 – 14　利率走廊下限对商业银行超额存款准备金的影响

利率走廊下限为高于负利率下限的负利率 i_2，I_d 代表利率走廊下限为负利率下限 i_d，I_3 代表利率走廊下限为低于负利率下限的负利率 i_3。根据曲线 S，由于利率走廊下限是商业银行超额存款准备金利率，超额存款准备金利率与商业银行的超额存款准备金之间具有正向变化关系，因而超额存款准备金与利率走廊下限成正比。在金融市场总体流动性充裕的情况下，当利率走廊下限上升时，商业银行的超额存款准备金随之增加，反之也成立。

从图 4 – 14 可以看出，如果利率走廊下限为负利率 i_2，则商业银行的超额存款准备金为 R_2，而 R_2 大于零，表明虽然央行实行负利率政策，商业银行的超额存款准备金随之减少，但是商业银行的超额存款准备金并未完全从央行得到释放。只有当利率走廊下限为负利率临界值 i_d 时，商业银行的超额存款准备金为零，此时，商业银行的超额存款准备金才能从央行完全释放。如果超额存款准备金利率继续下降至低于负利率临界值时（如 i_3），商业银行的超额存款准备金恒定为零，这表明央行要释放商业银行的超额存款准备金，需将利率走廊下限设定为大于或等于负利率下限 i_d，低于负利率下限的负利率水平由于对商业银行的超额存款准备金不能产生刺激作用而没有必要。

需要指出的是，商业银行为预防流动性风险，会保留一定比例的存款准备金，央行考虑到这一因素，对超出一定限度的存款准备金执行负利率，如瑞士、丹麦、日本，而对限度内的存款准备金执行零利率或正利率，限度内的存款准备金不会受到利率走廊下限为负利率的影响。可见，即使超额存款准备金被完全释放，也不会因此增加商业银行的流动性风险。

5. 负利率政策实施效果及可能的负面影响

目前，实施负利率政策的主要为丹麦、瑞典、瑞士等欧洲经济体以及日本，见表 4 - 1。上述经济体均在 2008 年全球金融危机之后陆续推出负利率政策。金融危机发生后，为刺激经济复苏与增长，许多经济体普遍运用一系列传统与非传统货币政策工具，构建宽松货币政策环境，向市场注入了大量流动性，市场利率被极大压低。但随着宽松货币政策的深入推进，政策效果不断递减，宽松货币政策的短期效应日益明显，加之外部因素的冲击，短期利率向长期利率传导有效性以及宏观调控目标不及预期，货币政策的调控意图大部分被市场化解。利率降低至零利率水平之后，受零利率下限的约束，利率政策的操作空间趋于饱和，导致货币政策与调控目标尚存偏差的内在矛盾，利率政策逐渐陷入僵局，迫切需要新的货币政策工具打破原有的利率传导机制障碍，增强价格型货币政策对宏观经济的调控作用，而欧洲国家和日本的形势相对更为严峻，正是在这一背景下，负利率政策率先在欧洲国家和日本进行试验。

在不同的经济金融环境下，负利率政策的实施效果表现出较大的差异性，对汇率、物价的刺激作用不一而论。从稳定汇率的政策目标来看，负利率政策由于能够推动市场利率下降，其稳定汇率的效果相对较为明显。丹麦通过多次降低负利率水平，负利率最低达到 -0.75%，有效抑制了国际资本的流入，实现了稳定汇率的目标，如图 4 - 15 （a）所示。2014 年 6 月，欧洲央行正式实施负利率政策后，欧元兑美元由 1.35 下降至 1.13，在降低汇率方面成效显著，如图 4 - 15（b）所示。对比而言，瑞士央行的负利率政策并未有效阻止资本的流入，当瑞士央行将负利率降低至 -0.75% 时，瑞士法郎仍然继续升值，最终迫使瑞士央行于 2015 年 1 月放弃了欧元兑瑞士法郎 1:1.2 的汇率管制。瑞士央行的负利率政策未能稳定汇率的根本原因在于，瑞士的实体经济一直较为稳健，但瑞士法郎自

表4-1 主要发达国家或地区负利率政策实施过程与效果

国家或地区央行	实施背景	推出时间	操作对象	利率水平	操作目标	配套政策措施	实施效果
瑞典央行	通缩压力	2009年7月	①隔夜存款利率 ②7天回购利率	①隔夜存款利率： 2009年7月：-0.25% 2014年10月：-0.75% 2015年2月：-0.85% 2015年3月：-1.00% 2015年7月：-1.10% 2016年2月：-1.25% ②7天回购利率： 2015年2月：-0.10% 2015年3月：-0.25% 2015年7月：-0.35% 2016年2月：-0.50%	提振通货膨胀	量化宽松政策	CPI实现上扬
丹麦央行	本币升值压力	2012年7月	7天超额存款利率	2012年7月：-0.20% 2014年9月：-0.05% 2015年1月：-0.50% 2015年2月：-0.75% 2016年1月：-0.65%	稳定汇率	提高隔夜存款上限标准（由231.5亿克朗提高至697亿克朗）	实现了稳定汇率的目标
欧洲央行	通缩压力	2014年6月	隔夜存款便利利率	2014年6月：-0.10% 2014年9月：-0.20% 2015年12月：-0.30% 2016年3月：-0.40%	提振通货膨胀；降低汇率	量化宽松政策；利率走廊	降低汇率效果明显，但通货膨胀不及预期
瑞士央行	本币升值压力	2014年12月	隔夜超额存款准备金利率	2014年12月：-0.25% 2015年1月：-0.75%	稳定汇率	利率走廊	未能稳定汇率，本币升值
日本央行	通缩压力	2016年1月	部分超额存款准备金利率	-0.1%	通货膨胀率达到2%	质化量化双宽松政策	未能实现2%的物价目标

2011 年开始贬值过度，使得瑞士法郎的真实价值被严重低估，如图 4 - 15（c）所示。从通货膨胀政策目标来看，负利率政策提振通胀的效果相对不佳。欧洲央行的负利率政策对抑制汇率升值的作用较为明显，但其负利率政策由于未能有效刺激投资和消费，提振通货膨胀的目标不及预期，如图 4 - 16（a）所示。并且，避险情绪造成商业银行大量购买国债等安全资产，国债收益率进入负利率水平。日本央行期望通过负利率政策将通货膨胀率提高至 2%，但日本央行实行负利率政策的存款资金规模较小，仅占金融机构在央行存款总规模的 9% 左右，且大部分并未流向日本国内实体经济而是流向了日本境外，因此，日本的通货膨胀率至今未达到 2% 的预期目标，如图 4 - 16（b）所示。但瑞典央行 2015 年 2 月实施的负利率政策对通货膨胀的作用明显，2016 年瑞典通货膨胀率便已达到 2% 的目标，并保持继续上扬的走势，在较长一段时期稳定在 2% 附近，如图 4 - 16（c）所示，瑞典也因此成为通过负利率政策成功提升通货膨胀率的典范。

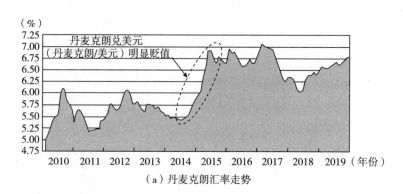

（a）丹麦克朗汇率走势

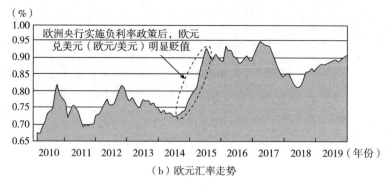

（b）欧元汇率走势

图 4 - 15　负利率政策对汇率变化的影响

（c）瑞士法郎汇率走势

图 4 - 15 负利率政策对汇率变化的影响（续）

资料来源：CEIC 数据库。

（a）欧元区CPI变化情况

（b）日本CPI变化情况

图 4 - 16 负利率政策对 CPI 变化的影响

（c）瑞典CPI变化情况

图 4 - 16　负利率政策对 CPI 变化的影响（续）

资料来源：CEIC 数据库。

　　从发达经济体的实践来看，负利率政策的传导效果与一国特定的经济金融环境紧密相关。在不同的外部环境和国情下，即使是相同的政策目标，负利率政策可能呈现出截然不同的实施效果。因此，运用负利率政策必须要紧紧结合本国的国情。就我国而言，我国经济金融的发展环境与发达经济体存在显著差异。我国金融市场流动性总体合理充裕，尽管目前利率水平较高，但其原因不是货币供给不足，而是我国实体经济增长较快，资本回报率相对较高，这与发达经济体在"低利率、低通胀、低增长"背景下实施的负利率政策具有本质不同，因而我国目前尚不具备实施负利率的基础环境和基本条件。

　　在肯定负利率政策对利率传导机制积极影响的同时，还应警惕其可能带来的负面影响。长期来看，负利率政策会降低商业银行的利润，不利于商业银行信贷供给能力的增强，促使商业银行为对冲"货币税"对利润的影响而提高风险偏好，寻求高风险项目，增加金融系统风险。同时，负利率政策可能导致大量资金流向房地产、股票和债券等市场，推动资产价格过快上涨，催生资产泡沫，造成金融市场动荡，威胁金融系统的健康与安全。此外，负利率政策尽管打破了"零利率下限"，但负利率本身并非可以随意设定，过度的负利率政策可能会使公众的预期发生转变，影响利率传导机制的正常运转。

　　综上所述，负利率政策是一种有别于传统理论的利率理论与实践，出现的时间还比较短，其政策效果存在较大的不确定性，负利率政策主要集中在欧洲国家和日本，尚处于政策试验阶段，许多国家仍在观望。因此，要辩证地看待负利率政策，才能够在运用负利率政策的过程中扬长避短。

第三节　疏导利率传导机制的政治经济学分析

随着全球许多中央银行陆续建立以利率为中介目标的货币政策操作框架，利率传导机制对中央银行的货币政策实施越来越重要。中央银行作为"银行的银行"，在利率传导机制构建与疏导过程中具有"导演"般的地位。利率传导机制的正常运行并不会因利率市场化改革而降低对中央银行的依赖，特别是受到重大金融危机冲击后，利率传导机制的疏导、恢复和增强更加需要中央银行的主动干预。中央银行的职能也在向维护金融稳定、危机管理等方面延伸。商业银行的顺周期性行为特性为中央银行疏导利率传导机制增加了难度，中央银行在引导商业银行决策行为实现利率调控目标时需更加注重策略性。利率传导机制建立在特定的中央银行利率调控模式基础上，其有效性客观上存在边际递减，这决定了中央银行疏导利率传导机制的永续性和创新利率调控模式的内生性。从主要发达经济体的政策实践来看，中央银行疏导利率传导机制的模式体现出清晰的政治经济学逻辑。

一、中央银行的政治权威性是疏导利率传导机制的政治逻辑

利率的传导经过"中央银行向商业银行、商业银行之间、商业银行向企业与居民"三个层级，在疏导利率传导机制的过程中，中央银行具有特殊的市场地位，其他市场主体无法撼动。从中央银行与利率调控政策的关系来看，中央银行具有多种角色，既是货币政策的制定者，也是金融市场最大的参与者。中央银行与商业银行的市场关系并不是对等的，中央银行在实施货币政策过程中具有绝对的主导地位，不仅表现在规则制定方面，也表现在利率定价方面。中央银行更是国家意志的体现者，是"国家队"的领航者，中央银行实施货币政策体现国家的经济金融政策意图，维护经济金融稳定健康发展是其特有职能。中央银行的发展历史是其独立性不断增强的过程，其政治权威性也随之不断增强。2008年全球金融危机让许多中央银行认识到，中央银行作为"政府的银行、发行的银行、银行的银行"，其职能除了稳定物价，还应包括维护金融安全以及危机管理等，其货币政策也不应仅仅盯住通货膨胀率。因此，中央银行不仅具有强大的政治权威性，而且这种政治权威性还在不断增强。

　　中央银行的政治权威性与利率传导机制之间具有辩证统一、相辅相成的关系。中央银行的政治权威性可以有效保障疏导利率传导机制的政策效果;反过来,疏导利率传导机制的政策成效又能进一步增强中央银行的政治权威性。通过分析利率走廊、国债收益率曲线调控、质化宽松政策、负利率政策等疏导利率传导机制的作用机理,可以发现中央银行的政治权威性对疏导利率传导机制的重要性。在利率走廊模式下,中央银行通过贷款便利工具和存款便利工具构造了一对利率上限和下限以约束利率的波动,并借助公开市场操作实现对政策利率的精确调控,从而树立中央银行的权威性,使商业银行形成稳定预期。在国债收益率曲线调控和质化宽松政策下,中央银行依靠自身强大的货币吞吐能力,通过改变自身的资产负债表,大规模参与不同利率期限的国债市场交易,保持对国债市场主导地位,有针对性地调控国债收益率曲线,引导各期限市场利率。负利率政策在货币持有成本不为零的理论基础上,通过政策杠杆撬动市场力量,让商业银行相信中央银行不受"零利率下限"的约束,可以驱赶超额存款准备金,从而改变商业银行的市场预期和决策行为。

　　从疏导利率传导机制的演进过程来看,在经济金融秩序受到严重冲击时,商业银行在利率传导过程中不能正常发挥关键角色和作用,中央银行通过商业银行间接调控利率的方式不再行之有效。于是,中央银行直接调控的操作目标逐渐向中长期限利率移动,向更接近企业、居民等经济主体的调控重心移动。随着利率传导机制不断出现阻滞以及疏导利率传导机制的难度和复杂度越来越高,中央银行介入金融市场的深度、广度和长度也随之增加,要保证中央银行调控的有效性,便需要中央银行具有强大的政治权威性作为后盾和基石。正是由于中央银行拥有越来越强的政治权威性,才能保证利率传导机制的有效运行。中央银行由于其特殊的政治经济地位和政治权威性,可以发挥"有形的手"的作用,这就决定了中央银行具有"市场"和"政府宏观调控"的双重属性。一方面,中央银行作为微观经济主体参与市场活动;另一方面,还要作为监督者调节宏观经济金融的运行。当金融市场强有效时,利率作为资金的价格可以充分反映市场主体所有可以得到的信息,中央银行可充分发挥市场自身的力量引导和调控金融市场平稳运行,对市场的干预相对减弱。而当金融市场变为弱有效时,市场的非理性行为和盲目行为扰乱市场正常运行,中央银行便需要从全局出发对金融市场进行调控,矫正市场偏差,消除市场失灵,将市场带入运行的正轨,恢复金融市场的自我调节机制和功能。

二、适应经济金融发展的基本规律是疏导利率传导机制的经济逻辑

利率传导机制的形成或疏导，都不能违背经济金融发展的基本规律，要根据经济金融发展的基本规律来提高利率传导机制的有效性，顺应经济金融形势的变化规律，以最小的资源投入和成本取得最大的政策效果。从长期来看，疏导利率传导机制必然要向符合经济金融发展规律的轨道回归，最终依靠经济金融发展规律以及市场力量来保持利率传导机制的正常运转。即便是一些追求短期效应的利率政策，为了实现治标的效果，也不能与经济金融的基本规律相抵触。一些非经济手段措施对疏导利率传导机制的作用机理都应与经济金融的基本规律保持一致。与经济金融的发展规律相矛盾的政策措施的代价要明显大于政策效益，不具有可持续性，只有符合经济金融发展基本规律的疏导措施才是可持续的，才能标本兼治。央行在疏导利率传导机制的过程中，无论所运用的是传统的政策工具还是创新型政策工具，都应遵循经济金融发展的变化规律，适应特定条件下和时期内的经济金融形势，建立在坚实的经济金融理论和实践之上，顺势而为，这样才能取得良好的预期效果。

利率走廊顺应利率由资金供求决定的客观规律，通过利率走廊上限和下限所具有的调节商业银行流动性的市场机制，引导市场形成稳定预期，实现对利率波动的控制。如果没有为超额存款准备金付息而形成的利益驱动机制，以及融资便利工具所具有的能够灵活机动地满足商业银行资金需求的交易机制，利率走廊的上下限作用将得不到保证。国债收益率曲线也是建立在预期理论、市场分割理论和流动性偏好理论等基础上的货币政策实践。客观上，不同利率期限、品种、市场之间具有相对独立性，同时，不同期限的利率之间可以通过流动性溢价进行连接。国债收益率曲线正是能够反映不同期限市场的利率传导规律，能为商业银行提供可靠的定价基准并发挥其具有的预测功能。质化宽松政策充分结合了经济金融的发展形势，在央行实施长期的量化宽松政策向市场投放了大量的基础货币之后，中长期利率的降低幅度依然不达预期的情况下出现。央行通过向中长期市场增加货币供应量，改变中长期资金市场的资金供求关系来调控中长期利率，引导中长期利率降低，从而使得总需求增加及通货膨胀率上升。负利率打破了"零利率下限"理论，由于存在货币持有成本，"零利率下限"显然并不成立。从负利率政策实践情况来看，欧洲国家实施负利率政策后，公众持有现金的情况并未明显增加，表明负利率政策并未违背金融市场的基本原理。

利率市场化对利率传导机制的重要作用也充分体现了适应经济金融基本规律

的重要性。众所周知，利率传导机制的有效性离不开利率市场化，利率市场化程度高的经济体，其利率传导机制的有效性也较强。世界上建立以利率为中介目标的价格型货币政策框架的央行，无不是首先启动利率市场化改革，在推动利率市场化改革的过程中建立和完善利率传导机制，为实施价格型货币政策打下良好基础。此外，各种金融创新对利率传导机制的冲击和影响，导致利率传导机制有效性明显下降。信托贷款、同业存单、理财产品等影子银行造成货币需求愈加不稳定，难以预测，扰乱数量型货币政策的实施效果，导致利率波动加剧，破坏了利率传导机制。为修复由此造成的利率传导机制阻滞，中央银行普遍从改善货币的供求关系入手，提高其响应商业银行发起的货币需求的敏捷性和灵活性，引导商业银行建立稳定预期，这无疑是对经济金融基本原理的有效实践。

三、利率传导机制在矛盾中的创新发展是疏导利率传导机制的发展逻辑

对于任何事物，都不可能抛开现象直接把握它的本质，也不能止于表面的现象而不深入认识本质，要通过现象揭示本质。从前述分析可以发现，利率走廊、收益率曲线调控、质化宽松政策、负利率政策在疏导利率传导机制的历程中陆续登场，分别主导过一定时期中央银行的货币政策，并且每一种利率调控模式几乎均表现出短期效应明显、长期效应趋于消退特征。就其本质而言，利率调控模式的不断迭代升级源于利率传导机制的周期性削弱和衰减，正是利率传导机制的脆弱性推动了中央银行利率调控模式的不断深化。每一次新的利率调控模式的出现都是对原有利率传导机制的完善以及新机制动力的激发，利率调控模式的发展演进过程即是疏导利率传导机制的创新变革过程。

人类世界是由矛盾构成的，发展就是展开矛盾并加以克服的过程。可以说，疏导利率传导机制的突破与创新就是展开和克服利率传导机制阻滞矛盾的过程，疏导利率传导机制的模式更替无不是矛盾作用的结果。利率走廊为克服货币需求不确定性增强所引致的市场利率波动加剧、预期不稳的矛盾，通过利率走廊的宽度抑制市场的波动，并通过对政策利率的有效调控引导市场形成稳定预期，从而为利率由货币市场向债券市场和贷款市场传导提供必要条件。收益率曲线调控模式为克服短期利率与中长期利率整体一致性较差的矛盾，对短期利率和中长期利率同时进行调控，构建完整的基准收益率曲线，为不同期限的利率市场提供定价基准，打通中央银行利率调控目标与各期限市场利率的传导通道。质化宽松政策为克服短期利率向中长期利率的传导机制低效、无效的矛盾，瞄准利率的期限结构进行调控，解决利率传导机制的结构性问题，跳过短期利率直接对中长期利率

进行调控,促使中长期利率有效下降。为克服经济下行情况下商业银行风险偏好下降,以及金融监管加强所导致的商业银行囤积货币、流动性无法向实体经济流动等矛盾,中央银行将超额存款准备金利率设定为负利率,以驱赶商业银行的超额存款准备金,促使商业银行增加信贷投放和债券资产配置,增强流动性效应和预期效应,降低市场利率和汇率,提升通货膨胀率。总而言之,利率传导机制不断出现新矛盾,中央银行抓住主要矛盾,不断创新,推出新的利率调控模式,利率传导机制在矛盾中的创新发展构成了疏导利率传导机制的发展逻辑。

综上所述,从主要发达经济体中央银行的实践来看,中央银行疏导利率传导机制具有较为清晰的演进逻辑,如图4-17所示。疏导利率传导机制是利率在中央银行向商业银行、商业银行之间、商业银行向企业和居民三个层级纵向推进的过程。利率走廊、收益率曲线调控、质化宽松政策与负利率政策等利率调控模式体现了中央银行的调控重心由短期利率逐渐向中长期利率延伸的内在逻辑。中央银行创新运用利率调控模式疏导利率传导机制的变迁历程蕴含着丰富的政治逻辑、经济逻辑和发展逻辑等政治经济学基本原理。

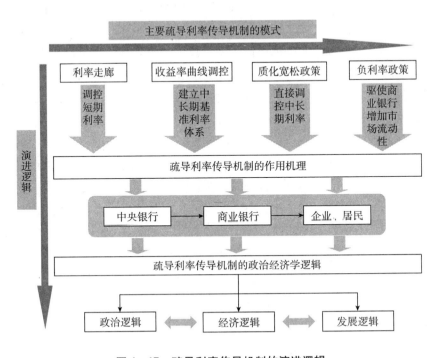

图4-17 疏导利率传导机制的演进逻辑

第四节　疏导利率传导机制的政策启示

在全球经济金融联系日益紧密的背景下，各国实施的货币政策立足本国国情的同时也积极顺应了世界经济金融发展的大形势，利率传导机制的国别性质逐渐降低。我国利率传导机制所处的经济金融环境条件也与主要发达经济体具有许多相似之处，利率传导机制也存在一些共性问题，发达经济体央行疏导利率传导机制的经验模式所揭示的政策启示对我国疏导利率传导机制具有一定的借鉴价值。

一、中央银行调控利率的同时还需注重对市场预期的引导与管理

许多发达经济体中央银行在综合运用货币政策工具时，不但注重通过调节货币供应量调控市场利率，还注重通过货币政策规则引导市场的预期，加强对市场的预期管理。中央银行在通过引导和改变公众预期来增强利率传导机制的有效性时，往往对商业银行、企业、居民等公众做出政策承诺，引导市场的决策行为、资源配置方式与中央银行的政策目标保持一致，增强利率传导机制的有效性和利率政策的实施效果。中央银行的预期管理对疏导利率传导机制至关重要，如果中央银行只是单纯通过调节货币供应量来改变市场利率，容易造成短期利率无法向中长期利率有效传导的问题，将大大降低利率传导机制的有效性。这是因为，中央银行引起的货币供应量变动与市场利率变动不仅在幅度上不一致，在时间上也不一致，即从货币供应量的变动到市场利率的变动存在时滞，并且从短期利率变动到中长期利率变动的传递也存在时滞，这种时滞的长短难以把握，容易引起市场的波动，加大市场的不确定性。中央银行的利率政策一般先引起短期利率的变动，在短期利率变动而中长期利率还未变动时，市场的稳定预期难以建立，甚至会扰乱市场，此时，对市场的预期引导和管理就显得非常必要。在短期利率变动还未传导至中长期利率变动的间隔期内，中央银行通过向市场做出利率目标的承诺，明确政策的持续性，降低商业银行、企业、居民对市场利率未来走势的不确定性的担忧，使其对中长期利率水平形成稳定预期，实现短期利率向中长期利率的有效传导。

欧美日等发达经济体在运用利率走廊、质化宽松、负利率政策等各种政策工具进行利率调控的过程中，同时运用了旨在引导公众预期的前瞻性指引政策工具。前瞻性指引是一种附属型货币政策工具，既可以辅助于数量型货币政策，也可以辅助于价格型货币政策，其本质是对市场预期的引导和管理，需要中央银行加强与市场的信息沟通，引导公众形成合理的预期，为短期利率向中长期利率传导提供稳定的预期导向。中央银行对市场的预期引导需要在能够对利率进行直接调控的政策工具支持下兑现政策承诺，提高利率政策的透明度，树立政策权威性和公信力，提高利率传导机制的前瞻性和有效性。利率走廊对利率传导机制的作用机理之一便是稳定市场的预期，实际上就是利率走廊内在具有的前瞻性指引功能，依靠利率规则等货币政策规则使市场建立稳定预期，降低利率的波动。质化宽松通过直接调控中长期利率，使其达到政策目标水平，增强中央银行对中长期利率的调控能力，改变中长期利率预期。负利率政策通过打破零利率下限，改变市场利率不能突破零的预期，改变商业银行和企业的决策行为，疏导利率的传导机制。总之，中央银行通过清晰的利率规则以及强有力的政策工具为引导市场的预期提供了强大后盾，并在市场预期反向作用下，为增强利率传导机制的有效性提供双重动力。

二、利率调控模式的叠加使用能够发挥更大的效用

利率走廊、收益率曲线、质化宽松、负利率等货币政策并不存在相互替代的关系，而是一种相互补充的关系，相互之间并不冲突和排斥，运用不同货币政策工具的叠加效应较强，每一种新的货币政策工具的出现都是对以前货币政策工具的堵漏和纠偏，是更加精准的利率政策调控。综合运用不同货币政策工具的典型代表是日本央行。2001 年至今，日本央行的货币政策最终演变成为调控收益率曲线的量化质化双宽松货币政策＋负利率政策。可以说，日本央行把基本上能够运用的货币政策工具进行了充分叠加，多管齐下，从实践上佐证不同的货币政策工具可以发挥相得益彰的作用。实际效果也证明了日本央行综合型货币政策的可取之处，货币政策成效较为显著，且能够持续运行，使每一种货币政策工具共同发挥着刺激物价、就业以及市场总需求的作用。再者，有些发达国家通过将利率走廊下限设定为负利率的方式来实施负利率政策，即央行将超额存款准备金利率设定为负利率。与利率走廊下限为正利率可以回收流动性不同的是，利率走廊下限为负利率则可以释放商业银行的流动性。这是将"利率走廊＋负利率"结合使用的实践，并且已经被验证取得了不错的实施效果。例如，瑞典央行 2015 年 2 月执行负利率政策后，瑞典的货币供给量增长率呈现出较大幅度的提升，核心通货膨胀率在 2016 年初就已经实现 2% 的调控目标水平；丹麦央行自 2012 年 7 月

开始将 7 天定期存款利率和超过上限的隔夜存款利率按负利率执行，丹麦克朗对欧元的汇率基本实现了稳定；欧洲央行实施负利率政策是在利率走廊的框架下进行的，对商业银行的超额存款准备金执行负利率政策，于 2017 年 2 月实现通货膨胀率达到 2% 的调控目标；日本央行实行的是三级利率体系，将商业银行的存款准备金分为三级，每一级执行不同的利率政策，第三级是政策利率余额部分，即第一、第二级以外的超额存款准备金，对其执行 –0.1% 的负利率。2016 年 12 月，日本成功扭转通货紧缩的态势，通货膨胀率重新回到零水平以上。

三、价格型与数量型货币政策工具协同下的利率传导效果更佳

从美国、欧洲经济体与日本实施利率政策的实际情况来看，利率走廊、质化宽松、负利率政策与量化宽松、公开市场操作等数量型货币政策配合使用的现象较为普遍，质化宽松、负利率政策等货币政策往往是中央银行实施量化宽松、公开市场操作等数量型货币政策后推出的更加宽松的价格型货币政策，两者之间既具有时间上的先后次序，也具有逻辑上的先后次序。例如，质化宽松政策是货币供给量总体充裕但短期市场货币供应量过剩、长期市场货币供给不足的结构性问题，即质化宽松是在央行量化宽松、大规模公开市场操作的基础上实施的一种货币政策工具。而地板利率走廊模式也是在央行大量增加货币供给量的情况下应运而生的。同样，负利率政策是穷尽量化宽松、公开市场操作、零利率政策等货币政策的作用之后，仍然无法达到政策目标而实施的货币政策，是对宽松货币政策的进一步强化。目前来看，负利率政策是一种最极端的宽松货币政策。在质化宽松、负利率政策之前，货币供给量已经较为充足，质化宽松、负利率政策是为了破解金融系统中的货币向实体经济传导停滞的困境，如果金融市场中的货币供给本身不足或者货币供给量尚未将市场利率降低至零利率水平附近，说明量化宽松、公开市场操作、零利率政策等货币政策尚存空间，运用收益率曲线、质化宽松、负利率等货币政策的效果将大打折扣。

第五节　疏导我国利率传导机制的难点

尽管我国的利率传导机制与发达经济体具有一定共性之处，但我国与发达经济体的不同之处也很明显。我国正在大力推进新时代中国特色社会术主义市场经

济建设，可以集中力量办大事，具有强大的体制、机制优势，我国央行在调控利率过程中的组织和调动能力更强。并且，我国债券不发达、融资结构以间接融资为主，与美国债券市场高度发达、以直接融资为主形成鲜明对比。此外，我国当前所处的经济金融发展阶段与发达经济体显著不同。这些深层次的差异决定了疏导我国的利率传导机制不能盲目借鉴国际经验模式，必须充分结合我国实际国情，充分考虑疏导我国利率传导机制的难点与实际制约因素。

一、商业银行主动的应变行为会导致利率传导机制减弱

众所周知，商业银行作为专业银行，与中央银行在许多方面有很大的区别。其中最重要的一点便是，商业银行是顺周期操作，而中央银行是逆周期操作，即在经济复苏和增长时期，商业银行具有信贷扩张的冲动，向企业、居民增加资金供给的意愿会提高；在经济衰退和低迷时期，商业银行出于风险厌恶而惜贷，会收缩对企业、居民的资金供给。这也是商业银行具有金融加速器作用的重要体现，中央银行则恰恰相反。因此，商业银行与中央银行之间在利益诉求和意图目的上具有不一致性，决定了利率传导机制的衰减和利率调控效果的削弱。例如，在经济低迷时，中央银行希望通过降低利率水平影响企业、居民的投资、消费和净出口等经济活动，以刺激经济复苏和增长，但商业银行出于经济的不确定性以及风险控制要求的考虑，往往在企业和居民的资金需求增加时，不愿意向企业、居民增加资金供给，商业银行为提高自身资产的安全性以及规避风险，倾向于进行短期信贷投放或资产配置，长期资金的供给受到抑制，这进一步增加了企业、居民的资金压力，更加不利于原本疲弱的经济。

此外，我国商业银行资金管理部门的结构设置对利率传导机制存在很大影响。在我国商业银行内部存在两个资金管理部门：一个资金管理部门管理中长期资金，另一个资金管理部门管理短期资金。这两个部门对商业银行的利润贡献度不同，对不同期限的资金及其利率的作用也不同。商业银行的短期资金管理部门主要在货币市场和债券市场上进行资金交易，对货币市场和债券市场的资金规模和利率影响较大，对中央银行短期政策利率工具的敏感度高，因而，对企业等实体经济部门的直接融资方式具有重要影响。商业银行的长期资金管理部门则主要在贷款市场进行资金交易，对贷款市场的资金规模和利率影响较大，对中央银行中长期政策利率工具的敏感度高，因而，对企业、居民的间接融资方式具有重要影响。

我国是以间接融资方式为主的金融市场，绝大多数中小企业通过商业银行贷款获得资金，甚至对于许多中小企业，银行贷款是其唯一的融资方式。商业银行的中长期资金供给规模及其利率对企业、居民的影响较大，且商业银行的贷款规模及其创造的利润相较于债券交易占有绝对的优势。截至 2019 年 12 月底，商业银行管理的信贷规模为 151.57 万亿元，管理的债券资产规模为 23.47 万亿元，后者仅为前者的 15.5%。这决定了商业银行内部管理不同期限资金的部门在对应期限资金交易决策过程中各自占有相应的主导地位。在我国传统的货币政策中，中央银行一般是通过公开市场操作或常备借贷便利等政策工具，向商业银行提供短期资金，调节短期市场利率。中央银行增加的资金供给规模首先进入到商业银行管理短期资金的部门，商业银行的短期资金管理部门将资金首先用于货币市场和债券市场的交易，对短期利率产生刺激和影响。然后，才会将多余的资金转移至商业银行管理中长期资金的部门，进而对贷款市场的资金规模和中长期利率产生影响和作用。在这种情况下，我国央行货币政策对贷款市场及中长期利率的刺激效果就会大大降低，利率传导机制容易发生阻滞。

二、经济下行压力加大情况下商业银行风险偏好下降

2008 年发生的全球金融危机对世界银行业发展来说是一个重要的分水岭。全球金融危机发生后，原有的金融生态和金融市场格局遭到严重的冲击，许多经济体的经济金融受到重创，经济陷入低迷，甚至进入通货紧缩，货币政策传导机制不再有效，我国的银行业也受到很大的影响，经济进入新常态。在这个背景下，全球许多中央银行的货币政策调控模式和商业银行的风险管理模式都发生了很大的调整和改变。

中央银行传统货币政策工具的有效性大为降低，单一货币政策工具已经难以为继。为有效刺激实体经济，包括我国央行在内的许多央行在原有传统货币政策工具的基础上，创新运用了量化宽松、负利率政策、常备借贷便利、中期借贷便利、抵押补充贷款等非传统货币政策工具，启动了长期的、大量的资产购买计划，向市场投放大量的流动性。中央银行的资产负债表快速膨胀，中央银行普遍叠加运用各类货币政策工具，实施极为宽松的货币政策，重新构建货币政策的传导机制，刺激经济复苏与增长。但是，商业银行受全球经济下行以及利率风险加大等因素的影响，避险情绪持续浓厚，对未来经济预期较为悲观，风险偏好下降。因此，尽管中央银行向市场投放大量的流动性，但商业银行向长期市场增加流动性供给以及进行信用扩张的意愿并不高，而是倾向于增加超额存款准备金以及购买国债等安全性资产，资金交易局限于货币市场等短期市场，导致大量的流

动性并没有真正流向长期资金市场，许多流动性向中央银行回流，短期市场利率降幅明显而长期利率并没有得到有效降低，利率传导机制的有效性不高。换言之，商业银行作为金融中介以及风险管理机构，并未被动地接受中央银行的调控政策，也并未有效传导中央银行利率政策所要达到的调控目标。经过商业银行的过滤，中央银行的利率政策产生了折射和偏离，对企业、居民等实体经济部门产生的刺激作用有限，商业银行的行为并没有完全与中央银行的政策意图保持一致，削弱了中央银行的货币政策效果以及利率传导机制。这种现象在我国也表现得较为明显。另外，金融危机也迫使我国对商业银行的监管不断加强，商业银行的信用供给能力受到一定限制，管理模式转向保守和稳健，对利率传导机制产生了间接影响。

在这种情况下，尽管许多非传统货币政策工具需要中央银行承担较大的调控成本，货币政策可持续性不强。但截至目前，非传统货币政策依然发挥着重要作用，并未完全退出。货币政策难以重新回到原有的以单独的公开市场操作或利率走廊为主导的轨道中来，表明包括利率传导机制在内的货币政策传导机制的有效性还不及预期。这是全球金融危机发生后我国利率传导机制所处环境具有的重要特征之一。

三、利率波动加剧削弱利率传导机制的有效性

市场利率是货币供给与需求均衡的结果，当金融市场的货币需求比较稳定时，通过调控货币供应量就能实现良好的调控目标。然而，随着金融市场的深入发展，金融科技的不断进步，以及影子银行、同业存单等金融创新的涌现，金融市场中的货币需求越来越不稳定，越来越难以准确预测，数量型货币政策以控制货币供应量为中介目标的调控模式不能有效适应货币需求的大幅频繁波动，利率波动开始加剧。近年来，作为我国货币政策中介目标的 M2 的增速与实际 GDP 之间的相关性明显下降，而且盯住 M2 的调控模式导致市场利率频繁大幅波动，加大了利率风险，非常不利于市场预期的稳定，无法有效推动中央银行政策利率向长期利率传导。从稳定利率和市场预期的角度来说，需要改革我国传统的以货币供应量为中介目标的货币政策操作框架。

利率稳定是任何货币政策有效的基本条件。无论是数量型货币政策，还是价格型货币政策，都需要实现稳定利率的目标，因为即便是中央银行控制货币供应量调控实体经济，为了稳定物价，也需要通过利率来间接地发挥作用，利率的传导机制对数量型货币政策而言同样至关重要。我国货币政策操作框架的转型源于利率波动的加剧，利率的加剧导致利率传导机制的低效或无效，如果货币政策向价格型成功转型，就必须要做到利率传导机制的畅通高效。我国近年来逐步探索建立了利率走廊模式，利率走廊对抑制利率波动的作用非常明显，我国央行创新设立的常备借贷便利利率有效发挥了利率走廊上限的角色。但不可否认，从实际情况来看，市场实际利率突破常备借贷便利利率的发生频次并不少，利率走廊控制市场利率向上波动的功能并不稳固，利率走廊功能作用的有效发挥还受到货币政策工具的制度设计和金融监督规定的制约，且利率波动的抑制与市场预期的稳定存在相互影响、互为因果的关系，市场预期受市场主体心理的影响，市场预期的稳定可以降低由于市场心理产生的应对不确定所衍生的预防性货币需求，从而有利于降低货币需求波动。

利率的波动主要体现在货币市场中，因此，中央银行控制利率的波动是从货币市场利率的波动开始的。货币市场利率是一种短期利率，中央银行通过直接控制短期利率的波动来对中长期利率进行间接调控。只有对短期利率的波动进行有效控制才有可能实现短期利率向中长期利率的传导。一方面，如果短期利率过度波动，市场利率的趋势难以被商业银行所确定，中央银行的政策利率不能被货币市场利率所传导，所释放的政策信号将难以被商业银行有效吸收，商业银行不能形成稳定预期，并加重对市场风险的判断，商业银行将不愿向中长期市场释放流动性，不会引导中长期利率的降低。另一方面，货币市场利率尤其是银行间同业拆借利率，作为商业银行获得资金的一种成本，对商业银行的贷款定价和债券交易价格具有重要影响。短期利率过度波动造成商业银行的资金成本难以控制，影响商业银行对中长期利率的定价，短期市场利率与长期市场利率的利差风险将增大，对商业银行易造成利差损失。在此情况下，商业银行只愿参与短期市场的利率交易，甚至把多余的流动性以超额存款准备金的形式存入中央银行，进行货币囤积，商业银行的流动性不能向中长期市场流动导致利率不能向中长期利率传导。

四、金融监管加强促使商业银行采取更为稳健审慎的经营策略

金融危机使许多国家的货币政策当局深刻认识到，过度的金融创新增加了金融监管的复杂性和难度，使得金融风险快速积聚。金融市场的健康发展仅仅依靠商业银行、企业等市场主体的自律和契约精神的可靠性不强，要保障金融体系的安全稳定运行，必须加强金融监管。金融监管相较于市场自律对金融市场更为重要，金融监管要紧跟金融市场的发展变化，规范和引导金融市场的发展，消除金融市场的非理性和盲目性行为，有效控制金融风险。合理的金融监管有助于金融市场形成良好的市场秩序，有效规范各类市场要素的流动，传递市场价格信息，促进利率传导机制的良性运转。

我国确立了货币政策和宏观审慎政策的双支柱调控框架，在原有的货币政策的基础上创立了宏观审慎政策。2019 年，我国央行正式成立了宏观审慎管理局，为宏观审慎政策的实施提供了组织保障。宏观审慎政策创立于 2008 年全球金融危机爆发后，国际社会普遍意识到宏观不审慎是爆发危机的根源，仅仅依靠货币政策并不能有效保持金融系统的稳定，商业银行的顺周期性和跨金融市场的风险传染性是金融系统产生风险积累的来源。货币政策对此却束手无力，因为传统的货币政策从宏观上是盯住物价，从微观上是观察市场主体个体的稳健，但金融危机告诉我们，价格稳定不代表资产价格稳定，更不代表金融稳定，单个商业银行经营状况的稳健不代表整个金融系统运行的稳健，短期经营状况的稳健不代表长期经营状况的稳健，商业银行的顺周期性和风险的传染性会加剧金融系统整体的不稳定性，积聚系统性金融风险。因此，必须要从宏观和整体角度来观察和防范系统性金融风险，维护金融系统整体的稳定性。宏观审慎就是要弥补货币政策的不足，对商业的顺周期性和跨金融市场的风险传染性进行有效的治理，宏观审慎政策是反思金融危机的教训、对我国金融监管体制进行改革的必然结果。此外，我国利率市场化改革客观上要求中央银行转变监管角色，建立以市场供求为核心的利率形成机制，中央银行通过市场化手段来调节流动性和利率，并在金融运行过程中履行规则制定和监督执行的职责。同时，中央银行在与商业银行的交易过程中依靠自身的权威性占有绝对的垄断地位，可以引导市场形成与自身政策意图相一致的市场均衡。

为建立我国的金融监管体系，我国央行对金融监管进行了一系列改革。首先，将差额存款准备金动态调整措施引入，使信贷投放水平与资本充足水平挂钩，并将差别准备金动态调整机制升格为宏观审慎评估体系（Macro Prudential Assessment，MPA）。同时，针对系统性金融风险的跨时间管理，对资本水平、杠杆率等提出了动态的逆周期要求。针对系统性金融风险的跨空间管理的监管措施主要包括提高商业银行的资本水平和流动性、适度限制经营规模与经营范围、降低商业银行的风险敞口和杠杆率等，以防止风险在不同市场和个体之间的传染。金融监管的加强在有效防范系统性金融风险的同时，也在客观上降低了商业银行的信用放大能力和信用创造能力，促使商业银行受到严格的监管要求，采取更为稳健审慎的经营策略，商业银行对企业、居民的风险评估将更为严格，甚至影响到商业银行原有的稳健经营的业务运行。当商业银行对风险的关注高于价格因素时，利率传导的效率必然会产生弱化，利率传导机制的有效性将下降。

五、金融市场不发达降低利率传导的效率

成熟的金融市场是利率传导机制充分发挥作用的基础。中央银行在调控流动性与利率的过程中需要将成熟的金融市场作为载体，在成熟完善的金融市场环境中，中央银行往往具有较强的资产负债管理能力。同时，商业银行对货币供应量与利率变化的应变能力以及商业银行的资产负债管理能力均比较强。但目前我国的金融市场发展还不够成熟，主要表现在：

第一，我国债券市场分为银行间债券市场和交易所债券市场，但两个市场的发展并不均衡。2019 年，我国债券市场现券交易规模为 217.4 万亿元，交易所债券市场现券交易规模仅为 8.4 万亿元，占比不到 4%；银行间债券市场现券交易规模达 209.0 万亿元，占比超过 96%。由于交易所债券市场交易规模较小，具有更强的市场信息吸收能力，市场敏感度较高，利率的弹性以及利率波动的频度均高于银行间债券市场，这容易对中央银行的利率调控、流动性管理以及市场的预期造成干扰。

第二，我国金融市场发展的深度不高，金融产品不够丰富，利率衍生品市场发展较为滞后。目前，我国货币市场的金融产品主要包括同业拆借、质押式回购、买断式回购等，其中，以质押式回购为主。2019 年，质押式回购交易规模为 810.1 万亿元，分别是同业拆借交易规模的 5.3 倍和买断式回购交易规模的 85.3 倍，质押式回购交易占有绝对的市场份额。但质押式回购交易是以牺牲债券的流动性为代价的，会导致流动性冻结，降低利率的传导效率。同时，由于监管的限制，我国利率衍生品只有利率互换、标准债券远期、信用风险缓释凭证创设、信用违约互换几个主要品种，除了利率互换交易规模相对较大以外，其他利率衍生品交易规模均较小。2019 年，我国利率互换名义本金总额为 18.2 万亿元，占利率衍生品市场的比重达 98%，其他利率衍生品体量较小，利率衍生品市场机构极为不平衡，利率衍生品的价格发现功能和利率期限延伸功能不足。

第三，我国信贷资产的证券化水平不足。加快推动信贷资产证券化，提升信贷资产的证券化水平是提高利率传导效率特别是贷款利率的传导效率的重要途径。然而，我国的信贷资产证券化存在起步较晚、证券化水平不高以及结构不均衡等问题，抑制了商业银行的信贷资产交易，对商业银行的流动性和资产负债表形成了冲击，不利于商业银行的信贷扩大。对商业银行来说，信贷资产证券化一个非常重要的功能便是出表，也是商业银行转变传统的利差收入运营模式的重要方式。2019 年，我国信贷资产支持证券发行规模为 9634.59 亿元，占资产证券化产品发行总量的比重为 41%。在信贷资产支持证券产品中，又以个人住房抵押贷款支持证券为主，占信贷资产支持证券的 54%。而个人汽车抵押贷款支持证券和信用卡贷款等消费信贷证券占 32%。总体来看，我国信贷资产证券化对利率传导机制的基础作用还有很大的提升空间。不过，需要强调的是，信贷资产过度证券化是引发 2008 年全球金融危机的重要原因之一。因此，信贷资产证券化水平不宜过高，在推动信贷资产证券化过程中要严格防范和缓解由此产生的系统性风险。

第六节　本章小结

本章从利率传导的三个层级出发，跳出我国的利率传导机制看我国的利率传导机制，分析和总结主要发达经济体运用利率走廊模式、收益率曲线调控、质化宽松政策、负利率政策等模式疏导利率传导机制的逻辑规律与经验效果。同时，透过政治经济学的视角，揭示疏导利率传导机制的理论逻辑和政策启示，并指出疏导我国利率传导机制的难点。主要得出：

从全球主要发达经济体疏导利率传导机制的历史经验来看，各国中央银行先后运用利率走廊模式、收益率曲线调控、质化宽松政策、负利率政策等模式对利率传导机制进行疏导。而无论运用哪一种疏导模式，中央银行的利率政策皆需能够对长期利率产生有效影响，最终以长期利率为纽带实现对通货膨胀率、总需求及实体经济的调控目标，这是疏导利率传导机制的基本逻辑。从疏导的机理来看，利率走廊模式主要通过调控短期利率，对商业银行进行流动性管理和预期管理，促进短期利率向长期利率传导。收益率曲线调控模式主要通过建立中长期基准利率体系，增强中央银行中长期利率的引导和调控。质化宽松政策主要通过直接调控长期利率，以有效降低长期利率，解决短期利率向长期利率传导受阻的问题。负利率政策主要通过驱使商业银行增加市场流动性，促使商业银行向不同利率期限的市场释放流动性，引致市场利率下降，从而达到提升通货膨胀和降低汇率的目的。

中央银行作为"银行的银行"，在利率传导机制构建与疏导过程中具有"导演"般的地位，利率传导机制的疏导、恢复和增强均需要中央银行的主动干预。全球主要发达经济体中央银行疏导利率传导机制的模式体现出清晰的政治经济学逻辑，即中央银行的政治权威性是疏导利率传导机制的政治逻辑，适应经济金融发展的基本规律是疏导利率传导机制的经济逻辑，利率传导机制在矛盾中的创新发展是疏导利率传导机制的发展逻辑。中央银行疏导利率传导机制的政策启示主要包括：中央银行调控利率的同时还需注重对市场预期的引导与管理，利率调控模式的叠加使用能够发挥更大的效用，价格型与数量型货币政策工具协同下的利率传导效果更佳。

疏导我国的利率传导机制，不能盲目借鉴国际经验模式，必须充分结合我国实际国情，考虑疏导我国利率传导机制的实际制约因素。我国利率传导机制的疏导难点主要体现在：第一，商业银行主动的应变行为会导致利率传导机制的减弱；第二，经济下行压力加大情况下，商业银行风险偏好下降；第三，利率波动加剧削弱利率传导机制的有效性；第四，金融监管加强促使商业银行采取更为稳健审慎的经营策略；第五，金融市场不发达降低利率传导的效率。

第五章　疏导我国利率传导机制的对策研究

本章根据第三章我国利率传导机制的传导过程和作用机理，以及第四章分析主要发达经济体疏导利率传导机制的国际经验和演进逻辑所揭示的对三个层级（中央银行向商业银行的利率传导、商业银行之间的利率传导、商业银行向企业与居民的利率传导）利率传导机制进行疏导的内在规律，结合我国金融经济环境以及利率传导机制实际特点，紧扣我国利率传导机制存在的问题以及疏导的难点，对症下药，有的放矢，研究疏导和完善我国利率传导机制的解决方案，从提高中央银行向商业银行、商业银行之间、商业银行向企业和居民三个层级的利率传导机制有效性这一落脚点出发，分别提出完善和疏导我国三个层级利率传导机制的对策建议。

第一节　建立成熟发达的货币市场

一、深入完善货币市场基准利率体系

尽管上海银行间同业拆放利率自 2007 年 1 月正式运行，至今已成为市场认可度最高、应用最广泛的货币市场基准利率。但在尚未明确新的政策目标利率的背景下，中国人民银行将 7 天回购利率作为目标利率的政策导向日益明显，常备借贷便利已由隔夜利率转向以 7 天回购利率为主。在 2007 年以前，银行间同业拆放利率是我国重点培育的货币市场利率，近年来，银行间债券回购市场发展迅速，回购操作逐渐成为中国人民银行调节流动性的主要工具。实证研究表明，银

行间债券回购市场和银行间同业拆借市场之间存在传递关系，回购利率对上海银行间同业拆放利率有较大的影响，但反向影响较弱。上海银行间同业拆放利率作为我国货币市场基准利率仍存在较大不确定性，还无法完全成为我国金融市场其他利率的定价基础。

因此，需要继续增强上海银行间同业拆放利率的基础性、市场性和可控性等属性。首先，要放宽同业拆借市场的准入制度，降低同业拆借市场成员的进入门槛，适当引入中小企业金融机构，增加同业拆借市场交易主体数量扩大交易规模，发挥规模优势，从而提高上海银行间同业拆放利率作为货币市场基准利率的基础性地位。其次，增加上海银行间同业拆放利率的报价行数量，选取一部分优质的保险公司和证券公司纳入上海银行间同业拆放利率的报价行成员，将报价行数量增加至 22～26 家，使上海银行间同业拆放利率更具有代表性和市场性，避免操纵报价。同时，增加最高报价和最低报价的剔除数量，降低报价发生错误和异常的概率，提高上海银行间同业拆放利率报价的稳定性和可控性。再次，要拓展上海银行间同业拆放利率的应用范围，加强上海银行间同业拆放利率在金融产品定价中的应用，推动上海银行间同业拆放利率与金融产品定价进行挂钩。可考虑将上海银行间同业拆放利率作为短期融资券利率、票据贴现利率、金融债利率、企业债利率、商业银行内部资金转移、同业存单等定价的基准利率，进一步增强上海银行间同业拆放利率作为货币市场基准利率的基础作用。最后，大力发展以上海银行间同业拆放利率为基准的利率互换等金融衍生产品，构建上海银行间同业拆放利率的利率互换曲线，推动货币市场利率向中长期利率传导。

二、完善货币市场利率与贷款市场报价利率之间的传导机制

受全球经济的影响，我国经济发展的外部环境不确定性增强，实体经济增长乏力，盈利预期下降，金融机构和企业的流动性均较为紧张。中国人民银行坚持审慎稳健的偏宽松的货币政策，向市场增加了大量的货币供应。在货币政策刺激下，货币市场利率反应迅速，下降幅度明显，但贷款利率下降幅度很有限。商业银行的风险偏好没有得到根本扭转，投放贷款的积极性和能力仍然不高。在这种情况下，由于众多中小企业和民营企业主要依靠贷款方式融资，中小企业和民营企业依然面临"融资难、融资贵"的困境，且中国人民银行当前依然保留着存贷款基准利率。数据显示，贷款利率依然主要跟踪贷款基准利率而非货币市场利率，2008 年以来，贷款基准利率仍然是影响我国金融机构贷款加权平均利率的最主要因素。

　　改变这一困境要从商业银行入手，可以把我国商业银行管理资金的部门分为两个部门。其中，一个部门管理短期资金，主要将资金投向货币市场和债券市场；另一个部门管理中长期资金，主要将资金投向贷款市场。如果我国央行向商业银行投放的基础货币属于短期资金，那么，这部分资金将进入商业银行管理短期资金的部门，并被商业银行投向货币市场和债券市场，即资金主要流向了短期资金市场。同样，如果我国央行投放的基础货币是中期资金，则进入商业银行管理中长期资金的部门，资金主要流向贷款等中长期资金市场。由于我国商业银行具有的"两部门资金管理体制"，造成货币市场、债券市场与信贷市场形成了一定的分割，三者之间的资金流动通道没有打通，阻碍了利率的传导。因此，应打牢商业银行这个利率传导的微观基础，引导商业银行推动内部管理水平提升，打破对内部不同期限资金管理的部门分割，破除资金管理体制机制障碍，对同业资金、债券资金和贷款资金等进行统一管理，从总行整体的利润和价值最大化角度出发，充分发挥总行的资金调配功能，灵活配置贷款资金和货币市场资金，打通货币市场与贷款市场的资金流动渠道，促进货币市场利率向贷款利率的有效传导。

第二节　完善我国价格型货币政策操作框架

一、扩大常备借贷便利合格抵押品范围

　　扩大常备借贷便利工具的抵押资产的种类和范围，有利于增强常备借贷便利利率作为利率走廊上限的约束力。常备借贷便利采用"券款对付"（Delivery Versus Payment，DVP）结算方式，即债券与资金的交收同时进行，以防止交收对方的违约风险。目前，我国的合格抵押品制度尚处于初级阶段，在中国人民银行建立合格抵押品制度之初，合格抵押品主要包括国债、央行票据和政策性金融债等品种，随着合格抵押品制度的不断完善，中国人民银行逐渐将金融机构优质信贷资产和地方债券纳入合格抵押品范围，合格抵押品的种类不断扩充。2014年，中国人民银行批准山东省和广东省开展信贷资产质押和设置中国人民银行内部评级试点，允许将经过中国人民银行内部评级的金融机构优质信贷资产纳入合格抵押品范围，2015年5月，又将地方债纳入中央国库和试点地区国库现金管理的抵

押品范围，同时，将地方债纳入中国人民银行常备借贷便利、中期借贷便利和抵押补充贷款的合格抵押品范围。根据 2015 年《中国人民银行再贷款与常备借贷便利抵押品管理指引（试行）》，常备借贷便利要求金融机构提供信贷资产、证券资产等合格抵押品，其中，合格的信贷资产抵押品只有 1 种，而合格的证券资产抵押品也未超过 10 种。① 未来，合格抵押品范围仍然具有较大的扩容空间和潜力。

可以看出，常备借贷便利所要求的抵押品，无论是证券资产还是信贷资产，其等级都比较高，抵押品的资产质量也比较高，相应的风险较低，中国人民银行的宏观审慎监管原则得到了充分体现，例如，信贷资产抵押品要求是正常类贷款，正常类贷款发生损失的概率为零，贷款人对偿还本息有绝对的把握。但这种高门槛的抵押品标准也把大量的中低等级资产排除在了抵押品之外，会直接影响银行在进行信贷投放和债券投资时的风险偏好。在这种情况下，对于新增资产，银行更愿意将更多的资金投向能够被常备借贷便利接受和认可的证券资产和信贷资产，对于存量资产，那些由合格抵押品转变为非合格抵押品的银行资产将失去被抵押以获取流动性的资格，加重流动性压力。在经济状况低迷时，需求不足，通货紧缩压力加大，企业的经营状况恶化，还款能力下降，一部分正常类贷款可能会转变为关注类贷款，从而使一部分合格抵押品失去了抵押资格，而恰恰这个时候银行的流动性变差，对流动性的需求上升，受到融资需求增加和合格抵押品减少两边的挤压，银行的再融资能力和水平将会受到压缩，不利于银行扩大风险偏好及加大证券资产和信贷资产的投资力度，客观上会阻碍银行向实体经济提供流动性支持，降低企业融资的可得性，提高企业融资的成本。因此，在现有合格抵押品范围的基础上，还应继续逐步改革常备借贷便利的合格抵押品种类和范围，可以考虑依照地方政府一般债券、地方政府专项债券、商业银行金融债券、非商业银行金融债券、信贷资产、公司债（企业债）优先次序，同时充分结合债券的评级高低、期限长短、抵押率等因素，稳步扩大合格抵押品的种类和范围。对资产质量不高、资产风险相对较大的金融资产，可以通过降低抵押率或者对抵押品进行整体管理等方式加以控制，确保中国人民银行的资产安全和风险监管要求。

---

① 合格的信贷资产抵押品为金融机构对非金融企业和自然人的正常类贷款。合格的证券资产抵押品包括记账式国债、中央银行票据、国家开发银行及政策性金融债、中央政府代发的地方政府债、同业存单、主体信用评级和债券信用评级均为 AAA 级的企业债券和中期票据，主体信用评级为 AAA 级、债项评级为 A - 1 级的短期融资券和超短期融资券等。

二、明确利率走廊体系的政策利率

中国人民银行自 2014 年开始探索利率走廊机制，目前，我国利率走廊的上限和下限已经明确（我国常备借贷便利利率期限分为隔夜、7 天和 1 个月），对市场形成了较强的引导和控制力，有效发挥了抑制货币市场利率波动的作用。但遗憾的是，中国人民银行至今仍然没有正式公布利率走廊体系的政策利率，而政策利率是利率走廊机制正常运行必不可少的构成要素，完整的利率走廊应由上限、下限和政策利率三大核心构成。我国利率走廊体系长期缺失政策利率这一重要的利率锚，不利于利率走廊机制有效发挥作用。而明确利率走廊体系的政策利率意味着明确将哪一种期限品种的短期利率作为利率走廊体系的政策利率。一个共识是货币走廊体系的政策利率是一个短期利率指标。从国际经验来看，全球多数运用利率走廊机制较为成熟的经济体的央行往往将隔夜利率作为政策利率。

从我国的实际交易利率来看，同业拆借、质押式回购、买断式回购中的隔夜利率无论是在成交金额还是成交笔数都占有绝对的比重：据统计，上述三种市场隔夜利率的成交金额占所在市场成交总金额的比重基本维持在85% ~93%，成交笔数占比则处于 70% ~80%。由此可见，隔夜利率是货币市场交易中最为活跃、最为重要的利率期限品种。从定价基准利率来看，上海银行间同业拆放利率作为我国货币市场的基准利率，为同业拆借利率和回购利率提供定价基准，SHIBOR 隔夜利率对上海银行间同业拆放利率其他期限品种以及同业拆借利率、回购利率的传导具有显著影响，SHIBOR 隔夜利率在货币市场中的地位和作用显而易见。另外，在同业拆借市场和回购市场交易中，7 天利率的成交金额和成交笔数仅次于隔夜利率，在中国人民银行公开市场操作中，7 天利率也是常用的操作利率品种。2013 年 6 月，我国货币市场利率波动幅度显著增加，7 天回购利率一度突破11%，均值为 6.92%，最高点和均值皆创新高，引起各界广泛关注，因此，7 天利率同样具有一定的利率指标意义。但 7 天利率与隔夜利率的成交规模和活跃程度差距较大，在成交规模上，7 天利率的权重远低于隔夜利率。此外，上海银行间同业拆放利率是货币市场的基准利率，SHIBOR 隔夜利率代表着其他利率期限品种的边际成本，与其他上海银行间同业拆放利率期限品种具有联动效应，也就是说，SHIBOR 隔夜利率的变动会引起其他上海银行间同业拆放利率期限品种的敏锐变化。需要指出的是，上海银行间同业拆放利率本质上是一种报价利率，而非实际交易利率，由高信用等级的银行报价团搜报出的同业拆出利率，也是一种无须担保的批发利率。而同业拆借利率和回购利率都是市场实际交易利率，其中，同业拆借利率是一种信用拆借利率，不需要提供合格抵押品，风险溢价较高，回购利率则需要满足合格抵押品条件，风险溢价成分相对较低。同时，同业拆借利率形成以上海银行间同业拆放利率为基础，与上海银行间同业拆放利率存在高度的一致关系。综上所述，应将隔夜利率作为我国利率走廊的政策利率，进一步完善我国利率走廊机制，利用隔夜利率的优势发挥其对上海银行间同业拆放利率的传导作用，巩固和提升上海银行间同业拆放利率的货币市场利率定价基准作用，进而使上海银行间同业拆放利率对同业拆借利率的传导路径更加清晰。

三、将利率走廊模式作为我国货币政策转型的重要基石

目前，中国人民银行重点运用的货币政策工具是公开市场操作，我国的货币政策操作框架属于数量型货币政策，但公开市场操作的弊端逐渐显现，操作成本高，且存在政策有效性递减的趋势，以货币供应量为中介目标的数量型货币政策越来越受到质疑。在我国不断深化利率市场化改革的背景下，中国人民银行货币政策的利率传导机制日益健全，我国正处于由数量型货币政策向价格型货币政策转变的进程中，而货币政策操作框架转变必然涉及货币政策工具的转变。发达经济体在完成利率市场化后，在20世纪90年代先后实施了利率走廊模式，利率走廊的优势已经过长期的验证。利率走廊作为一种完全不同于数量型货币政策的价格型货币政策工具，通过积极引导中央银行与商业银行之间的存贷款利率，构建形成了一种预期型货币政策调控模式。利率走廊模式可以向金融市场有效传递中央银行对当前及未来一段时间的市场流动性余缺及利率水平高低的政策信号，因而利率走廊模式也带有前瞻性指引的政策工具特点。同时，利率走廊模式可以通过调控利率走廊区间的宽窄来有效抑制利率的波动，降低央行进行公开市场操作的频率和成本。与传统的公开市场操作相比，利率走廊模式的优势较为明显，主要体现在：

首先，利率走廊模式可以有效降低利率的波动幅度，促进市场形成理性预期。中国人民银行可以通过设定常备借贷便利利率以及超额存款准备金利率的大小来调控利率走廊的区间大小，从而控制市场利率的波动幅度。在成熟完善的同业拆借市场机制作用下，市场利率无论如何变化都不会超出利率走廊所决定的利率区间，当利率波动处于一个合理范围之内时，商业银行才能对未来长期的趋势做出合理判断和稳定预期，进而引导商业银行对市场行为做出选择，避免商业银行追求短期行为，推动商业银行做出有利于经济和金融长远发展的行为选择，使

商业银行的市场行为与中国人民银行的政策意图保持一致。从国外发达经济体实施利率走廊的实际效果来看，利率走廊模式实施后，利率的波动程度显著降低，市场情绪得到稳定，为商业银行在长期和短期行为之间做出合理资源配置提供了良好的市场环境。

其次，利率走廊可以有效引导商业银行形成合理的预期。商业银行的逐利避险的本能会驱动自身做出理性的选择。当货币市场利率超过利率走廊的上限水平时，银行出于降低拆入成本的目的，将会转向中国人民银行进行资金融入，从而减少货币市场的拆借需求，迫使货币市场利率下降至利率走廊的区间内，而当货币市场利率低于利率走廊的下限水平时，商业银行将不会从货币市场进行资金的拆出，而是将资金存入中国人民银行，从而促使货币市场的拆借资金供给减少，推动货币市场利率上升至利率走廊的区间内。因此，利率走廊通过引导商业银行的理性预期和市场行为选择，将货币市场利率控制在利率走廊所决定的区间内，以市场化手段调节货币市场利率，增强利率调控政策的透明度，减少商业银行抵消政策效果的行为，有效提高中央银行货币政策实施的实际效果。

最后，利率走廊模式的政策操作成本较低。中国人民银行根据经济金融运行状况对利率走廊的上限、上限以及区间进行调整，就意味着向市场释放了货币政策意图的有关信号，并向市场传递了中国人民银行对经济金融运行状况和趋势的判断，这些信号被商业银行识别和接收后，会改变商业银行的行为决策，做出与中国人民银行所释放信号一致的行为，即中国人民银行只需要通过调控利率走廊的上下限，不需要进行任何实质性市场调节操作，就可以改变商业银行的短期行为和长期行为，实现中国人民银行的政策调控目的。基于上述分析，利率走廊模式具备新的货币政策操作框架基础，符合我国金融市场的发展要求，应将其作为我国货币政策转型的重要基石。

四、灵活选用适当的利率走廊类型配合数量型货币政策工具的使用

2008 年全球金融危机后，传统的货币政策出现低效、失效现象，为更有效地刺激经济复苏，许多发达经济体一改过去运用的传统货币政策，纷纷推出非传统货币政策，最具有代表性当属美联储实施的"量化宽松"货币政策，除此以外，还包括负利率政策、前瞻性指引以及各种结构性货币政策，而我国同样也实施了常备借贷便利、中期借贷便利、补充抵押贷款、短期流动性调节工具等结构性货币政策工具，并通过运用这些非传统货币政策工具较好地疏通了利率传导机制。但不可否认，"量化宽松"以及各种结构性货币政策工具均属于数量型货币政策，也是

事实效果比较好的非传统货币政策。更为重要的是，这些数量型货币政策工具的成功运用并不是在独立发挥作用，其背后离不开利率走廊的配合与支持。也就是说，央行在运用数量型货币政策工具时，需要利率走廊机制与之协同配合。具体而言，当经济低迷时，市场流动性陷入不足，中央银行向市场增加货币供应量，压低利率水平，但由于存在零利率下限以及"流动性陷阱"，过低的利率水平所形成的预期作用易造成货币供应量在进入银行体系之前就形成流动性囤积，而不能向实体部门流动，全社会的流动性并不会增加，实体经济的流动性紧张问题依然不能解决（张志新，2018）。事实上，经济危机发生后，许多发达经济体将利率走廊模式由"对称性"利率走廊转向了"地板型"利率走廊，在地板利率走廊模式的配合支持下，市场利率被控制在较低水平的范围内，当实施"量化宽松"政策时，央行可以向市场提供任意规模的流动性，而不会导致货币市场利率低于政策利率（地板利率走廊的下限与政策利率相同），实现利率政策与货币供应的分离，便于中央银行更加独立地调节金融市场的流动性来保障金融市场稳定与安全。因此，建议我国央行综合运用利率走廊和数量型货币政策工具，对利率水平进行适度的引导和控制，消除利率对货币投放的干扰，增强货币政策对实体经济的刺激效果。

第三节　完善市场利率期限结构的传导机制

利率的期限结构是对短期利率、中期利率和长期利率的刻画，是货币政策联系金融市场和实体经济的重要杠杆。在我国不断纵深推进利率市场化改革的背景和形势下，证券资产和信贷资产的市场化定价机制日益成熟，这对利率期限结构形成机制也提出了更高的要求。一方面，要求利率期限结构能够紧密地与货币政策目标保持一致；另一方面，要求利率期限结构能够充分反映经济基本面的变化。从而使利率期限结构发挥强有力的利率传导机制作用，增强货币政策对经济金融的调节能力。

一、增强债券市场不同期限利率之间的传导机制

随着我国债券市场发展更加成熟完善，直接融资的规模和比重不断增加，债券市场与市场利率相互影响的关系在加强。在我国债券市场中，市场利率期限结

构的形成机制主要受到三方面因素的影响，即存贷款基准利率、市场流动性和风险溢价。其中，短期市场利率主要受存贷款基准利率和流动性松紧的影响，中长期利率则主要受风险溢价的影响。市场流动性对利率的影响随着利率期限的增加而减弱，而风险溢价则随着利率期限的增加而增强。有实证研究显示，如果基准利率变化的幅度为 1%，则 1 年期国债利率的平均变化幅度为 0.48%，5 年期国债利率变化幅度为 0.43%，10 年期国债利率变化幅度为 0.37%，呈递减趋势。如果流动性紧缺导致 1 年期市场利率增加 1 个百分点，则 5 年期市场利率增加 0.52 个百分点，10 年期市场利率增加 0.21 个百分点。如果风险溢价导致 10 年期市场利率增加 1 个百分点，则 1 年期市场利率平均增加 0.46 个百分点，5 年期市场利率平均增加 0.82 个百分点。

总体而言，利率的高低受到债券持有成本和替代收益、流动性松紧、风险溢价等多重因素的综合影响，一方面，具体来看，商业银行的债券持有成本和替代收益决定市场利率和债券价格，而中国人民银行公布的存贷款基准利率又对商业银行的债券持有成本和替代收益起决定作用，存贷款基准利率能够解释市场利率的一部分成因。另一方面，我国市场利率特别是短期市场利率不完全受到基准利率的影响，还受到市场流动性的冲击，市场流动性对市场利率而言具有内生性的特性，流动性的松紧对市场利率具有加速器的作用，能够放大市场利率波动的幅度，对市场利率也能够构成强有力的解释。同时，无论是短期投资还是长期投资，都会面临利率变动风险、流动性风险和信用风险等多种风险，利率期限越长，利率所包含的风险溢价比重越大，风险溢价自然是市场利率又一个重要的解释因素。可以看出，短期利率主要受基准利率和市场流动性的影响，长期利率除此以外还受到风险溢价的影响，中国人民银行可以通过调控基准利率和市场流动性来调节市场利率，但却很难调控风险溢价，因此，在短期市场利率向长期利率传导的过程中，由于风险溢价因素很容易出现利率传导阻滞的情况，要打通利率传导机制必须要减轻风险溢价对市场利率的冲击。

二、有效调控风险溢价对市场利率的冲击

在经济低迷时，由于企业经营效益下滑，企业利润率降低，企业经营风险增加，企业对资金的需求随之增加，此时，商业银行贷款利率中的风险溢价将明显增加，即使中国人民银行向金融市场投入再多的货币，也无法有效降低贷款利率，形成"货币市场利率低、长期债券利率低、贷款利率高"的现象。风险溢价因素是阻碍货币市场利率以及债券市场利率向贷款利率传导的主要原因，在风险溢价水平较高时，要有效降低贷款利率，必须有效控制住风险溢价的过度上升。但流动性溢价和风险溢价之间并不是彼此独立的，两者之间相互影响，即流动性松紧的变化会改变风险溢价的大小，在风险溢价较高但处于合理范围时，央行大量地向市场增加流动性，特别是增加中长期流动性，释放非常宽松的货币政策信号，改变市场的预期，从而降低风险溢价。因此，尽管风险溢价相较于流动性溢价，对货币政策的敏感度不高，容易成为阻碍利率传导的主要因素，但并不代表风险溢价无法被有效降低，在非极端情况下，风险溢价仍可以通过货币政策得到调控，央行可以通过流动性政策间接改变风险溢价，相当于在一定程度上将调控风险溢价转变为调控流动性溢价。

有鉴于此，可以从以下两个途径降低贷款利率：第一，央行向货币市场大量增加货币供应量，大幅度地降低货币市场利率，从而显著地降低长期国债利率，充分抵消风险溢价的上升幅度；第二，央行直接在银行间市场购买长期国债或者在金融市场购买长期金融资产，直接降低长期债券利率，从而抵消风险溢价的上升部分。不过，需要指出的是，一种极端情况是，当遭受经济金融系统风险冲击时，企业的经营状况极度恶化，企业的信用遭到极大破坏，风险溢价快速增大，逼近无限大，此时，无论如何降低货币市场利率和长期债券利率都无法抵消风险溢价的上涨幅度。

第四节　继续深化贷款利率市场化改革

一、应加大贷款市场报价利率期限的密度

目前，贷款市场报价利率的期限品种只有 1 年期和 5 年期两个品种，而我国的债券利率期限最长可达 50 年，由于我国金融市场目前是以间接融资市场为主，合理的贷款利率期限结构对信贷市场中期利率向长期利率的传导至关重要。未来，中国人民银行宜逐步扩大贷款市场报价利率的期限品种，同时增加贷款市场报价利率的密度，在现有品种的基础上，增加 3 年期品种和 10 年期品种，推动信贷市场的中期利率向长期利率乃至超长期利率顺畅传导的进程，减少不同贷款利率期限品种之间传导的摩擦，对市场形成稳定理性预期，充分反映不同利率期限的风险溢价，进一步完善市场化的贷款基准利率体系。

二、建议逐步增加贷款市场报价利率的报价行成员

贷款市场报价利率报价行原有 10 家，改革之后增加到现有的 18 家。目前，除了中农工建交五大行之外，还包括 5 家全国性股份制银行、4 家城市商业银行、2 家外资银行、2 家互联网银行，报价行的结构和种类较为合理。这 18 家银行向全国同业拆借中心的报价最终决定了贷款市场报价利率，报价行的报价利率代表着其最优质客户的贷款利率，享有较高的利率优惠政策，但实际上银行的贷款客户大多达不到最优质客户的评级资格，非优质客户的最终贷款利率需要在贷款市场报价利率的基础上再加上客户的风险溢价计算而成，且不同规模和类型银行优质客户的特点和情况具有差异。因此，贷款市场报价利率没有考虑风险溢价，更多反映的是流动性变化对贷款利率的影响和冲击，而贷款市场报价利率与银行对具体某一个客户执行的利率之间实际存在一定的风险溢价，由于风险溢价并不是一个相对稳定的数值，它与贷款市场报价利率存在一定的敏感性和联动性，当银行客户的平均风险溢价较高时，贷款市场报价利率与银行整体的实际贷款利率差距更大，银行实际贷款利率随着贷款市场报价利率的上升会表现出更大幅度的上升，进而导致银行的实际贷款利率上升得更快。

从现有的 18 家报价行结构来看，18 家报价行各自拥有的优质客户（企业和居民家庭）的层次不同，即不同银行的优质客户的评级具有明显差异。例如，国有银行的优质客户与互联网银行的优质客户的信用评级一般差别较大，报价行成员报价利率之间的差额反映了不同优质客户的流动性溢价和风险溢价。可见，现有 18 家报价行所形成的贷款市场利率既不完全代表无风险利率，也不代表充分反映了风险溢价的利率，而是居于中间。要增加贷款市场报价利率的代表性，使之既能充分反映市场的流动性，也能反映市场平均水平的风险溢价，就需要增加贷款市场报价利率的报价数量，并优化报价行的结构，增强贷款市场报价利率的广泛性和代表性，从而使贷款市场报价利率能够更准确地反映投资、消费、净出口等总需求状况以及实体经济的总体情况，更有助于反映央行的政策信号，使市场形成合理的预期，更利于发挥贷款市场报价利率向实体经济的传导机制。

在探索贷款市场报价利率形成机制的过程中，应结合实际情况，适时优化贷款市场报价利率报价行的结构，并择机考虑增加报价行成员的规模与数量，逐步将更多的符合条件的全国性股份制银行、城市商业银行、农村信用社、外资银行、互联网银行乃至民营银行纳入贷款市场报价利率报价行中。可先行增加 2 家农村信用社和 2 家民营银行，将报价行数量增加至 22 家，并持续不断优化报价

行成员的内部构成，从而确保贷款市场报价利率能够更加准确和有效地反映整个贷款市场利率的变化以及实体经济的情况。

第五节　增强商业银行的利率定价能力

一、消除制约商业定价能力增强的体制机制障碍

我国已经基本全部取消了货币市场利率和存贷款利率的各项管制，随着贷款市场报价利率的实施，存贷款基准利率对金融机构的影响将逐渐减弱，商业银行应加快提升自身的市场化利率定价能力，摆脱对存贷款基准利率的传统依赖。商业银行特别是中小商业银行自身的市场化利率定价能力普遍较弱，更容易受到市场流动性和风险溢价的制约和影响，同时也是商业银行向实体经济提供贷款的重要主体，因此，利率定价能否合理地反映企业和居民真实的贷款需求将直接影响货币政策向实体经济的传导效果。建议尽快向市场明确宣告退出存贷款基准利率，完全消除存贷款基准利率的隐性影响。并在贷款市场树立贷款市场报价利率的权威性，通过制度和经济手段激励商业银行将自身的贷款利率定价系统与贷款市场报价利率紧密挂钩，加强对商业银行使用贷款市场报价利率的考核监督。同时，尽快完成商业银行现有存量贷款利率向贷款市场报价利率的转换，提高商业银行贷款利率与我国央行设定的中期借贷便利利率的弹性和敏感度，建立统一我国央行调控贷款利率的体制机制。

二、优化完善商业银行内部资金转移定价机制

就商业银行的贷款利率定价机制而言，实际上，商业银行利率定价方法的核心基础是内部资金转移定价，其等于同期限国债收益率、税费、银行利润率三者之和。但是商业银行的贷款利率不仅包含内部资金转移定价，还包括风险溢价，也就是说，银行贷款利率等于内部资金转移定价与风险溢价之和。风险溢价对商业银行实际执行的贷款利率具有重要影响，对贷款利率传导机制的运行能够产生明显冲击，当贷款利率水平较高时，虽然宽松的货币政策使得商业银行的内部资金转移定价处于较低的水平，然而由于风险溢价依然较高，甚至完全抵消了内部资金转移定价下降的部分。那么，商业银行的贷款利率无法实现整体性下降，实

体部门的贷款资金可得性得不到根本转变，融资成本依然高企，货币政策就无法向实体经济传导。如果不能有效地降低风险溢价，即使人民银行向市场投放再多的流动性，也不能实质性调节贷款利率，利率传导机制将受到阻塞，货币政策的效果将显著下降。因此，第一，应继续推动更多的商业银行（如农商行）加大对内部资金转移定价方法的充分运用，在商业银行贷款使用内部资金转移定价时引入更多的市场因素，加强商业银行贷款内部资金转移定价利率与市场利率的联动性和灵敏度。第二，应推动商业银行贷款管理目标由利润最大化向价值最大化转变，使商业银行更加注重价值创造，削弱商业银行的顺周期性，从而降低商业银行贷款利率中的风险溢价。第三，应以税后收益为基础对商业银行进行业绩考核评价，剔除税收对银行贷款内部资金转移定价的影响，使商业银行贷款内部资金转移定价利率更能直接反映市场利率的变化，增强市场利率向商业银行贷款利率传导的有效性。

第六节 本章小结

本章结合我国利率传导机制的实际特征和国际经验模式所揭示的基本逻辑，针对我国利率传导机制存在的主要问题与疏导难点，从五个方面提出了增强我国利率传导机制有效性的对策建议。

对策一：建立成熟完善的货币市场。其一，深入完善货币市场基准利率体系。首先，要放宽同业拆借市场的准入制度，适当引入中小企业金融机构，增加同业拆借市场交易主体数量，扩大同业拆借市场交易规模。其次，选取一部分优质的保险公司和证券公司，纳入上海银行间同业拆放利率的报价行成员，将报价行数量增加至22~26家，避免操纵报价；同时，增加最高报价和最低报价的剔除数量，降低报价发生错误和异常的概率。再次，要扩展上海银行间同业拆放利率的应用范围，可考虑将上海银行间同业拆放利率作为短期融资券利率、票据贴现利率、金融债利率、企业债利率、商业银行内部资金转移、同业存单等定价的基准利率。最后，大力发展以上海银行间同业拆放利率为基准的利率互换等金融衍生产品，推动货币市场利率向中长期利率传导。其二，完善货币市场利率与贷款市场报价利率之间的传导机制。引导商业银行推动内部管理水平提升，打破对内部不同期限资金管理的部门分割，破除资金管理体制机制障碍，对同业资金、债券资金和贷款资金等进行统一管理，打通货币市场与贷款市场的资金流动渠道，促进货币市场利率向贷款利率的有效传导。

对策二：完善我国价格型货币政策操作框架。其一，扩大常备借贷便利合格抵押品范围，可以考虑依照地方政府一般债券、地方政府专项债券、商业银行金融债券、非商业银行金融债券、信贷资产、公司债（企业债）优先次序，同时，充分结合债券的评级高低、期限长短、抵押率等因素，稳步扩大合格抵押品的种类范围。其二，应将隔夜利率作为我国利率走廊的政策利率，进一步完善我国利率走廊机制，利用隔夜利率的优势发挥其对上海银行间同业拆放利率的传导作用，进而使上海银行间同业拆放利率对同业拆借利率、回购利率的传导路径更加清晰。其三，利率走廊模式具备新的货币政策操作框架基础，符合我国金融市场的发展要求，应将其作为我国货币政策转型的重要基石。其四，建议我国央行综合运用利率走廊和数量型货币政策工具，对利率水平进行适度的引导和控制，消除利率对货币投放的干扰，增强货币政策对实体经济的刺激效果。

对策三：完善市场利率期限结构的传导机制。一方面，要增强债券市场不同期限利率之间的传导机制；另一方面，要降低或消除风险溢价对市场利率的冲击，打通短期市场利率向长期利率传导的机制。具体可以从两方面入手：其一，央行向货币市场大量增加货币供应量，大幅度降低货币市场利率，从而显著降低长期国债利率，充分抵消风险溢价的上升幅度；其二，央行直接在银行间市场购买长期国债或者在金融市场购买长期金融资产，直接降低长期债券利率，从而将风险溢价的上升部分进行抵消。

对策四：继续深化贷款利率市场化改革。其一，应加大贷款市场报价利率期限的密度，在现有品种的基础上，先行增加 3 年期品种和 10 年期品种，推动信贷市场的中期利率向长期利率乃至超长期利率的顺畅传导，减少不同贷款利率期限品种之间传导的摩擦，对市场形成稳定理性预期，逐步培育市场化的贷款基准利率体系。其二，建议逐步增加贷款市场报价利率的报价行成员。可先行增加 2 家农村信用社和 2 家民营银行，将报价行数量增加至 22 家，并持续不断优化报价行成员的内部构成，从而确保贷款市场报价利率能够更加准确和有效地反映整个贷款市场利率的变化以及实体经济的情况。

对策五：增强商业银行的利率定价能力。其一，消除制约商业定价能力增强的体制机制障碍。建议尽快向市场明确宣告退出存贷款基准利率，完全消除存贷款基准利率的隐性影响，并通过制度和经济手段激励商业银行将自身的贷款利率定价系统与贷款市场报价利率紧密挂钩，加强对商业银行使用贷款市场报价利率的考核监督。同时，尽快完成商业银行现有存量贷款利率向贷款市场报价利率的转换，建立统一我国央行调控贷款利率的体制机制。其二，优化完善商业银行内部资金转移定价机制。推动商业银行加大对内部资金转移定价方法的充分运用，在商业银行贷款内部资金转移定价中引入更多的市场因素，加强商业银行贷款内部资金转移定价利率与市场利率的联动性。推动商业银行贷款管理目标由利润最大化向价值最大化转变，削弱商业银行的顺周期性，从而降低商业银行贷款利率中的风险溢价。以税后收益为基础对商业银行进行业绩考核评价，剔除税收对银行贷款内部资金转移定价的影响，使商业银行贷款内部资金转移定价利率能更直接反映市场利率的变化。

第六章 研究结论、政策建议与未来展望

第一节 研究结论与政策建议

一、研究结论

（1）中央银行、商业银行和企业与居民基本构成了我国利率传导经由的三个层级，且利率传导在三个层级上的作用机理与传导效果具有差异性。

本书是从中央银行向商业银行、商业银行之间、商业银行向企业与居民三个层级分析我国的利率传导机制及其效果。中央银行通过使用基准利率工具、调控商业银行的资金成本、稳定商业银行的预期、调节对商业银行的货币供给等作用机理实现利率政策目标向商业银行传导。我国商业银行之间的利率传导主要经由银行间市场，在银行间同业拆借利率市场化、构建基准利率上海银行间同业拆放利率、通过银行间债券回购利率主动影响上海银行间同业拆放利率等制度逻辑下，构建商业银行之间的利率传导机制。在此基础上，我国银行间市场基准利率与商业银行上下游利率的敏感度不断增强，同时，银行间同业拆借利率也能够准确反映商业银行之间的流动性松紧。利率由我国商业银行向企业、居民的传导分别经过间接融资通道和直接融资通道。在间接融资通道下，我国央行通过贷款市场报价利率建立起清晰的由政策利率依次向贷款市场报价利率、实际贷款利率传导的机制。在直接融资通道下，商业银行主要通过利率债、信用债等债券市场与企业衔接，且债券市场利率与贷款利率能够形成利率传导机制。我国央行利率政

策能否顺利传导至实体经济，取决于利率政策能否对长期贷款利率产生有效调控，而这恰恰是利率传导机制容易发生阻滞的环节，即在商业银行向企业、居民传导的环节最容易出现利率传导机制低效、无效的情况，应将商业银行向企业、居民的利率传导作为疏导我国利率传导机制的关键环节。

（2）商业银行不是央行利率政策的被动接受者，商业银行的主动应对行为客观上能够降低利率传导机制的有效性。

商业银行不是一个对利率政策被动接受的"密闭的箱体"，而是一个主观能动的行为主体，具有自我独立意识，能够对利率政策做出积极主动的应对，并基于自身的资产负债表、流动性、杠杆率和风险管理等因素做出评估判断与行为选择。商业银行的自发行为以及商业银行的利率定价能力、各类金融创新工具等，都能够对我国央行的利率传导机制产生实质影响，其行为决策可能会与我国央行的政策意图不一致，偏离利率传导的既定目标，在这种情况下，价格型货币政策只能影响金融市场，但对实体经济的刺激有限，导致货币政策无法通过利率传导机制有效传导至实体经济。央行在通过利率传导机制实现货币政策目标时，要提前考虑商业银行通过各种金融创新来抵消利率传导机制的有效性，提高政策的实施效果。

（3）央行不应仅仅调控短期利率，而应该将调控短期利率及调控中长期利率有机结合起来。

正常情况下，利率传导机制表现为短期利率向中长期利率的层层传导，最终影响物价、产出、投资、消费、净出口等变量。我国央行一般直接调控的是短期利率，但短期利率并不一定会自动地向长期利率传导，且我国短期政策利率对长期贷款利率的调控作用较小，由于长期利率是货币政策影响实体经济的关键，因而，通过调控短期利率，货币政策不一定能够起到调控实体经济的预期作用。从利率传导机制的发展历史来看，为疏导利率传导机制，央行调控利率的期限不断延长，由最初的直接调控短期市场利率，到短期利率与中长期利率同时调控，再到跳过短期利率直接调控中长期利率。因此，为增强货币政策对实体经济的调控能力，我国央行通过运用中期借贷便利工具直接调控中长期利率具有很强的可行性与合理性，能够在设定短期政策利率的同时增加中长期政策利率，缩短政策利率与投资、消费、净出口等总需求的距离，提高利率传导机制的有效性。

（4）流动性溢价显著影响货币市场利率和长期债券利率，风险溢价则显著影响长期贷款利率。

我国央行的流动性政策首先直接影响回购利率、同业拆借利率等货币市场利率，货币市场利率进而影响长期债券利率，但长期贷款利率对货币市场利率和长期债券利率并不敏感。原因在于货币市场利率向长期债券利率传导主要受流动性溢价的影响，而长期债券利率向长期贷款利率传导主要受风险溢价的影响，风险溢价的上升幅度超过流动性溢价的下降幅度时，长期贷款利率并不能得到有效降低，实体经济也不能得到有效刺激。为控制和降低风险溢价对利率传导机制有效性的冲击，我国央行可以非常规地向市场增加流动性，将利率通道与信贷通道结合起来，增加贷款资金的可得性，释放长期的预期信号；同时，可以考虑直接购买长期债券资产和信贷资产，降低市场整体的风险溢价和流动性溢价，提高金融服务实体经济发展的水平。

（5）成熟完善的利率市场化环境是疏导利率传导机制的根本保障。

利率市场化是利率传导机制的源头活水，我国利率传导机制随着利率市场改革的深入推进而日益完善，利率体制改革推动了利率传导机制的完善。自1996年放开银行间同业拆借利率，到2015年放开存款利率上限，再到2019年进行贷款市场报价利率形成机制的改革，历时20余年的渐进式利率市场化改革实现了重要的阶段性目标。利率传导机制所处的金融环境由金融抑制逐渐向金融自由化转变，在这个过程中，我国的利率市场化定价机制与利率传导机制逐渐完善，实际利率与实际经济增长的关联度显著增强，利率市场化改革的红利得到充分释放，利率市场化改革为利率传导机制建设打下了深厚的根基。我国的利率管制放开基本完成，未来利率市场化改革的重点是培育市场化利率定价与调控机制，存款基准利率的取消也应提上日程，需要持续深入推进"深水区"阶段的利率市场改革。

（6）利率传导机制并不是一成不变的，需要随着经济金融发展阶段和市场环境的变化而进行微调和创新优化。

货币政策操作模式普遍表现出短期效应有效、长期效应中性的特点，这反映出利率传导机制的不稳定性。并且，纵观国内外价格型货币政策操作框架的演变历程，先后经历了利率走廊、收益率曲线、质化宽松、负利率政策等框架模式，不同的货币政策操作框架具有不同的利率传导机制，价格型货币政策的演变实际上就是围绕疏导利率传导机制来展开的。在政策利率向不同期限、不同类型的市场利率传导的过程中，利率传导机制出现阻滞的环节和节点时常变化，也倒逼着货币政策要不断创新。因此，不存在一成不变的利率传导机制，利率传导机制一直处于渐进式的微调变化之中。利率传导机制需要与我国金融经济所处的发展阶段和经济金融形势相适应，应坚持原则性和灵活性相结合，既要体现一定的政策规则，也要根据金融形势适时进行微调优化。

二、主要政策建议

第一，建议扩大常备借贷便利合格抵押品范围。在现有合格抵押品范围的基础上，还应继续逐步改革常备借贷便利的合格抵押品种类和范围，可以考虑依照地方政府一般债券、地方政府专项债券、商业银行金融债券、非商业银行金融债券、信贷资产、公司债（企业债）优先次序，同时，充分结合债券的评级高低、期限长短、抵押率等因素，稳步扩大合格抵押品的种类范围。对资产质量不高、资产风险相对较大的金融资产，可以通过降低抵押率或者对抵押品进行整体管理等方式加以控制，确保中国人民银行的资产安全和风险监管要求。

第二，建议明确利率走廊体系的政策利率。应将隔夜利率作为我国利率走廊的政策利率，进一步完善我国利率走廊机制，利用隔夜利率的优势发挥其对上海银行间同业拆放利率的传导作用，巩固和提升上海银行间同业拆放利率的货币市场利率定价基准作用，进而使上海银行间同业拆放利率对同业拆借利率、回购利率的传导路径更加清晰。

第三，建议灵活选用适当的利率走廊类型配合数量型货币政策工具的使用。建议我国央行综合运用利率走廊和数量型货币政策工具，对利率水平进行适度的引导和控制，消除利率对货币投放的干扰，增强货币政策对实体经济的刺激效果。

第四，建议加大贷款市场报价利率期限的密度。中国人民银行宜逐步扩大贷款市场报价利率的期限和品种，同时，增加贷款市场报价利率的密度，在现有品种的基础上，先行增加3年期品种和10年期品种，推动信贷市场的中期利率向长期利率乃至超长期利率的顺畅传导。

第五，建议逐步增加贷款市场报价利率的报价行成员。在现有报价行基础上，可先行增加2家农村信用社和2家民营银行，将报价行数量增加至22家，并持续不断优化报价行成员的内部构成，从而确保贷款市场报价利率能够更加准确和有效地反映整个贷款市场利率的变化以及实体经济的情况。

第二节　未来展望

我国利率传导机制研究是一个复杂且有难度的课题，不可能毕其功于一役，未来将结合现有研究基础，着重从以下几个方向继续开展研究：

（1）中国人民银行自 2019 年 8 月对贷款市场报价利率形成机制进行了新的改革，由于时间尚短，关于贷款市场报价利率的数据较为缺乏，随着贷款市场报价利率数据不断积累，将为研究货币政策与贷款市场报价利率传导机制的有效性提供条件，笔者将对贷款市场报价利率与货币政策及其他市场利率的联动关系进行跟踪和研究。

（2）负利率政策是一个相对较新的货币政策，打破了原有的一些传统货币政策理论，已在全球部分发达经济体得到了广泛的运用，其政策效果贬褒不一。名义利率为负的政策尚未在我国出现，但我国存在实际利率为负的情况，那么，我国未来是否出台名义负利率政策？是否具有先兆信号？负利率的"底部"在哪里？是否存在最优负利率水平？笔者后续将会持续关注这些问题。

（3）本书重点是从历史的角度分析和研究利率传导机制，旨在从经济与金融发展的历史长河中，总结和提炼能够为疏导我国利率传导机制提供理论指导的基本规律，因而侧重分析历史演进中所隐含的利率传导机制内在逻辑，这也决定了本书的实证研究较为薄弱，下一步笔者将把研究重点转向利率传导机制的实证研究，揭示数据所包含的信息。

（4）风险溢价是货币政策向实体经济有效传导的关键因素，也是货币政策能否有效影响长期利率的决定因素。而风险溢价相对于流动性溢价也恰恰是比较容易阻滞利率传导机制发挥作用的因素，风险溢价的特殊作用决定了其重要性。笔者在书中对风险溢价的研究还不够深入，下一步将持续关注和研究风险溢价对利率传导机制的影响机理。

（5）利率传导机制随着其所处环境的变化而演变，必须长期持续地跟踪研究，才能更好地实现理论指导实践，实践反哺理论，增强利率传导机制的有效性，我国利率传导机制仍然具有很大的研究空间，值得笔者紧随经济金融环境的变化而不断探索创新。

参考文献

［1］ Abbassi P. , Nautz D. Monetary Transmission Right from the Start: On the Information of the Euro System's Main Refinancing Operation ［J］. The North American Journal of Economics and Finance, 2012, 23 (1): 54 – 69.

［2］ Ang A. , Piazzesi M. , Wei M. What Does the Yield Curve Tell Us about GDP Growth? ［J］. SSRN Electronic Journal, 2003, 131 (1 – 2): 359 – 403.

［3］ Bank of Japan. How Should the Recent Increase in Japan's Monetary Base be Understood? ［J］. Bank of Japan Quarterly Bulletin, 2002, 10 (4): 139 – 172.

［4］ Bech M. L. , Malkhozov A. How Have Central Banks Implemented Negative Policy Rates? ［J］. Financial Market Research, 2016 (4): 19 – 28.

［5］ Benanke B. S. , Blinder A. S. The Frderal Fund Rate and the Channels of Monetary Transmission ［J］. American Economic Review, 1992 (82): 901 – 921.

［6］ Berentsen A. , Monnet C. Monetary Policy in a Channel System ［J］. Journal of Monetary Economics, 2008, 55 (6): 1067 – 1080.

［7］ Bernanke B. S. Reflections on the Yield Curve and Monetary Policy ［R］. 2006.

［8］ Bernanke B. S. The Economic Outlook and Monetary Policy ［M］. Speech at Jackson Hole, Wyoming August, 2010.

［9］ Bernanke B. S. , Reinhart V. R.. Conducting Monetary Policy at Very Low Short – term Interest Rates ［J］. American Economic Review, 2004, 94 (2): 85 – 90.

［10］ Blomquist N. , Dam N. A. , Spange M. Monetary – policy Strategies at the Zero Lower Bound on Interest Rates ［J］. Monetary Review, 2011 (4): 83 – 98.

［11］ Boivin J. , et al. How Has the Monetary Transmission Mechanism Evolved over Time? [J]. Handbook of Monetary Economics, 2010 (3): 369 –422.

[12] Bredin D., T. Fitzpatrick, and G. OReilly. Retail Interest Rate Pass – Through: The Irish Experience [J]. The Economic and Social Review, 2002, 33 (2): 223 –246.

[13] Browne F., Manasse P. The Information Content of the Term Structure of Interest Rates: Theory and Evidence [J]. OECD Economic Studies, 1990 (14): 1 –53.

[14] Constancio V. The Challenge of Low Real Interest Rates for Monetary Policy [EB/OL]. (2016 – 06 – 15) https://www.ecb.europa.eu/press/key/date/2016/html/sp160615.en.html.

[15] Draghi M. Addressing The Causes of Low Interest Rates [EB/OL]. (2016 – 05 – 02) https://www.ecb.europa.eu/press/key/date/2016/html/sp 160502.en.html.

[16] Estrella A., Hardouveli G. The Term Structureas Predictor of Real Economic Activity [J]. Journal of Finance, 1991 (46): 555 –576.

[17] Estrella A., Mishkin F. S. Predicting U. S. Recessions: Financial Variables as Leading Indicators [J]. Research Paper, 2000, 80 (1): 45 –61.

[18] Feyzioglu T., Porter N. Takdts. Interest Rate Liberalization in China [R]. IMF Working Paper, 2009.

[19] Florian H., Farzad S., Glenn S.. Life Below Zero: Bank Lending Under Negative Policy Rates [J]. Review of Financial Studies, 2019 (32): 3728 –3761.

[20] Friedman B. M. Decoupling at the Margin: The Threat to Monetary Policy from the Electronic Revolution in Banking [J]. International Finance, 2000 (2): 261 –272.

[21] Gesell S., Zitzmann R., Lauf V., et al. Die Naturliche Wirtschaftsordnung [M]. London: Peter Owen Ltd, 1958.

[22] Goodhart C. Liquidity Management, Conference on Financial Stability and Macaroeconomic Policy [M]. Jackson Hole, Wyoming, 2009.

[23] Gürkaynak R. S., Wright J. H. Macroeconomics and the Term Structure [J]. Journal of Economic Literature, 2012, 50 (2): 331 –367.

[24] Heilmann T. F., Murdock K. C., Stiglitz J. E. Liberalization, Moral Hazardin Banking, and Prudential Regulation: Are Capital Requirements Enough? [J].

· 156 ·

American Economic Review, 2000 (90): 147 – 165.

[25] Hristov N., Hülsewig O., Wollmersh T. The Interest Rate Pass – Through in The Euro Area During the Global Financial Crisis [J]. Journal of Banking and Finance, 2014 (48): 104 – 119.

[26] Jackson H. The International Experience with Negative Policy Rates [R]. Bank of Canada Staff Discussion Paper, 2015.

[27] Krugman P. Thinking About the Liquidity Trap [J]. Journal of the Japanese and International Conomies, 2000, 14 (4): 221 – 237.

[28] Kuroda H. Speech at Monetary Policy Release [J]. Bank of Japan, Sep. 21, 2017; Dec. 21, 2017; Jan. 23rd, 2018.

[29] Malkiel B. G. The Term Structure of Interest Rates [J]. The American Economic Review, 1964, 54 (3): 532 – 543.

[30] Martin A., Monnet C. Monetary Policy Implementation Frameworks: A Comparative Analysis [J]. Macroewnomic Dynamics, 2008, 15 (S1): 145 – 189.

[31] McAndrews J. Negative Naminal Central Bank Policy Rates: Where is the Lower Bound? [J]. Speech, 2015 (8): 1 – 10.

[32] McKinncm R. I. Money and Capital in Economic Development [M]. Washington D. C.: Brookings Institution Press, 1973.

[33] Mishkin F. S. Monetary Policy Strategy: Lessons from the Crisis [R]. NBER Working Paper, 2011.

[34] Modigliani F., Sutch R. Innovations in Interest Rate Policy [J]. American Economic Review, 1966, 56 (2): 178 – 197.

[35] Perez – Quiros G., Mendizbal H. Asymmetric Standing Facilities: An Unexploited Monetary Policy Tool [J]. IMF Economic Review, 2012, 60 (1): 43 – 73.

[36] Poole W. Commercial Bank Reserve Management In A Stochastic Model: Implications For Monetary Policy [J]. Journal of Finance, 1968, 23 (5): 769 – 791.

[37] Randow J., Kennedy S. Negative Interest Rates Less than Zero [EB/OL]. 2016 – 06 – 06. https://www.bloomberg.com/quicktake/negative – interest – rates.

[38] Scheiber T., Silgoner M. A., Stern C. The Development of Bank Profitability in Denmark, Sweden and Switzerland during a Period of Ultra – low and Negative Interest Rates [J]. Focus on European Economic Integration, 2016 (3): 8 – 28.

［39］Taylor J. B. Discretion Versus Policy Rule in Pratice ［J］. Carnegie – Rocheser Conference Series on Public Policy, 1993, 39（1）: 195 – 214.

［40］Taylor J. B., Williams J. C. A Black Swan in the Money Market ［R］. NBER Working Paper, 2008.

［41］Thornton D. L. Open Market Operations and the Federal Fund Rate ［J］. SSRN Electronic Journal, 2007, 89（11）: 549 – 570.

［42］Vayanos D., Vila J. L. A Preferred – habitat Model of the Term Structure of Interest Rates ［R］. NBER Working Paper, 2009.

［43］Whitesell W. Interest Rate Corridors and Reserves ［J］. Journal of Monetary Economics, 2006, 53（6）: 1177 – 1195.

［44］Woodford M. Monetary Policy in the Information Economy ［R］. NBER Working Paper, 2001.

［45］Wooldridge P. D. The Emergence of New Benchmark Yield Curves ［J］. BIS Quarterly Review, 2001（11）: 48 – 57.

［46］［爱］理查德·坎蒂隆. 商业性质概论 ［M］. 余永定, 徐冠寿, 译. 北京: 商务印书馆, 1986.

［47］［美］哈伯勒. 繁荣与萧条 ［M］. 北京: 商务印书馆, 1963.

［48］［美］欧文·费雪. 利息理论 ［M］. 北京: 商务印书馆, 2013.

［49］［美］斯蒂格利茨. 经济学（下册）［M］. 北京: 中国人民大学出版社, 2000.

［50］［美］悉尼·霍默, 理查德·西勒. 利率史 ［M］. 肖新明, 曹建海, 译. 北京: 中信出版社, 2017.

［51］［美］约瑟夫·熊彼特. 经济发展理论 ［M］. 何畏, 易家详, 等译. 北京: 商务印书馆, 1990.

［52］［瑞典］K. 维克塞尔. 国民经济学讲义 ［M］. 上海: 上海译文出版社, 1983.

［53］［瑞典］维克塞尔. 利息与价格 ［M］. 北京: 商务印书馆, 1959.

［54］［英］海约克. 物价与生产 ［M］. 上海: 上海人民出版社, 1958.

［55］［英］马歇尔. 货币、信用与商业 ［M］. 叶元龙, 郭家麟, 译. 北京: 商务印书馆, 2011.

［56］［英］马歇尔. 经济学原理 ［M］. 廉运杰, 译. 北京: 商务印书馆, 2009.

［57］巴曙松，尚航飞．利率走廊调控模式的演进、实践及启示［J］．现代经济探讨，2015（5）：5－10．

［58］巴曙松，曾智，王昌耀．非传统货币政策的理论、效果及启示［J］．国际经济评论，2018（2）：8＋146－161．

［59］陈彦斌，陈小亮，陈伟泽．利率管制与总需求结构失衡［J］．经济研究，2014（2）：18－31．

［60］戴桂兵．我国金融市场基准利率比较研究［J］．现代商贸工业，2009（3）：144－145．

［61］邓雄．从信贷到利率：利率市场化条件下的货币政策传导渠道转变［J］．上海金融，2015（10）：19－24

［62］范志勇，冯俊新，刘铭哲．负利率政策的传导渠道和有效性研究［J］．经济理论与经济管理，2017（2）：13－22．

［63］方福前．当代西方经济学主要流派［M］．北京：中国人民大学出版社，2014．

［64］符瑞武．全球发达经济体负利率政策实验：操作机制、传导效果与政策启示［J］．郑州大学学报（哲学社会科学版），2017（6）：73－78＋156．

［65］顾海良，颜鹏飞．新编经济思想史［M］．北京：经济科学出版社，2016．

［66］高越．国际生产分割模式下企业价值链升级研究［M］．北京：人民出版社，2019．

［67］韩国文，黄笑言，赵刚．中美德国债收益率曲线的共同影响因素［J］．金融论坛，2016（10）：30－39＋50．

［68］何德旭，余晶晶．中国货币政策传导的现实难题与解决路径研究［J］．经济学动态，2019（8）：21－39．

［69］何晓贝．利率传导机制评估［R］．清华大学国家金融研究院研究报告，2018．

［70］胡寄窗．政治经济学前史［M］．沈阳：辽宁人民出版社，1988．

［71］胡寄窗．中国古代经济思想的光辉成就［M］．北京：中国社会科学出版社，1981．

［72］胡新华，徐志宏．国债收益率曲线构建的国际比较研究——兼论商业银行人民币收益率曲线的构建［J］．金融论坛，2009（3）：23－29．

［73］胡志九．我国货币政策的数量型调控与价格型调控转型［J］．改革，

2018（8）：93 - 103.

［74］黄达．黄达经济文选［M］．北京：中国时代经济出版社，2010.

［75］黄国平，付姝娇，方龙．国债收益率曲线发展及其体制性影响因素分析［J］．经济问题探索，2018（9）：13 - 20.

［76］黄正新，舒芳．中国货币政策利率传导机制及其效应的实证［J］．统计与决策，2012（22）：146 - 149.

［77］纪洋，徐建炜，张斌．利率市场化的影响、风险与时机——基于利率双轨制模型的讨论［J］．经济研究，2015（1）：38 - 51.

［78］姜再勇，钟正生．我国货币政策利率传导渠道的体制转换特征——利率市场化改革进程中的考察［J］．数量经济技术经济研究，2010（4）：62 - 77.

［79］金玲玲，朱元倩，巴曙松．利率市场化对商业银行影响的国际经验及启示［J］．农村金融研究，2012（1）：53 - 57.

［80］金中夏，洪浩，李宏瑾．利率市场化对货币政策有效性和经济结构调整的影响［J］．经济研究，2013（4）：69 - 82.

［81］李斌．央行的利率调控机制与利率市场化［J］．经济社会体制比较，2014（1）：31 - 41.

［82］李波．构建货币政策和宏观审慎政策双支柱调控框架［M］．北京：中国金融出版社，2018.

［83］李宏瑾，项卫星．中央银行基准利率、公开市场操作与间接货币调控——对央票操作及其基准利率作用的实证分析［J］．财贸经济，2010（4）：13 - 19 +46 +136.

［84］李宏瑾．流动性效应、预期效应与中央银行利率操作［J］．经济学动态，2013（2）：114 - 121.

［85］李维林，朱文君．我国市场基准利率的选择与培育——基于价格型货币政策传导渠道的分析［J］．宏观经济研究，2017（8）：59 - 68.

［86］李艳丽．价格型货币政策中介目标向国债收益率曲线传导有效性研究［J］．国际金融研究，2018（11）：25 - 34.

［87］梁福涛．货币市场利率结构、基准利率与利率衍生品创新［M］．上海：上海财经大学出版社，2007.

［88］刘国昆，谢仁想，钟承斌，等．主要经济体国债收益率曲线的建设经验与政策启示——基于"政策面""基本面"和"技术面"的分析视角［J］．金融与经济，2018（7）：24 - 30.

[89] 刘明志．货币供应量和利率作为货币政策中介目标的适用性［J］．金融研究，2006（1）：51－63．

[90] 刘秋根．明清高利贷资本［M］．北京：社会科学文献出版社，2000．

[91] 刘瑞．日本负利率政策：理论及实践［J］．日本学刊，2016（6）：38－63．

[92] 刘喜和，李良健，高明宽．不确定条件下我国货币政策工具规则稳健性比较研究［J］．国际金融研究，2014（7）：7－17．

[93] 卢霖，刘卓识．预期和风险溢价的启示——中国国债收益率曲线分解研究［J］．金融评论，2017（4）：94－107＋126．

[94] 吕进中，方晓炜．国债收益率曲线编制的国际实践研究［J］．上海金融，2015（12）：31－36．

[95] 马俊，施康，王红林，等．利率传导机制的动态研究［J］．金融研究，2016（1）：31－49．

[96] 马骏，纪敏．新货币政策框架下的利率传导机制［M］．北京：中国金融出版社，2016．

[97] 马骏，王红林．政策利率传导机制的理论模型［J］．金融研究，2014（12）：1－22．

[98] 马理，李书灏，文程浩．负利率真的有效吗？——基于欧洲央行与欧元区国家的实证检验［J］．国际金融研究，2018（3）：35－45．

[99] 明明，周成华．当前我国利率传导机制问题［J］．中国金融，2018（21）：29－31．

[100] 牛慕鸿，张黎娜，张翔．利率走廊、利率稳定性和调控成本［J］．金融研究，2017（7）：16－28．

[101] 潘耀明，胡莹，仲伟周．基于利率途径的货币政策传导效果实证研究［J］．上海金融，2008（3）：47－51．

[102] 彭兴韵，施华强．货币市场对货币政策操作的反应——中国的实证研究［J］．金融研究，2007（9）：20－30．

[103] 秦宛顺，靳云汇，卜永祥．从货币政策规则看货币政策中介目标选择［J］．数量经济技术经济研究，2002（6）：14－16．

[104] 任泽平，甘源．新周期——中国宏观经济理论与实践［M］．北京：中国出版集团，2018．

[105] 申琳．"利率走廊"能降低短期市场利率波动吗［J］．财贸经济，

2015（9）：61－73．

[106] 盛朝晖. 中国货币政策传导渠道效应分析 1994～2004 [J]. 金融研究，2006（7）：22－29．

[107] 盛松成，吴培新. 中国货币政策的二元传导机制——"两中介目标，两调控对象"模式研究 [J]. 经济研究，2008（10）：37－51．

[108] 盛天翔，范从来. 信贷调控：数量型工具还是价格性工具 [J]. 国际金融研究，2012（5）：26－33．

[109] 首陈霄，孙文军. 后金融危机时代货币政策传导的实证研究——基于利率和信贷传导渠道的 VAR 模型分析 [J]. 昆明学院学报，2012（1）：67－73．

[110] 孙国峰，蔡春春. 货币市场利率、流动性供求与中央银行流动性管理——对货币市场利率波动性的新分析框架 [J]. 经济研究，2014（12）：33－44＋59．

[111] 孙国峰，何晓贝. 存款利率零下限与负利率传导机制 [J]. 经济研究，2017（12）：105－118．

[112] 孙国峰. 后危机时代的全球货币政策新框架 [J]. 国际金融研究，2017（12）：47－52．

[113] 孙国峰. 货币创造的逻辑形成和历史演进——对传统货币理论的批判 [J]. 经济研究，2019（4）：182－198．

[114] 王超，陈乐一. "利率走廊"模式的国际经验及启示 [J]. 经济纵横，2015（9）：107－111．

[115] 王超群. 国债收益率曲线的作用 [J]. 债券，2015（2）：84－86．

[116] 王国松. 中国的利率管制与利率市场化 [J]. 经济研究，2001（6）：13－20＋95．

[117] 王宇，李宏瑾. 利率市场化条件下的中央银行基准利率——兼论价格型货币调控机制 [J]. 金融评论，2015（2）：43－56＋124．

[118] 王宇哲. 负利率时代：政策创新与宏观风险 [J]. 国际经济评论，2016（4）：115－127．

[119] 吴承禧. 中国的银行 [M]. 上海：商务印书馆，1934．

[120] 吴石磊. 现代农业创业投资的梭形投融资机制构建及支持政策研究 [M]. 北京：经济科学出版社，2018．

[121] 夏斌，廖强. 货币供应量已不宜作为当前我国货币政策的中介目标

［J］．经济研究，2001（8）：33－43.

［122］肖卫国，兰晓梅．公开市场操作、货币市场利率与利率走廊［J］．武汉大学学报（哲学社会科学版），2019（4）：163－172.

［123］谢静敏．利率走廊运行的国际经验及其对我国的启示［J］．武汉金融，2016（12）：44－47.

［124］谢平，罗雄．泰勒规则及其在中国货币政策中的检验［J］．经济研究，2002（3）：3－12＋92.

［125］休谟．休谟经济论文选［M］．陈玮，译．北京：商务印书馆，1984.

［126］徐诺金．对完善我国利率传导机制的思考［J］．中国金融，2018（20）：40－42.

［127］徐厦楠．论我国货币政策传导中的利率机制［J］．金融理论与实践，2004（8）：9－11.

［128］徐忠，纪敏，牛慕鸿．中国货币政策转型：转轨路径与危机反思［M］．北京：经济管理出版社，2018.

［129］徐忠．经济高质量发展阶段的中国货币调控方式转型［J］．金融研究，2018（4）：1－19.

［130］徐忠．中国稳健货币政策的实践经验与货币政策理论的国际前沿［J］．金融研究，2017（1）：1－21.

［131］杨绍基．我国银行间债券回购利率影响因素的实证研究［J］．南方金融，2005（8）：22＋30－32.

［132］易纲．货币政策回顾与展望［J］．中国金融，2018（3）：9－11.

［133］易纲．进一步确立 Shibor 的基准性地位［J］．中国货币市场，2008（1）：7－12.

［134］易纲．在全面深化改革开放中开创金融事业新局面——纪念改革开放40周年暨中国人民银行成立70周年［J］．中国金融，2018（23）：15－21.

［135］易纲．中国的货币化进程［M］．北京：商务印书馆，2003.

［136］约翰·梅纳德·凯恩斯．就业、利息和货币通论［M］．高鸿业，译．北京：商务印书馆，1999.

［137］岳意定，谢文．利率市场化进程中货币政策传导实际利率渠道的实证检验［J］．湖南大学学报，2009（9）：52－56.

［138］曾康霖．曾康霖文集：回顾与反思［M］．成都：西南财经大学出版社，2013.

［139］曾宪久．货币政策传导机制论［M］．北京：中国金融出版社，2004.

［140］张红霞．对外贸易差异影响我国区域经济协调发展研究［M］．北京：人民出版社，2019.

［141］张奎．中国货币政策利率传导渠道实证研究［J］．时代金融，2016（24）：68－69.

［142］张晓慧．中国货币政策［M］．北京：中国金融出版社，2012.

［143］张晓慧．走向间接调控的中国货币政策［J］．中国金融，2008（23）：44－47.

［144］张颖．美国货币政策传导机制的历史发展与理论演进［J］．经济纵横，2001（9）：32－34.

［145］郑联盛．中央银行职能演进与拓展的脉络［J］．经济学动态，2019（3）：105－119.

［146］郑晓亚，赵自然，陈华．利率走廊、政策利率传导与商业银行贷款市场化定价——结合中美实践的比较研究［J］．财政研究，2016（7）：92－100.

［147］中共中央马克思恩格斯列宁斯大林著作编译局．资本论（第三卷）［M］．北京：人民出版社，2004.

［148］中共中央马克思恩格斯列宁斯大林著作编译局．马克思恩格斯选集（第2卷）［M］．北京：人民出版社，2012.

［149］中国人民银行南通市中心支行课题组，李丹瑾．我国货币政策利率传导机制的有效性研究［J］．金融纵横，2014（5）：18－28.

［150］周小川．国际金融危机：观察、分析与应对［M］．北京：中国金融出版社，2012.

［151］周小川．建立符合国情的金融宏观调控体系［J］．中国金融，2011（13）：9－13.

［152］周小川．新世纪以来中国货币政策的主要特点［J］．中国金融，2013（2）：9－14.

［153］周舟，梁慧筠．美国国债收益率曲线形态变化实证分析［J］．债券，2017（9）：83－86.

［154］周舟，王超群．3个月期国债收益率曲线对货币政策的传导作用初探［J］．债券，2017（4）：29－32.

［155］张志新．基于城乡统筹发展的农村劳动力转移与政府配套政策研究［M］．北京：人民出版社，2019.

附 录

附录1 我国 SHIBOR 隔夜利率与7天银行间回购利率数据

时 间	7天银行间回购利率（R007）	SHIBOR 隔夜利率（SH0N）	时 间	7天银行间回购利率（R007）	SHIBOR 隔夜利率（SH0N）
2015 – 01 – 04	5.1802	3.6400	2015 – 01 – 28	3.9839	2.6900
2015 – 01 – 05	4.7634	3.4210	2015 – 01 – 29	4.1634	2.7650
2015 – 01 – 06	4.0002	3.0320	2015 – 01 – 30	4.8607	2.8130
2015 – 01 – 07	3.8552	2.8810	2015 – 02 – 02	4.5145	2.8890
2015 – 01 – 08	3.7360	2.8300	2015 – 02 – 03	4.5804	2.9544
2015 – 01 – 09	4.1248	2.8050	2015 – 02 – 04	4.5950	2.9730
2015 – 01 – 12	4.2373	2.7530	2015 – 02 – 05	4.7743	2.8660
2015 – 01 – 13	3.8546	2.6670	2015 – 02 – 06	4.4097	2.8560
2015 – 01 – 14	4.1929	2.6360	2015 – 02 – 09	4.4027	2.8120
2015 – 01 – 15	4.1581	2.6310	2015 – 02 – 10	4.8439	2.8520
2015 – 01 – 16	4.2144	2.6330	2015 – 02 – 11	4.7547	2.9320
2015 – 01 – 19	3.7610	2.6600	2015 – 02 – 12	4.9831	3.0580
2015 – 01 – 20	3.8668	2.7070	2015 – 02 – 13	4.9039	3.0910
2015 – 01 – 21	4.1325	2.7880	2015 – 02 – 15	5.3708	3.1750
2015 – 01 – 22	4.4822	2.7710	2015 – 02 – 16	5.0446	3.1820
2015 – 01 – 23	4.3694	2.7280	2015 – 02 – 17	4.8260	3.4000
2015 – 01 – 26	4.2979	2.6880	2015 – 02 – 25	5.0560	3.3280
2015 – 01 – 27	3.9090	2.6740	2015 – 02 – 26	4.7353	3.2980

时　间	7天银行间回购利率（R007）	SHIBOR隔夜利率（SH0N）	时　间	7天银行间回购利率（R007）	SHIBOR隔夜利率（SH0N）
2015－02－27	4.9562	3.3180	2015－04－14	3.4559	2.3720
2015－02－28	4.8376	3.4410	2015－04－15	2.9945	2.3070
2015－03－02	5.2018	3.4530	2015－04－16	2.9847	2.2980
2015－03－03	5.3643	3.4500	2015－04－17	3.4361	2.2680
2015－03－04	5.1023	3.4460	2015－04－20	3.1443	2.0870
2015－03－05	4.7913	3.4330	2015－04－21	2.6379	2.0020
2015－03－06	4.8446	3.4160	2015－04－22	2.5626	1.9490
2015－03－09	5.1381	3.3810	2015－04－23	2.5408	1.9080
2015－03－10	5.1723	3.3500	2015－04－24	2.8338	1.8510
2015－03－11	5.0940	3.3470	2015－04－27	2.7179	1.8060
2015－03－12	4.7678	3.4644	2015－04－28	2.9112	1.7590
2015－03－13	5.1313	3.4360	2015－04－29	2.8897	1.7390
2015－03－16	4.6615	3.4030	2015－04－30	2.7968	1.6900
2015－03－17	4.6411	3.3760	2015－05－04	2.4446	1.6190
2015－03－18	4.5952	3.3690	2015－05－05	2.4681	1.5640
2015－03－19	4.4113	3.3320	2015－05－06	2.7838	1.5230
2015－03－20	4.5627	3.2940	2015－05－07	2.7864	1.4890
2015－03－23	4.4071	3.2170	2015－05－08	2.7549	1.4430
2015－03－24	4.3046	3.2180	2015－05－11	2.2567	1.3450
2015－03－25	3.9284	3.2100	2015－05－12	2.6012	1.2900
2015－03－26	4.5268	3.2160	2015－05－13	2.0955	1.2470
2015－03－27	4.0831	3.2060	2015－05－14	2.4112	1.1820
2015－03－30	4.0710	3.2030	2015－05－15	1.9393	1.0780
2015－03－31	3.9764	3.1830	2015－05－18	1.9640	1.0520
2015－04－01	4.1931	3.0870	2015－05－19	1.9726	1.0330
2015－04－02	4.0421	2.9950	2015－05－20	1.9988	1.0320
2015－04－03	3.4311	2.8870	2015－05－21	2.0170	1.0330
2015－04－07	3.6488	2.7660	2015－05－22	2.3090	1.0370
2015－04－08	3.5401	2.6830	2015－05－25	1.9928	1.0390
2015－04－09	3.5895	2.5990	2015－05－26	1.9800	1.0400
2015－04－10	3.0302	2.4890	2015－05－27	1.9531	1.0400
2015－04－13	3.3608	2.4050	2015－05－28	2.3917	1.0430

时　间	7 天银行间回购利率（R007）	SHIBOR 隔夜利率（SH0N）	时　间	7 天银行间回购利率（R007）	SHIBOR 隔夜利率（SH0N）
2015 - 05 - 29	1.9866	1.0390	2015 - 07 - 14	2.9988	1.2380
2015 - 06 - 01	2.3865	1.0270	2015 - 07 - 15	2.4614	1.2450
2015 - 06 - 02	2.1961	1.0340	2015 - 07 - 16	2.8443	1.2630
2015 - 06 - 03	2.6591	1.0390	2015 - 07 - 17	2.8616	1.2820
2015 - 06 - 04	2.2348	1.0470	2015 - 07 - 20	2.4382	1.2900
2015 - 06 - 05	2.4742	1.0510	2015 - 07 - 21	2.8720	1.3040
2015 - 06 - 08	2.0594	1.0610	2015 - 07 - 22	2.8867	1.3230
2015 - 06 - 09	2.0448	1.0710	2015 - 07 - 23	2.5736	1.3320
2015 - 06 - 10	2.0490	1.0830	2015 - 07 - 24	2.5291	1.3370
2015 - 06 - 11	2.5468	1.0900	2015 - 07 - 27	2.9407	1.3740
2015 - 06 - 12	2.1098	1.1040	2015 - 07 - 28	2.7974	1.3880
2015 - 06 - 15	2.5057	1.1210	2015 - 07 - 29	2.4592	1.4270
2015 - 06 - 16	2.3387	1.1310	2015 - 07 - 30	2.4745	1.4480
2015 - 06 - 17	2.9810	1.1510	2015 - 07 - 31	2.8599	1.4700
2015 - 06 - 18	2.6491	1.2020	2015 - 08 - 03	2.8037	1.4880
2015 - 06 - 19	3.3599	1.2670	2015 - 08 - 04	2.4251	1.4970
2015 - 06 - 23	3.3574	1.2950	2015 - 08 - 05	2.4043	1.5080
2015 - 06 - 24	3.0762	1.3380	2015 - 08 - 06	2.2951	1.5170
2015 - 06 - 25	3.7501	1.3570	2015 - 08 - 07	2.7828	1.5290
2015 - 06 - 26	3.9048	1.3570	2015 - 08 - 10	2.3977	1.5570
2015 - 06 - 29	2.8460	1.3400	2015 - 08 - 11	2.3941	1.5860
2015 - 06 - 30	2.8062	1.2570	2015 - 08 - 12	2.7368	1.6140
2015 - 07 - 01	3.1476	1.1630	2015 - 08 - 13	2.4815	1.6410
2015 - 07 - 02	2.8984	1.1608	2015 - 08 - 14	2.8533	1.6670
2015 - 07 - 03	3.3823	1.1590	2015 - 08 - 17	2.5050	1.7010
2015 - 07 - 06	2.6091	1.1670	2015 - 08 - 18	2.8509	1.7450
2015 - 07 - 07	2.9581	1.1760	2015 - 08 - 19	2.5653	1.7880
2015 - 07 - 08	2.5748	1.1870	2015 - 08 - 20	2.9709	1.8300
2015 - 07 - 09	2.5662	1.1980	2015 - 08 - 21	2.8844	1.8470
2015 - 07 - 10	2.9205	1.2100	2015 - 08 - 24	2.5542	1.8660
2015 - 07 - 13	2.5535	1.2240	2015 - 08 - 25	2.6010	1.8790

时　间	7 天银行间回购利率（R007）	SHIBOR 隔夜利率（SH0N）	时　间	7 天银行间回购利率（R007）	SHIBOR 隔夜利率（SH0N）
2015 – 08 – 26	2.8010	1.7860	2015 – 10 – 14	2.7993	1.9000
2015 – 08 – 27	2.7706	1.7590	2015 – 10 – 15	2.4594	1.9010
2015 – 08 – 28	2.4045	1.7740	2015 – 10 – 16	2.4284	1.8990
2015 – 08 – 31	2.4978	1.8010	2015 – 10 – 19	2.4408	1.9020
2015 – 09 – 01	2.7823	1.8210	2015 – 10 – 20	2.4324	1.9030
2015 – 09 – 02	2.4616	2.0310	2015 – 10 – 21	2.7725	1.9050
2015 – 09 – 06	2.3771	1.9010	2015 – 10 – 22	2.7741	1.9040
2015 – 09 – 07	2.4327	1.9040	2015 – 10 – 23	2.7577	1.9090
2015 – 09 – 08	2.4393	1.8970	2015 – 10 – 26	2.4369	1.8400
2015 – 09 – 09	2.4004	1.8960	2015 – 10 – 27	2.7024	1.8000
2015 – 09 – 10	2.4478	1.8990	2015 – 10 – 28	2.6907	1.7960
2015 – 09 – 11	2.3758	1.9001	2015 – 10 – 29	2.6906	1.7980
2015 – 09 – 14	2.7650	1.8990	2015 – 10 – 30	2.3821	1.7980
2015 – 09 – 15	2.7848	1.8990	2015 – 11 – 02	2.6645	1.7930
2015 – 09 – 16	2.8059	1.9000	2015 – 11 – 03	2.4434	1.7920
2015 – 09 – 17	2.3911	1.8990	2015 – 11 – 04	2.3889	1.7900
2015 – 09 – 18	2.4228	1.9000	2015 – 11 – 05	2.3462	1.7870
2015 – 09 – 21	2.7374	1.9010	2015 – 11 – 06	2.6282	1.7870
2015 – 09 – 22	2.7707	1.9080	2015 – 11 – 09	2.6409	1.7860
2015 – 09 – 23	2.7233	1.9080	2015 – 11 – 10	2.6636	1.7830
2015 – 09 – 24	2.6701	1.9090	2015 – 11 – 11	2.6704	1.7820
2015 – 09 – 25	2.6914	1.9070	2015 – 11 – 12	2.3504	1.7840
2015 – 09 – 28	2.7420	1.9100	2015 – 11 – 13	2.3417	1.7860
2015 – 09 – 29	2.7418	1.9070	2015 – 11 – 16	2.6424	1.7840
2015 – 09 – 30	2.7629	1.9890	2015 – 11 – 17	2.3663	1.7820
2015 – 10 – 08	2.7649	1.9090	2015 – 11 – 18	2.6481	1.7810
2015 – 10 – 09	2.7501	1.9060	2015 – 11 – 19	2.3513	1.7850
2015 – 10 – 10	2.4276	1.9040	2015 – 11 – 20	2.5661	1.7840
2015 – 10 – 12	2.7738	1.9020	2015 – 11 – 23	2.3325	1.7850
2015 – 10 – 13	2.4562	1.9000	2015 – 11 – 24	2.6418	1.7850

时　间	7天银行间回购利率（R007）	SHIBOR隔夜利率（SH0N）	时　间	7天银行间回购利率（R007）	SHIBOR隔夜利率（SH0N）
2015 - 11 - 25	2.3641	1.7850	2016 - 01 - 07	2.7089	1.9660
2015 - 11 - 26	2.4235	1.7850	2016 - 01 - 08	2.3744	1.9580
2015 - 11 - 27	2.6145	1.7860	2016 - 01 - 11	2.4120	1.9510
2015 - 11 - 30	2.4129	1.7880	2016 - 01 - 12	2.3933	1.9510
2015 - 12 - 01	2.4374	1.7880	2016 - 01 - 13	2.7007	1.9500
2015 - 12 - 02	2.6452	1.7860	2016 - 01 - 14	2.4318	1.9500
2015 - 12 - 03	2.6093	1.7870	2016 - 01 - 15	2.6727	1.9560
2015 - 12 - 04	2.3906	1.7870	2016 - 01 - 18	2.4526	1.9540
2015 - 12 - 07	2.6619	1.7840	2016 - 01 - 19	2.8838	1.9590
2015 - 12 - 08	2.3945	1.7860	2016 - 01 - 20	3.1029	1.9830
2015 - 12 - 09	2.6453	1.7890	2016 - 01 - 21	2.7199	2.0140
2015 - 12 - 10	2.6208	1.7890	2016 - 01 - 22	2.6168	2.0280
2015 - 12 - 11	2.5568	1.7880	2016 - 01 - 25	2.7368	2.0090
2015 - 12 - 14	2.6969	1.7880	2016 - 01 - 26	2.5471	1.9970
2015 - 12 - 15	2.4351	1.7880	2016 - 01 - 27	2.6928	1.9950
2015 - 12 - 16	2.5784	1.7900	2016 - 01 - 28	2.5238	1.9920
2015 - 12 - 17	2.6492	1.7930	2016 - 01 - 29	2.7852	1.9890
2015 - 12 - 18	2.4541	1.8160	2016 - 02 - 01	2.4399	1.9870
2015 - 12 - 21	2.4606	1.8430	2016 - 02 - 02	2.4794	1.9840
2015 - 12 - 22	2.4627	1.8750	2016 - 02 - 03	2.8010	1.9830
2015 - 12 - 23	2.4142	1.9030	2016 - 02 - 04	2.3798	1.9830
2015 - 12 - 24	2.6644	1.9240	2016 - 02 - 05	2.3505	1.9840
2015 - 12 - 25	2.4918	1.9340	2016 - 02 - 06	2.2712	2.2810
2015 - 12 - 28	2.5858	1.9390	2016 - 02 - 14	2.5581	1.9780
2015 - 12 - 29	2.9097	1.9350	2016 - 02 - 15	2.3902	1.9770
2015 - 12 - 30	3.0243	1.9350	2016 - 02 - 16	2.4434	1.9740
2015 - 12 - 31	2.9753	1.9910	2016 - 02 - 17	2.6914	1.9680
2016 - 01 - 04	2.7748	1.9950	2016 - 02 - 18	2.3686	1.9510
2016 - 01 - 05	2.7848	1.9980	2016 - 02 - 19	2.6783	1.9380
2016 - 01 - 06	2.8175	1.9800	2016 - 02 - 22	2.3395	1.9340

时　间	7天银行间回购利率（R007）	SHIBOR隔夜利率（SHON）	时　间	7天银行间回购利率（R007）	SHIBOR隔夜利率（SHON）
2016－02－23	2.6812	1.9330	2016－04－06	2.3907	1.9830
2016－02－24	2.4869	1.9560	2016－04－07	2.6518	1.9783
2016－02－25	2.4716	2.0040	2016－04－08	2.3676	1.9800
2016－02－26	2.8285	2.0480	2016－04－11	2.3676	1.9850
2016－02－29	2.5830	2.0070	2016－04－12	2.4265	1.9930
2016－03－01	2.4247	1.9680	2016－04－13	2.4942	1.9960
2016－03－02	2.6968	1.9620	2016－04－14	2.5117	1.9990
2016－03－03	2.3450	1.9570	2016－04－15	2.4655	1.9950
2016－03－04	2.3347	1.9500	2016－04－18	2.4127	1.9980
2016－03－07	2.3611	1.9510	2016－04－19	2.4172	2.0040
2016－03－08	2.3722	1.9500	2016－04－20	2.5162	2.0180
2016－03－09	2.6354	1.9500	2016－04－21	2.5475	2.0290
2016－03－10	2.3584	1.9470	2016－04－22	2.6723	2.0380
2016－03－11	2.6283	1.9450	2016－04－25	2.6424	2.0450
2016－03－14	2.3713	1.9490	2016－04－26	2.8346	2.0360
2016－03－15	2.3731	1.9530	2016－04－27	2.6702	2.0240
2016－03－16	2.6886	1.9560	2016－04－28	2.6298	2.0210
2016－03－17	2.6652	1.9700	2016－04－29	2.5158	2.0490
2016－03－18	2.5181	1.9900	2016－05－03	2.4348	2.0033
2016－03－21	2.5932	1.9980	2016－05－04	2.4420	2.0000
2016－03－22	2.8706	2.0070	2016－05－05	2.4277	2.0010
2016－03－23	2.5701	2.0000	2016－05－06	2.8098	2.0000
2016－03－24	2.4493	1.9950	2016－05－09	2.8347	1.9990
2016－03－25	2.7642	1.9890	2016－05－10	2.7663	1.9990
2016－03－28	2.7617	1.9920	2016－05－11	2.4713	1.9990
2016－03－29	2.8852	1.9960	2016－05－12	2.7772	2.0000
2016－03－30	2.7877	2.0040	2016－05－13	2.4462	2.0020
2016－03－31	2.8519	2.0170	2016－05－16	2.4422	2.0050
2016－04－01	2.4369	2.0140	2016－05－17	2.7558	2.0110
2016－04－05	2.6559	1.9930	2016－05－18	2.4516	2.0110

时 间	7天银行间回购利率（R007）	SHIBOR 隔夜利率（SHON）	时 间	7天银行间回购利率（R007）	SHIBOR 隔夜利率（SHON）
2016－05－19	2.7589	2.0100	2016－07－01	2.3759	2.0270
2016－05－20	2.7419	2.0080	2016－07－04	2.7012	2.0140
2016－05－23	2.3640	2.0040	2016－07－05	2.6825	2.0070
2016－05－24	2.3352	2.0020	2016－07－06	2.4008	1.9990
2016－05－25	2.8292	2.0010	2016－07－07	2.4239	1.9970
2016－05－26	2.5070	2.0010	2016－07－08	2.7057	1.9960
2016－05－27	2.5033	2.0010	2016－07－11	2.4385	1.9960
2016－05－30	2.8296	2.0020	2016－07－12	2.6868	1.9940
2016－05－31	2.7931	2.0100	2016－07－13	2.7005	1.9930
2016－06－01	2.4676	2.0060	2016－07－14	2.4142	1.9930
2016－06－02	2.3716	2.0040	2016－07－15	2.4185	1.9960
2016－06－03	2.3731	1.9990	2016－07－18	2.4160	1.9960
2016－06－06	2.3868	1.9980	2016－07－19	2.7174	2.0030
2016－06－07	2.7347	2.0000	2016－07－20	2.7209	2.0050
2016－06－08	2.6948	2.0000	2016－07－21	2.4558	2.0080
2016－06－12	2.7080	2.0000	2016－07－22	2.7658	2.0230
2016－06－13	2.3905	2.0000	2016－07－25	2.6848	2.0320
2016－06－14	2.3521	2.0000	2016－07－26	2.7604	2.0370
2016－06－15	2.3831	2.0000	2016－07－27	2.6618	2.0380
2016－06－16	2.3771	2.0020	2016－07－28	2.5548	2.0280
2016－06－17	2.3492	2.0050	2016－07－29	2.4869	2.0170
2016－06－20	2.6657	2.0100	2016－08－01	2.7015	2.0120
2016－06－21	2.3593	2.0190	2016－08－02	2.6613	2.0080
2016－06－22	2.6914	2.0270	2016－08－03	2.6810	2.0040
2016－06－23	2.4535	2.0320	2016－08－04	2.6675	2.0020
2016－06－24	2.5457	2.0350	2016－08－05	2.6795	2.0020
2016－06－27	3.1124	2.0380	2016－08－08	2.7150	2.0050
2016－06－28	2.7590	2.0400	2016－08－09	2.7242	2.0100
2016－06－29	2.7843	2.0380	2016－08－10	2.5327	2.0170
2016－06－30	2.7180	2.0370	2016－08－11	2.5813	2.0210

时　间	7天银行间回购利率（R007）	SHIBOR 隔夜利率（SH0N）	时　间	7天银行间回购利率（R007）	SHIBOR 隔夜利率（SH0N）
2016 – 08 – 12	2.4640	2.0210	2016 – 09 – 26	2.6532	2.1640
2016 – 08 – 15	2.6982	2.0233	2016 – 09 – 27	2.5695	2.1660
2016 – 08 – 16	2.4329	2.0220	2016 – 09 – 28	2.6387	2.1780
2016 – 08 – 17	2.4607	2.0220	2016 – 09 – 29	2.7583	2.1880
2016 – 08 – 18	2.5000	2.0230	2016 – 09 – 30	2.5597	2.3270
2016 – 08 – 19	2.4704	2.0230	2016 – 10 – 08	2.5778	2.1930
2016 – 08 – 22	2.4675	2.0233	2016 – 10 – 09	2.3109	2.1750
2016 – 08 – 23	2.8758	2.0330	2016 – 10 – 10	2.4333	2.1620
2016 – 08 – 24	2.9233	2.0430	2016 – 10 – 11	2.3831	2.1530
2016 – 08 – 25	2.7259	2.0440	2016 – 10 – 12	2.4125	2.1500
2016 – 08 – 26	2.8174	2.0440	2016 – 10 – 13	2.4378	2.1510
2016 – 08 – 29	2.7714	2.0490	2016 – 10 – 14	2.3976	2.1530
2016 – 08 – 30	2.7185	2.0630	2016 – 10 – 17	2.7184	2.1590
2016 – 08 – 31	2.6481	2.0650	2016 – 10 – 18	2.9236	2.1730
2016 – 09 – 01	2.6585	2.0660	2016 – 10 – 19	2.8745	2.1960
2016 – 09 – 02	2.3978	2.0660	2016 – 10 – 20	2.8396	2.2080
2016 – 09 – 05	2.4027	2.0700	2016 – 10 – 21	2.9090	2.2220
2016 – 09 – 06	2.3741	2.0770	2016 – 10 – 24	2.9774	2.2310
2016 – 09 – 07	2.6534	2.0803	2016 – 10 – 25	3.0176	2.2380
2016 – 09 – 08	2.3358	2.0810	2016 – 10 – 26	3.1314	2.2480
2016 – 09 – 09	2.3177	2.0850	2016 – 10 – 27	3.4212	2.2540
2016 – 09 – 12	2.7224	2.0950	2016 – 10 – 28	3.2473	2.2540
2016 – 09 – 13	2.5376	2.1080	2016 – 10 – 31	2.9249	2.2530
2016 – 09 – 14	2.6182	2.1280	2016 – 11 – 01	2.7343	2.2520
2016 – 09 – 18	2.4336	2.1400	2016 – 11 – 02	2.5121	2.2492
2016 – 09 – 19	2.8780	2.1540	2016 – 11 – 03	2.4507	2.2450
2016 – 09 – 20	2.9160	2.1590	2016 – 11 – 04	2.6941	2.2320
2016 – 09 – 21	2.9008	2.1670	2016 – 11 – 07	2.6860	2.2060
2016 – 09 – 22	2.6878	2.1680	2016 – 11 – 08	2.6752	2.1870
2016 – 09 – 23	2.4207	2.1668	2016 – 11 – 09	2.6289	2.1820

时　间	7 天银行间回购利率（R007）	SHIBOR 隔夜利率（SH0N）	时　间	7 天银行间回购利率（R007）	SHIBOR 隔夜利率（SH0N）
2016 - 11 - 10	2.7213	2.1960	2016 - 12 - 22	2.7883	2.3410
2016 - 11 - 11	2.8493	2.2110	2016 - 12 - 23	2.5786	2.3230
2016 - 11 - 14	2.6296	2.2310	2016 - 12 - 26	2.7796	2.2940
2016 - 11 - 15	2.7278	2.2470	2016 - 12 - 27	3.1109	2.2640
2016 - 11 - 16	3.0516	2.2570	2016 - 12 - 28	3.4658	2.2460
2016 - 11 - 17	2.9829	2.2590	2016 - 12 - 29	3.5593	2.2270
2016 - 11 - 18	2.7060	2.2650	2016 - 12 - 30	3.0140	2.2300
2016 - 11 - 21	2.7126	2.2710	2017 - 01 - 03	2.8782	2.2090
2016 - 11 - 22	2.6946	2.2730	2017 - 01 - 04	2.6945	2.1720
2016 - 11 - 23	2.6714	2.2770	2017 - 01 - 05	2.4952	2.1300
2016 - 11 - 24	3.0930	2.2820	2017 - 01 - 06	2.4205	2.1120
2016 - 11 - 25	2.8902	2.2890	2017 - 01 - 09	2.3715	2.0940
2016 - 11 - 28	2.9269	2.2980	2017 - 01 - 10	2.5638	2.0960
2016 - 11 - 29	2.7520	2.3020	2017 - 01 - 11	2.5959	2.1040
2016 - 11 - 30	3.6279	2.3160	2017 - 01 - 12	2.5786	2.1030
2016 - 12 - 01	3.2577	2.3250	2017 - 01 - 13	2.3853	2.1040
2016 - 12 - 02	3.0881	2.3200	2017 - 01 - 16	2.6800	2.1420
2016 - 12 - 05	2.8897	2.3080	2017 - 01 - 17	2.6838	2.2563
2016 - 12 - 06	2.7984	2.2990	2017 - 01 - 18	3.4915	2.3280
2016 - 12 - 07	2.5843	2.2920	2017 - 01 - 19	3.5660	2.3640
2016 - 12 - 08	2.8436	2.2908	2017 - 01 - 20	3.1506	2.3760
2016 - 12 - 09	2.8604	2.2925	2017 - 01 - 22	2.5814	2.1890
2016 - 12 - 12	2.7823	2.2920	2017 - 01 - 23	2.7137	2.1750
2016 - 12 - 13	2.7991	2.2960	2017 - 01 - 24	2.9033	2.1640
2016 - 12 - 14	2.9220	2.3000	2017 - 01 - 25	2.9928	2.1650
2016 - 12 - 15	3.2094	2.3110	2017 - 01 - 26	2.6523	2.5293
2016 - 12 - 16	3.7872	2.3300	2017 - 02 - 03	2.7516	2.2180
2016 - 12 - 19	3.6845	2.3350	2017 - 02 - 04	2.4501	2.2571
2016 - 12 - 20	3.6443	2.3450	2017 - 02 - 06	2.8202	2.2780
2016 - 12 - 21	3.1758	2.3450	2017 - 02 - 07	2.9883	2.2810

时　间	7天银行间回购利率（R007）	SHIBOR 隔夜利率（SH0N）	时　间	7天银行间回购利率（R007）	SHIBOR 隔夜利率（SH0N）
2017 - 02 - 08	2. 7791	2. 2765	2017 - 03 - 22	4. 5903	2. 6507
2017 - 02 - 09	2. 8985	2. 2720	2017 - 03 - 23	4. 0151	2. 6570
2017 - 02 - 10	2. 8640	2. 2678	2017 - 03 - 24	3. 2279	2. 6040
2017 - 02 - 13	2. 7536	2. 2640	2017 - 03 - 27	3. 6350	2. 4820
2017 - 02 - 14	3. 0002	2. 2610	2017 - 03 - 28	3. 0715	2. 4480
2017 - 02 - 15	3. 1601	2. 2658	2017 - 03 - 29	4. 1094	2. 5210
2017 - 02 - 16	3. 1005	2. 3330	2017 - 03 - 30	4. 1660	2. 5070
2017 - 02 - 17	3. 2935	2. 3600	2017 - 03 - 31	4. 3889	2. 5384
2017 - 02 - 20	3. 4552	2. 4086	2017 - 04 - 01	2. 6938	2. 4970
2017 - 02 - 21	3. 3629	2. 4830	2017 - 04 - 05	2. 9654	2. 4868
2017 - 02 - 22	3. 7760	2. 4845	2017 - 04 - 06	3. 2045	2. 5370
2017 - 02 - 23	3. 5088	2. 5271	2017 - 04 - 07	3. 1461	2. 4957
2017 - 02 - 24	3. 3982	2. 4756	2017 - 04 - 10	3. 0795	2. 4420
2017 - 02 - 27	3. 1850	2. 4338	2017 - 04 - 11	2. 7683	2. 4080
2017 - 02 - 28	3. 7195	2. 4930	2017 - 04 - 12	2. 8044	2. 3885
2017 - 03 - 01	3. 5286	2. 4943	2017 - 04 - 13	2. 8165	2. 4130
2017 - 03 - 02	3. 4963	2. 4611	2017 - 04 - 14	2. 8446	2. 4290
2017 - 03 - 03	2. 7266	2. 3690	2017 - 04 - 17	3. 2854	2. 4440
2017 - 03 - 06	3. 1258	2. 4033	2017 - 04 - 18	3. 4164	2. 4860
2017 - 03 - 07	3. 1686	2. 4041	2017 - 04 - 19	3. 3629	2. 5750
2017 - 03 - 08	2. 9694	2. 4061	2017 - 04 - 20	3. 8113	2. 5987
2017 - 03 - 09	2. 8677	2. 4076	2017 - 04 - 21	3. 5439	2. 6163
2017 - 03 - 10	3. 0007	2. 4019	2017 - 04 - 24	3. 9495	2. 7157
2017 - 03 - 13	3. 0889	2. 3790	2017 - 04 - 25	4. 1049	2. 7514
2017 - 03 - 14	2. 8619	2. 3761	2017 - 04 - 26	3. 8566	2. 7590
2017 - 03 - 15	2. 9308	2. 3869	2017 - 04 - 27	4. 3649	2. 7920
2017 - 03 - 16	3. 5131	2. 4410	2017 - 04 - 28	5. 0374	2. 8190
2017 - 03 - 17	3. 6679	2. 6330	2017 - 05 - 02	3. 6169	2. 8175
2017 - 03 - 20	3. 8797	2. 6325	2017 - 05 - 03	3. 9174	2. 8451
2017 - 03 - 21	4. 8938	2. 6477	2017 - 05 - 04	4. 2117	2. 8506

时　间	7 天银行间回购利率（R007）	SHIBOR 隔夜利率（SH0N）	时　间	7 天银行间回购利率（R007）	SHIBOR 隔夜利率（SH0N）
2017－05－05	3.6173	2.8348	2017－06－19	3.5272	2.8635
2017－05－08	3.5335	2.8180	2017－06－20	3.5464	2.8776
2017－05－09	3.4292	2.8199	2017－06－21	3.5318	2.8890
2017－05－10	3.2316	2.8270	2017－06－22	3.4524	2.8690
2017－05－11	3.2310	2.8130	2017－06－23	3.0767	2.8100
2017－05－12	3.3707	2.7911	2017－06－26	3.6461	2.7170
2017－05－15	3.1362	2.7160	2017－06－27	4.4757	2.6260
2017－05－16	3.3880	2.7460	2017－06－28	3.8522	2.5596
2017－05－17	3.2045	2.7525	2017－06－29	3.7594	2.5390
2017－05－18	3.2467	2.7641	2017－06－30	3.9682	2.6180
2017－05－19	3.4142	2.7150	2017－07－03	3.2604	2.7200
2017－05－22	3.0044	2.6745	2017－07－04	3.1978	2.6897
2017－05－23	2.9759	2.6540	2017－07－05	2.9688	2.5830
2017－05－24	3.3153	2.6230	2017－07－06	3.1412	2.5473
2017－05－25	3.4518	2.6110	2017－07－07	2.8424	2.5330
2017－05－26	3.3988	2.6090	2017－07－10	3.0634	2.5490
2017－05－27	3.0004	2.6010	2017－07－11	3.1874	2.6210
2017－05－31	3.5829	2.6365	2017－07－12	3.2231	2.6460
2017－06－01	3.4081	2.6525	2017－07－13	3.2847	2.6590
2017－06－02	3.5325	2.7953	2017－07－14	2.9371	2.6270
2017－06－05	3.6221	2.8167	2017－07－17	3.2496	2.6329
2017－06－06	3.6367	2.8419	2017－07－18	3.6882	2.7010
2017－06－07	3.3660	2.8090	2017－07－19	4.0068	2.7220
2017－06－08	3.3430	2.8199	2017－07－20	3.6181	2.7534
2017－06－09	3.4428	2.8275	2017－07－21	3.7022	2.7330
2017－06－12	3.3055	2.8302	2017－07－24	3.5305	2.7080
2017－06－13	3.4579	2.8320	2017－07－25	3.7539	2.7147
2017－06－14	3.4219	2.8250	2017－07－26	3.7125	2.7250
2017－06－15	3.3432	2.8317	2017－07－27	3.8032	2.7860
2017－06－16	3.3886	2.8528	2017－07－28	3.9283	2.8152

时　间	7天银行间回购利率（R007）	SHIBOR隔夜利率（SH0N）	时　间	7天银行间回购利率（R007）	SHIBOR隔夜利率（SH0N）
2017 – 07 – 31	3.7452	2.8060	2017 – 09 – 11	3.4232	2.6440
2017 – 08 – 01	3.6866	2.8093	2017 – 09 – 12	3.3272	2.6483
2017 – 08 – 02	3.4873	2.8320	2017 – 09 – 13	3.4550	2.6500
2017 – 08 – 03	3.2133	2.8070	2017 – 09 – 14	3.4231	2.6810
2017 – 08 – 04	3.3033	2.7210	2017 – 09 – 15	3.7379	2.6958
2017 – 08 – 07	3.3004	2.7360	2017 – 09 – 18	3.7681	2.7560
2017 – 08 – 08	3.4175	2.7840	2017 – 09 – 19	4.1840	2.8320
2017 – 08 – 09	3.2492	2.8018	2017 – 09 – 20	4.0509	2.7900
2017 – 08 – 10	3.1861	2.7970	2017 – 09 – 21	3.6714	2.8057
2017 – 08 – 11	3.3518	2.7900	2017 – 09 – 22	3.4754	2.7560
2017 – 08 – 14	3.4343	2.7743	2017 – 09 – 25	3.8150	2.7580
2017 – 08 – 15	3.6480	2.7980	2017 – 09 – 26	3.6244	2.8370
2017 – 08 – 16	4.0333	2.8213	2017 – 09 – 27	3.6627	2.8630
2017 – 08 – 17	4.0206	2.8352	2017 – 09 – 28	3.6387	2.9170
2017 – 08 – 18	3.5274	2.8355	2017 – 09 – 29	3.9972	2.8040
2017 – 08 – 21	3.5718	2.8482	2017 – 09 – 30	3.3571	2.9380
2017 – 08 – 22	3.8081	2.8171	2017 – 10 – 09	3.4973	2.7400
2017 – 08 – 23	3.9256	2.8453	2017 – 10 – 10	3.8366	2.7380
2017 – 08 – 24	3.6297	2.8479	2017 – 10 – 11	3.3103	2.7410
2017 – 08 – 25	3.7567	2.8550	2017 – 10 – 12	3.1303	2.6570
2017 – 08 – 28	3.8455	2.8510	2017 – 10 – 13	3.3349	2.6050
2017 – 08 – 29	3.8625	2.9220	2017 – 10 – 16	3.3640	2.5940
2017 – 08 – 30	4.2114	2.9237	2017 – 10 – 17	3.4189	2.6003
2017 – 08 – 31	4.0733	2.8310	2017 – 10 – 18	3.3456	2.5960
2017 – 09 – 01	3.5723	2.8130	2017 – 10 – 19	3.3796	2.5920
2017 – 09 – 04	3.4996	2.7500	2017 – 10 – 20	3.3277	2.5782
2017 – 09 – 05	3.1412	2.6650	2017 – 10 – 23	3.2579	2.6160
2017 – 09 – 06	3.4332	2.6410	2017 – 10 – 24	3.1493	2.6340
2017 – 09 – 07	3.1349	2.6406	2017 – 10 – 25	3.4983	2.6640
2017 – 09 – 08	3.1332	2.6360	2017 – 10 – 26	3.7400	2.6937

时　间	7 天银行间回购利率（R007）	SHIBOR 隔夜利率（SH0N）	时　间	7 天银行间回购利率（R007）	SHIBOR 隔夜利率（SH0N）
2017－10－27	3.7282	2.7181	2017－12－08	3.3302	2.6080
2017－10－30	3.8268	2.7200	2017－12－11	3.2515	2.6880
2017－10－31	4.2827	2.7360	2017－12－12	3.4927	2.7260
2017－11－01	3.6793	2.7390	2017－12－13	3.7271	2.7880
2017－11－02	3.3420	2.6260	2017－12－14	3.7763	2.8030
2017－11－03	3.2109	2.5772	2017－12－15	3.3518	2.7240
2017－11－06	3.2458	2.5120	2017－12－18	3.7564	2.7230
2017－11－07	3.0141	2.5520	2017－12－19	3.8503	2.7410
2017－11－08	3.0698	2.5950	2017－12－20	3.3650	2.7300
2017－11－09	3.2299	2.6460	2017－12－21	3.6159	2.6650
2017－11－10	3.5527	2.7170	2017－12－22	3.3100	2.6120
2017－11－13	3.4417	2.7870	2017－12－25	3.1489	2.5690
2017－11－14	3.7237	2.8270	2017－12－26	4.5459	2.5890
2017－11－15	3.7149	2.8060	2017－12－27	4.8165	2.6660
2017－11－16	3.4924	2.8000	2017－12－28	6.9366	2.6720
2017－11－17	3.2785	2.7380	2017－12－29	5.4198	2.8400
2017－11－20	3.4849	2.7860	2018－01－02	3.2876	2.6570
2017－11－21	3.8515	2.8080	2018－01－03	2.9998	2.5635
2017－11－22	3.8390	2.8090	2018－01－04	3.0645	2.5050
2017－11－23	4.0562	2.8030	2018－01－05	3.0229	2.4840
2017－11－24	3.7283	2.7970	2018－01－08	2.7989	2.4610
2017－11－27	3.7135	2.8190	2018－01－09	2.9488	2.5290
2017－11－28	4.0401	2.7990	2018－01－10	3.2489	2.6430
2017－11－29	4.0488	2.6830	2018－01－11	3.4292	2.8320
2017－11－30	3.6794	2.7880	2018－01－12	3.3848	2.8300
2017－12－01	3.3306	2.6420	2018－01－15	3.4427	2.7940
2017－12－04	2.9893	2.6000	2018－01－16	3.6341	2.7850
2017－12－05	3.2638	2.5790	2018－01－17	3.7200	2.7650
2017－12－06	3.0565	2.5730	2018－01－18	3.8133	2.7655
2017－12－07	3.3749	2.5850	2018－01－19	3.3619	2.8360

续表

时　间	7天银行间回购利率（R007）	SHIBOR隔夜利率（SH0N）	时　间	7天银行间回购利率（R007）	SHIBOR隔夜利率（SH0N）
2018 - 01 - 22	3.5211	2.7710	2018 - 03 - 08	3.2086	2.5700
2018 - 01 - 23	3.1280	2.6020	2018 - 03 - 09	2.9668	2.5730
2018 - 01 - 24	3.0726	2.5740	2018 - 03 - 12	3.3669	2.5860
2018 - 01 - 25	3.3646	2.5634	2018 - 03 - 13	3.3912	2.6370
2018 - 01 - 26	3.3777	2.5506	2018 - 03 - 14	3.3777	2.6330
2018 - 01 - 29	3.2827	2.5660	2018 - 03 - 15	3.1589	2.6320
2018 - 01 - 30	3.4898	2.5540	2018 - 03 - 16	3.0267	2.5860
2018 - 01 - 31	3.1852	2.5940	2018 - 03 - 19	3.0577	2.5610
2018 - 02 - 01	2.9119	2.5154	2018 - 03 - 20	3.1598	2.5580
2018 - 02 - 02	2.8922	2.5173	2018 - 03 - 21	3.1390	2.5590
2018 - 02 - 05	2.8505	2.5305	2018 - 03 - 22	3.1776	2.5490
2018 - 02 - 06	2.8942	2.5390	2018 - 03 - 23	2.9982	2.5450
2018 - 02 - 07	2.9902	2.5710	2018 - 03 - 26	3.5600	2.5430
2018 - 02 - 08	3.0634	2.5720	2018 - 03 - 27	4.1906	2.5935
2018 - 02 - 09	3.0154	2.5890	2018 - 03 - 28	4.0034	2.5920
2018 - 02 - 11	2.9089	2.6080	2018 - 03 - 29	4.0126	2.5810
2018 - 02 - 12	3.5490	2.5850	2018 - 03 - 30	5.0917	2.6900
2018 - 02 - 13	3.2335	2.5870	2018 - 04 - 02	3.2497	2.6220
2018 - 02 - 14	3.0308	2.7230	2018 - 04 - 03	3.0151	2.5740
2018 - 02 - 22	3.3035	2.6310	2018 - 04 - 04	3.0499	2.4690
2018 - 02 - 23	3.1533	2.5970	2018 - 04 - 08	2.5725	2.4460
2018 - 02 - 24	2.8962	2.5600	2018 - 04 - 09	3.1147	2.5280
2018 - 02 - 26	3.5063	2.5710	2018 - 04 - 10	2.8805	2.5510
2018 - 02 - 27	3.3969	2.5610	2018 - 04 - 11	3.0776	2.5610
2018 - 02 - 28	3.7229	2.7080	2018 - 04 - 12	3.1084	2.5570
2018 - 03 - 01	3.2200	2.6910	2018 - 04 - 13	2.7892	2.5570
2018 - 03 - 02	3.4828	2.7730	2018 - 04 - 16	2.9637	2.5820
2018 - 03 - 05	3.4090	2.6520	2018 - 04 - 17	3.4399	2.6650
2018 - 03 - 06	3.5034	2.6170	2018 - 04 - 18	3.6271	2.6790
2018 - 03 - 07	3.2443	2.5920	2018 - 04 - 19	4.5872	2.7330

时　间	7 天银行间回购利率（R007）	SHIBOR 隔夜利率（SHON）	时　间	7 天银行间回购利率（R007）	SHIBOR 隔夜利率（SHON）
2018 − 04 − 20	4.5972	2.7470	2018 − 06 − 05	2.9487	2.5840
2018 − 04 − 23	5.4541	2.7240	2018 − 06 − 06	2.9916	2.5620
2018 − 04 − 24	6.1569	2.7360	2018 − 06 − 07	3.1739	2.5550
2018 − 04 − 25	4.8784	2.7280	2018 − 06 − 08	2.8772	2.5630
2018 − 04 − 26	4.6607	2.7650	2018 − 06 − 11	2.8880	2.5730
2018 − 04 − 27	5.0675	2.9210	2018 − 06 − 12	3.1952	2.5840
2018 − 04 − 28	3.0496	2.8240	2018 − 06 − 13	3.2081	2.5890
2018 − 05 − 02	3.3984	2.7200	2018 − 06 − 14	3.3445	2.5910
2018 − 05 − 03	3.1240	2.6810	2018 − 06 − 15	3.0330	2.5920
2018 − 05 − 04	3.0926	2.5940	2018 − 06 − 19	3.0737	2.5900
2018 − 05 − 07	3.2611	2.5820	2018 − 06 − 20	3.2002	2.6190
2018 − 05 − 08	2.8189	2.5750	2018 − 06 − 21	3.2497	2.5930
2018 − 05 − 09	3.0985	2.5200	2018 − 06 − 22	2.9192	2.5860
2018 − 05 − 10	3.0949	2.5090	2018 − 06 − 25	3.5891	2.5640
2018 − 05 − 11	2.7952	2.4870	2018 − 06 − 26	3.9507	2.5180
2018 − 05 − 14	3.3143	2.5800	2018 − 06 − 27	4.3364	2.4450
2018 − 05 − 15	3.2108	2.6410	2018 − 06 − 28	3.9675	2.2890
2018 − 05 − 16	3.6560	2.7660	2018 − 06 − 29	3.5445	2.6280
2018 − 05 − 17	2.9978	2.5970	2018 − 07 − 02	3.2682	2.5190
2018 − 05 − 18	2.8141	2.5630	2018 − 07 − 03	2.7756	2.4200
2018 − 05 − 21	2.8412	2.5270	2018 − 07 − 04	2.7119	2.1990
2018 − 05 − 22	2.8156	2.5250	2018 − 07 − 05	2.8717	2.1320
2018 − 05 − 23	2.8917	2.5300	2018 − 07 − 06	2.5278	1.9670
2018 − 05 − 24	3.0963	2.5300	2018 − 07 − 09	2.9030	1.9910
2018 − 05 − 25	3.9490	2.5280	2018 − 07 − 10	2.7320	2.3080
2018 − 05 − 28	3.7029	2.5330	2018 − 07 − 11	2.7507	2.4060
2018 − 05 − 29	4.0040	2.7420	2018 − 07 − 12	2.9032	2.4870
2018 − 05 − 30	4.4723	2.8840	2018 − 07 − 13	3.0753	2.4800
2018 − 05 − 31	3.9655	2.8310	2018 − 07 − 16	3.2399	2.5570
2018 − 06 − 04	3.0686	2.5990	2018 − 07 − 17	2.8743	2.5910

时　间	7天银行间回购利率（R007）	SHIBOR 隔夜利率（SH0N）	时　间	7天银行间回购利率（R007）	SHIBOR 隔夜利率（SH0N）
2018－07－18	2.8198	2.5250	2018－08－29	2.7629	2.3895
2018－07－19	3.0249	2.4160	2018－08－30	2.7177	2.2770
2018－07－20	3.1349	2.3460	2018－08－31	2.6339	2.3090
2018－07－23	3.1467	2.3620	2018－09－03	3.1034	2.2770
2018－07－24	2.9598	2.3530	2018－09－04	2.9756	2.1950
2018－07－25	2.9063	2.3490	2018－09－05	2.4260	2.1640
2018－07－26	3.0495	2.3210	2018－09－06	2.5402	2.4940
2018－07－27	3.1201	2.2840	2018－09－07	2.7415	2.5910
2018－07－30	2.7718	2.1980	2018－09－10	2.7301	2.5730
2018－07－31	2.5573	2.0660	2018－09－11	3.1562	2.5900
2018－08－01	2.9150	2.0280	2018－09－12	3.1685	2.5570
2018－08－02	2.4200	1.9700	2018－09－13	2.6289	2.5300
2018－08－03	2.3967	1.8490	2018－09－14	2.5908	2.4890
2018－08－06	2.8205	1.8190	2018－09－17	2.6206	2.4660
2018－08－07	2.3226	1.6130	2018－09－18	2.8402	2.6540
2018－08－08	2.3404	1.4220	2018－09－19	2.9831	2.5620
2018－08－09	2.6893	1.6220	2018－09－20	2.6871	2.5190
2018－08－10	2.7225	1.8260	2018－09－21	2.6586	2.5140
2018－08－13	2.3564	2.1130	2018－09－25	3.1843	2.5430
2018－08－14	2.5757	2.3280	2018－09－26	3.2245	2.5530
2018－08－15	2.6246	2.3450	2018－09－27	3.1550	2.4600
2018－08－16	2.5429	2.5110	2018－09－28	3.3904	2.4450
2018－08－17	2.9500	2.5800	2018－09－29	3.6689	2.0730
2018－08－20	2.7911	2.6250	2018－09－30	3.2800	2.6530
2018－08－21	2.8040	2.6360	2018－10－08	3.0510	2.5360
2018－08－22	3.1460	2.5380	2018－10－09	2.9929	2.5020
2018－08－23	3.1264	2.4540	2018－10－10	2.6590	2.3980
2018－08－24	2.5739	2.3920	2018－10－11	3.0807	2.3600
2018－08－27	2.9081	2.4400	2018－10－12	2.9789	2.4390
2018－08－28	2.7507	2.4255	2018－10－15	2.6085	2.3770

时 间	7 天银行间回购利率（R007）	SHIBOR 隔夜利率（SHON）	时 间	7 天银行间回购利率（R007）	SHIBOR 隔夜利率（SHON）
2018－10－16	3.0238	2.3730	2018－11－27	2.8389	2.5560
2018－10－17	2.6127	2.3530	2018－11－28	2.8632	2.5390
2018－10－18	2.6036	2.4270	2018－11－29	2.8629	2.2620
2018－10－19	3.1121	2.4450	2018－11－30	2.9098	2.6420
2018－10－22	3.0975	2.4750	2018－12－03	2.6454	2.5150
2018－10－23	2.6383	2.4510	2018－12－04	2.6112	2.4450
2018－10－24	3.1983	2.3930	2018－12－05	2.8965	2.2670
2018－10－25	2.7173	2.2150	2018－12－06	2.9450	2.4180
2018－10－26	2.6557	2.0670	2018－12－07	2.5841	2.4160
2018－10－29	2.6522	1.8520	2018－12－10	2.9458	2.4530
2018－10－30	2.8302	1.5660	2018－12－11	2.7871	2.4630
2018－10－31	2.8998	2.3700	2018－12－12	2.9063	2.4240
2018－11－01	3.0889	2.5470	2018－12－13	2.6560	2.5190
2018－11－02	2.6159	2.4770	2018－12－14	2.9816	2.6550
2018－11－05	2.6262	2.4345	2018－12－17	2.8914	2.6250
2018－11－06	2.9208	2.2700	2018－12－18	3.0592	2.6690
2018－11－07	3.0390	2.0906	2018－12－19	3.3672	2.6540
2018－11－08	2.8941	1.9780	2018－12－20	2.8156	2.5670
2018－11－09	2.5165	2.0380	2018－12－21	2.6590	2.4860
2018－11－12	3.0040	2.3090	2018－12－24	3.0098	2.3160
2018－11－13	3.1662	2.4680	2018－12－25	3.1885	2.0280
2018－11－14	2.9800	2.3250	2018－12－26	4.9608	2.0290
2018－11－15	2.9421	2.3390	2018－12－27	5.9222	1.7930
2018－11－16	2.9145	2.3450	2018－12－28	4.8263	1.4700
2018－11－19	2.9736	2.5510	2018－12－29	3.5404	2.5540
2018－11－20	2.8377	2.6090	2019－01－02	2.5935	2.3000
2018－11－21	2.7535	2.5790	2019－01－03	2.4736	1.9680
2018－11－22	3.1551	2.4560	2019－01－04	2.5208	1.6490
2018－11－23	3.1763	2.3560	2019－01－07	2.9364	1.4470
2018－11－26	3.0218	2.4980	2019－01－08	2.2996	1.4140

续表

时　间	7 天银行间回购 利率（R007）	SHIBOR 隔夜 利率（SH0N）	时　间	7 天银行间回购 利率（R007）	SHIBOR 隔夜 利率（SH0N）
2019 – 01 – 09	2.3937	1.5670	2019 – 02 – 25	2.6803	2.6050
2019 – 01 – 10	2.7847	1.7430	2019 – 02 – 26	3.4650	2.7050
2019 – 01 – 11	2.5283	1.7080	2019 – 02 – 27	3.4289	2.6540
2019 – 01 – 14	2.8863	1.8780	2019 – 02 – 28	2.7923	2.5840
2019 – 01 – 15	2.7920	2.2450	2019 – 03 – 01	2.4351	2.1550
2019 – 01 – 16	2.6913	2.3060	2019 – 03 – 04	2.3427	1.9330
2019 – 01 – 17	2.5972	2.2590	2019 – 03 – 05	2.5042	2.2660
2019 – 01 – 18	2.5451	2.1785	2019 – 03 – 06	2.4266	2.0740
2019 – 01 – 21	2.5576	2.2400	2019 – 03 – 07	2.3691	2.0600
2019 – 01 – 22	2.7891	2.2430	2019 – 03 – 08	2.3289	2.0470
2019 – 01 – 23	2.5989	2.2440	2019 – 03 – 11	2.3616	2.0920
2019 – 01 – 24	2.5905	2.2630	2019 – 03 – 12	2.5571	2.3650
2019 – 01 – 25	2.6573	2.3620	2019 – 03 – 13	2.4758	2.0790
2019 – 01 – 28	2.5783	2.1940	2019 – 03 – 14	2.4666	2.3100
2019 – 01 – 29	2.7645	2.0780	2019 – 03 – 15	2.9097	2.6550
2019 – 01 – 30	2.8132	2.0021	2019 – 03 – 18	3.0974	2.7560
2019 – 01 – 31	3.0173	2.2380	2019 – 03 – 19	2.7821	2.6660
2019 – 02 – 01	2.7557	2.1000	2019 – 03 – 20	2.8960	2.7140
2019 – 02 – 02	2.4157	2.2640	2019 – 03 – 21	2.8023	2.6610
2019 – 02 – 03	2.3166	2.0860	2019 – 03 – 22	2.7811	2.6200
2019 – 02 – 11	2.8473	2.2650	2019 – 03 – 25	3.3713	2.5350
2019 – 02 – 12	2.8473	2.0170	2019 – 03 – 26	3.4807	2.4950
2019 – 02 – 13	2.3910	1.7220	2019 – 03 – 27	3.3361	2.2860
2019 – 02 – 14	2.3524	1.7210	2019 – 03 – 28	3.1796	2.0410
2019 – 02 – 15	2.2399	1.7130	2019 – 03 – 29	3.2975	2.4860
2019 – 02 – 18	2.4494	1.8224	2019 – 04 – 01	2.6668	2.3150
2019 – 02 – 19	2.4986	1.9670	2019 – 04 – 02	2.5236	1.9560
2019 – 02 – 20	2.3555	1.8540	2019 – 04 – 03	2.3826	1.6630
2019 – 02 – 21	2.3206	2.0300	2019 – 04 – 04	2.2404	1.4170
2019 – 02 – 22	2.6796	2.4310	2019 – 04 – 08	2.2895	1.4280

时　间	7天银行间回购利率（R007）	SHIBOR 隔夜利率（SHON）	时　间	7天银行间回购利率（R007）	SHIBOR 隔夜利率（SHON）
2019-04-09	2.4801	1.7970	2019-05-23	2.3685	2.5840
2019-04-10	2.7008	2.2780	2019-05-24	2.7354	2.3420
2019-04-11	2.6672	2.7350	2019-05-27	3.0578	2.6660
2019-04-12	2.7254	2.6520	2019-05-28	3.6250	2.7600
2019-04-15	3.1256	2.7970	2019-05-29	3.0472	2.4910
2019-04-16	3.2179	2.8830	2019-05-30	2.6802	2.0670
2019-04-17	3.1409	2.9980	2019-05-31	2.5885	2.1940
2019-04-18	2.9758	2.8120	2019-06-03	1.9931	2.0030
2019-04-19	2.6187	2.6610	2019-06-04	2.4376	1.7380
2019-04-22	2.6746	2.5570	2019-06-05	2.4689	1.5930
2019-04-23	2.8919	2.8280	2019-06-06	2.7788	1.5210
2019-04-24	2.3650	2.7520	2019-06-10	2.8005	1.8480
2019-04-25	2.8898	2.7850	2019-06-11	2.5401	2.0530
2019-04-26	2.7882	2.4960	2019-06-12	2.5023	1.9390
2019-04-29	2.9334	1.7000	2019-06-13	2.5704	1.9240
2019-04-30	2.6597	2.0860	2019-06-14	2.7977	1.7230
2019-05-05	2.4393	1.7900	2019-06-17	2.5190	1.8010
2019-05-06	2.6142	1.6420	2019-06-18	2.3726	1.6010
2019-05-07	2.2986	1.3910	2019-06-19	2.3039	1.4470
2019-05-08	2.2460	1.1410	2019-06-20	2.2204	1.2530
2019-05-09	2.3677	1.5130	2019-06-21	2.0109	1.1120
2019-05-10	2.4067	1.8260	2019-06-24	2.6345	1.0000
2019-05-13	2.7531	2.1560	2019-06-25	2.7116	1.0230
2019-05-14	2.5887	2.4123	2019-06-26	2.5784	0.9910
2019-05-15	2.7739	2.5334	2019-06-27	2.9613	0.9615
2019-05-16	2.6812	2.2810	2019-06-28	2.6603	1.3705
2019-05-17	2.5627	2.1340	2019-07-01	5.1114	1.0650
2019-05-20	2.8675	2.5845	2019-07-02	2.1339	0.9140
2019-05-21	2.8760	2.7500	2019-07-03	2.1729	0.8770
2019-05-22	2.8263	2.6230	2019-07-04	2.1395	0.8440

时　间	7天银行间回购利率（R007）	SHIBOR隔夜利率（SH0N）	时　间	7天银行间回购利率（R007）	SHIBOR隔夜利率（SH0N）
2019 – 07 – 05	2.1080	1.0550	2019 – 08 – 16	2.7577	2.6650
2019 – 07 – 08	2.4144	1.4450	2019 – 08 – 19	2.8226	2.6660
2019 – 07 – 09	2.5135	1.7730	2019 – 08 – 20	2.7669	2.6420
2019 – 07 – 10	2.4297	1.8140	2019 – 08 – 21	2.9409	2.5832
2019 – 07 – 11	2.4178	1.9980	2019 – 08 – 22	2.7737	2.5440
2019 – 07 – 12	2.5049	2.2350	2019 – 08 – 23	2.7162	2.5860
2019 – 07 – 15	2.7317	2.6175	2019 – 08 – 26	2.9303	2.6390
2019 – 07 – 16	2.8782	2.7250	2019 – 08 – 27	2.9319	2.6770
2019 – 07 – 17	2.9644	2.7110	2019 – 08 – 28	2.9653	2.6090
2019 – 07 – 18	3.0096	2.7720	2019 – 08 – 29	2.8469	2.4780
2019 – 07 – 19	3.0559	2.8270	2019 – 08 – 30	2.8098	2.5720
2019 – 07 – 22	2.8618	2.6698	2019 – 09 – 02	2.6375	2.5500
2019 – 07 – 23	2.7486	2.5620	2019 – 09 – 03	2.7237	2.5130
2019 – 07 – 24	2.6558	2.4810	2019 – 09 – 04	2.6936	2.4450
2019 – 07 – 25	2.8741	2.6280	2019 – 09 – 05	2.7170	2.5360
2019 – 07 – 26	2.8579	2.6360	2019 – 09 – 06	2.7276	2.5970
2019 – 07 – 29	2.8794	2.6290	2019 – 09 – 09	2.7878	2.6070
2019 – 07 – 30	2.8655	2.6210	2019 – 09 – 10	2.7518	2.5530
2019 – 07 – 31	2.7875	2.6420	2019 – 09 – 11	2.7003	2.4510
2019 – 08 – 01	2.6750	2.6340	2019 – 09 – 12	2.5758	2.3690
2019 – 08 – 02	2.7289	2.6340	2019 – 09 – 16	2.6775	2.3360
2019 – 08 – 05	2.6962	2.5440	2019 – 09 – 17	2.7235	2.5650
2019 – 08 – 06	2.6395	2.2610	2019 – 09 – 18	2.7842	2.6330
2019 – 08 – 07	2.5538	2.2200	2019 – 09 – 19	2.8862	2.7370
2019 – 08 – 08	2.5918	2.5000	2019 – 09 – 20	3.0274	2.7460
2019 – 08 – 09	2.6470	2.5960	2019 – 09 – 23	2.2917	2.7590
2019 – 08 – 12	2.7632	2.6290	2019 – 09 – 24	2.7538	2.3690
2019 – 08 – 13	2.8996	2.6670	2019 – 09 – 25	2.4938	2.0460
2019 – 08 – 14	2.9157	2.6890	2019 – 09 – 26	2.4523	1.6370
2019 – 08 – 15	2.8633	2.6590	2019 – 09 – 27	1.7914	1.3130

时 间	7天银行间回购利率（R007）	SHIBOR 隔夜利率（SH0N）	时 间	7天银行间回购利率（R007）	SHIBOR 隔夜利率（SH0N）
2019 – 09 – 29	2.7558	1.2490	2019 – 11 – 14	2.7889	2.6660
2019 – 09 – 30	2.9202	2.6350	2019 – 11 – 15	2.6831	2.6930
2019 – 10 – 08	2.7993	2.6270	2019 – 11 – 18	2.7478	2.7070
2019 – 10 – 09	2.7491	2.2020	2019 – 11 – 19	2.5521	2.3430
2019 – 10 – 10	2.6703	2.0160	2019 – 11 – 20	2.7347	1.8990
2019 – 10 – 11	2.4345	1.9110	2019 – 11 – 21	2.2353	1.8490
2019 – 10 – 12	2.5049	2.2150	2019 – 11 – 22	2.2288	1.9480
2019 – 10 – 14	2.7146	2.5550	2019 – 11 – 25	2.7204	2.2340
2019 – 10 – 15	2.8519	2.7030	2019 – 11 – 26	2.6257	2.3230
2019 – 10 – 16	2.8624	2.6940	2019 – 11 – 27	2.9251	2.2330
2019 – 10 – 17	2.7845	2.5850	2019 – 11 – 28	2.6996	2.0780
2019 – 10 – 18	2.7092	2.6180	2019 – 11 – 29	2.6895	2.3560
2019 – 10 – 21	2.9011	2.6820	2019 – 12 – 02	2.5792	2.2330
2019 – 10 – 22	3.0357	2.7990	2019 – 12 – 03	2.5115	2.1320
2019 – 10 – 23	2.9821	2.6540	2019 – 12 – 04	2.4503	1.9710
2019 – 10 – 24	2.4994	2.4460	2019 – 12 – 05	2.4577	1.9060
2019 – 10 – 25	2.9115	2.5060	2019 – 12 – 06	2.2741	2.0730
2019 – 10 – 28	2.6882	2.4780	2019 – 12 – 09	2.5150	2.3450
2019 – 10 – 29	2.8636	2.3680	2019 – 12 – 10	2.2804	2.1980
2019 – 10 – 30	2.8828	2.3030	2019 – 12 – 11	2.5251	2.0810
2019 – 10 – 31	2.8171	2.5900	2019 – 12 – 12	2.5341	2.0530
2019 – 11 – 01	2.6631	2.3010	2019 – 12 – 13	2.1891	2.1330
2019 – 11 – 04	2.5971	2.0750	2019 – 12 – 16	2.6140	2.4370
2019 – 11 – 05	2.3550	1.8800	2019 – 12 – 17	2.5646	2.5060
2019 – 11 – 06	2.7553	1.7880	2019 – 12 – 18	2.9042	2.4850
2019 – 11 – 07	2.5245	1.9150	2019 – 12 – 19	2.2145	2.0575
2019 – 11 – 08	2.5281	1.9020	2019 – 12 – 20	2.4184	1.8140
2019 – 11 – 11	2.5837	2.0330	2019 – 12 – 23	2.0261	1.5570
2019 – 11 – 12	2.7070	2.3760	2019 – 12 – 24	1.7355	1.1140
2019 – 11 – 13	2.8477	2.5980	2019 – 12 – 25	2.7481	0.9430

时 间	7天银行间回购利率（R007）	SHIBOR 隔夜利率（SH0N）	时 间	7天银行间回购利率（R007）	SHIBOR 隔夜利率（SH0N）
2019 – 12 – 26	2.7096	0.8480	2020 – 02 – 14	2.1853	1.2560
2019 – 12 – 27	2.8749	1.0750	2020 – 02 – 17	2.3719	1.4250
2019 – 12 – 30	2.7733	1.2000	2020 – 02 – 18	2.3565	1.5030
2019 – 12 – 31	3.0731	1.6940	2020 – 02 – 19	2.3230	1.6260
2020 – 01 – 02	2.3712	1.4436	2020 – 02 – 20	2.3175	1.4030
2020 – 01 – 03	2.2612	1.1620	2020 – 02 – 21	2.1654	1.3550
2020 – 01 – 06	2.2084	1.0030	2020 – 02 – 24	2.4157	1.5330
2020 – 01 – 07	2.1468	1.2150	2020 – 02 – 25	2.4424	1.6020
2020 – 01 – 08	2.4962	1.5530	2020 – 02 – 26	2.3208	1.4990
2020 – 01 – 09	2.5730	1.6900	2020 – 02 – 27	2.3440	1.3470
2020 – 01 – 10	2.5791	1.7722	2020 – 02 – 28	2.4687	1.6280
2020 – 01 – 13	2.6426	2.0590	2020 – 03 – 02	2.2903	1.7140
2020 – 01 – 14	3.0200	2.5180	2020 – 03 – 03	2.2427	1.6220
2020 – 01 – 15	3.0443	2.6540	2020 – 03 – 04	2.1684	1.4620
2020 – 01 – 16	3.2856	2.6090	2020 – 03 – 05	2.0599	1.4500
2020 – 01 – 17	2.8915	2.5220	2020 – 03 – 06	2.0572	1.3620
2020 – 01 – 19	2.6168	2.4130	2020 – 03 – 09	2.1960	1.5880
2020 – 01 – 20	2.7294	2.2480	2020 – 03 – 10	2.3279	2.0140
2020 – 01 – 21	2.6880	1.8850	2020 – 03 – 11	2.2759	2.1180
2020 – 01 – 22	2.9023	1.5340	2020 – 03 – 12	2.3958	1.6640
2020 – 01 – 23	2.3437	2.4440	2020 – 03 – 13	2.1852	1.4140
2020 – 02 – 03	2.6863	2.5040	2020 – 03 – 16	2.1278	1.2310
2020 – 02 – 04	2.8754	2.2730	2020 – 03 – 17	2.0160	1.0830
2020 – 02 – 05	2.4009	2.0510	2020 – 03 – 18	1.8422	0.9630
2020 – 02 – 06	2.2791	1.8190	2020 – 03 – 19	1.7642	0.8460
2020 – 02 – 07	2.2082	1.7930	2020 – 03 – 20	1.6485	0.7950
2020 – 02 – 10	2.2825	1.6520	2020 – 03 – 23	1.6186	0.8450
2020 – 02 – 11	2.3810	1.5600	2020 – 03 – 24	1.5950	0.8140
2020 – 02 – 12	2.4711	1.5210	2020 – 03 – 25	1.8116	0.8470
2020 – 02 – 13	2.3364	1.4430	2020 – 03 – 26	1.8693	0.8450

时　间	7 天银行间回购 利率（R007）	SHIBOR 隔夜 利率（SH0N）	时　间	7 天银行间回购 利率（R007）	SHIBOR 隔夜 利率（SH0N）
2020 - 03 - 27	2.0271	1.1040	2020 - 04 - 16	1.4295	0.7020
2020 - 03 - 30	2.1917	1.3740	2020 - 04 - 17	1.4025	0.7160
2020 - 03 - 31	2.4952	1.6140	2020 - 04 - 20	1.5473	0.8960
2020 - 04 - 01	1.8428	1.4030	2020 - 04 - 21	1.4304	0.9010
2020 - 04 - 02	1.8150	1.2780	2020 - 04 - 22	1.4585	0.9010
2020 - 04 - 03	1.5870	1.0010	2020 - 04 - 23	1.4501	0.8930
2020 - 04 - 07	1.6779	0.8060	2020 - 04 - 24	1.5579	0.9120
2020 - 04 - 08	1.5751	0.8930	2020 - 04 - 26	1.3998	0.9080
2020 - 04 - 09	1.5586	1.1820	2020 - 04 - 27	1.5967	0.8740
2020 - 04 - 10	1.7661	1.3490	2020 - 04 - 28	1.5834	0.8740
2020 - 04 - 13	1.5378	1.3780	2020 - 04 - 29	1.7109	0.6610
2020 - 04 - 14	1.6629	0.9940	2020 - 04 - 30	1.9297	1.8880
2020 - 04 - 15	1.4864	0.8010	—	—	—

附录 2 我国 SHIBOR 隔夜利率与国债利率数据比较

时 间	SHIBOR 隔夜利率（%）	1 年期国债收益率（%）	5 年期国债收益率（%）	10 年期国债收益率（%）
2015 - 01 - 15	2.8197	3.1900	3.4090	3.5587
2015 - 02 - 15	3.0838	3.0767	3.2570	3.3889
2015 - 03 - 15	3.3365	3.1488	3.4790	3.5050
2015 - 04 - 15	2.2832	3.0704	3.2880	3.5638
2015 - 05 - 15	1.2084	2.4303	3.2530	3.4294
2015 - 06 - 15	1.1630	1.8096	3.2470	3.6043
2015 - 07 - 15	1.2768	2.2518	3.1780	3.5002
2015 - 08 - 15	1.6848	2.2986	3.1650	3.4936
2015 - 09 - 15	1.9088	2.3012	3.0870	3.3202
2015 - 10 - 15	1.8764	2.4108	2.9030	3.0833
2015 - 11 - 15	1.7857	2.5420	2.9260	3.1161
2015 - 12 - 15	1.8408	2.4259	2.7130	2.9475
2016 - 01 - 16	1.9788	2.3946	2.7890	2.8530
2016 - 02 - 16	1.9928	2.3086	2.6550	2.8665
2016 - 03 - 16	1.9737	2.1221	2.5310	2.8830
2016 - 04 - 16	2.0089	2.1444	2.7690	2.9189
2016 - 05 - 16	2.0033	2.3234	2.7670	2.8943
2016 - 06 - 16	2.0138	2.3850	2.7000	2.9447
2016 - 07 - 16	2.0095	2.3058	2.6060	2.8115
2016 - 08 - 16	2.0252	2.0690	2.5940	2.7322
2016 - 09 - 16	2.1350	2.1826	2.5650	2.7485
2016 - 10 - 16	2.1985	2.1589	2.4800	2.6846
2016 - 11 - 16	2.2512	2.2073	2.7650	2.8358
2016 - 12 - 16	2.3003	2.7099	2.8830	3.1578
2017 - 01 - 17	2.2007	2.7027	3.0370	3.2296
2017 - 02 - 17	2.3495	2.7715	3.0000	3.3811
2017 - 03 - 17	2.4892	2.8413	3.0850	3.3269
2017 - 04 - 17	2.5607	3.0290	3.3470	3.3803
2017 - 05 - 17	2.7390	3.4418	3.6530	3.6174

时　间	SHIBOR 隔夜利率（%）	1 年期国债 收益率（%）	5 年期国债 收益率（%）	10 年期国债 收益率（%）
2017－06－17	2.7774	3.5246	3.5020	3.5706
2017－07－17	2.6796	3.4258	3.5740	3.5852
2017－08－17	2.8210	3.3603	3.6350	3.6502
2017－09－17	2.7510	3.4525	3.6300	3.6252
2017－10－17	2.6602	3.4971	3.9630	3.7374
2017－11－17	2.7279	3.6115	3.8760	3.9474
2017－12－17	2.6725	3.7538	3.8600	3.8968
2018－01－18	2.6466	3.5716	3.8450	3.9958
2018－02－18	2.5862	3.4194	3.7590	3.8874
2018－03－18	2.6052	3.2873	3.6900	3.7975
2018－04－18	2.6485	3.1656	3.1750	3.6506
2018－05－18	2.6111	3.1432	3.4520	3.6719
2018－06－18	2.5713	3.2265	3.4100	3.6102
2018－07－18	2.3308	3.0637	3.2270	3.5101
2018－08－18	2.1962	2.8415	3.3860	3.5741
2018－09－18	2.4715	2.9208	3.4700	3.6411
2018－10－18	2.3111	2.9027	3.3640	3.5732
2018－11－18	2.3941	2.6431	3.1680	3.4395
2018－12－18	2.3698	2.5480	3.0140	3.3194
2019－01－19	2.0239	2.3947	2.9230	3.1224
2019－02－19	2.1494	2.3701	3.0330	3.1559
2019－03－19	2.3474	2.4675	2.9330	3.1461
2019－04－19	2.3485	2.6144	3.2030	3.3628
2019－05－19	2.1848	2.6749	3.0830	3.3246
2019－06－19	1.5212	2.6560	3.0930	3.2744
2019－07－19	2.1105	2.6135	3.0010	3.2167
2019－08－19	2.5770	2.4909	2.9300	3.0560
2019－09－19	2.3641	2.5825	2.9700	3.0956
2019－10－19	2.4712	2.5735	3.0680	3.2174
2019－11－19	2.1999	2.6559	2.9950	3.2438
2019－12－19	1.8571	2.5884	2.8200	3.2134
2020－01－20	1.9250	2.3434	2.7450	3.1483
2020－02－20	1.6397	2.0638	2.4930	2.8923
2020－03－20	—	2.0556	2.5090	2.7242

附录3 我国货币市场利率与贷款利率数据比较

时 间	SHIBOR 隔夜利率（%）	6个月（含）贷款 基准利率（%）	3~5年（含）贷款 基准利率（%）	5年期国债 收益率（%）
2010－01－10	1.1151	4.8600	5.9600	2.9500
2010－02－10	1.5558	4.8600	5.9600	2.9600
2010－03－10	1.3475	4.8600	5.9600	2.7200
2010－04－10	1.3044	4.8600	5.9600	2.6400
2010－05－10	1.6817	4.8600	5.9600	2.5600
2010－06－10	2.2193	4.8600	5.9600	2.6900
2010－07－10	1.6771	4.8600	5.9600	2.6500
2010－08－10	1.5778	4.8600	5.9600	2.6290
2010－09－10	1.7985	4.8600	5.9600	2.7090
2010－10－10	1.6072	5.1000	5.9600	3.1400
2010－11－10	1.7145	5.1000	5.9600	3.5700
2010－12－10	2.8031	5.3500	6.2200	3.5600
2011－01－11	4.1136	5.3500	6.2200	3.6300
2011－02－11	2.5203	5.6000	6.4500	3.5600
2011－03－11	1.8090	5.6000	6.4500	3.5200
2011－04－11	2.0705	5.8500	6.6500	3.4300
2011－05－11	2.9530	5.8500	6.6500	3.4200
2011－06－11	4.7219	5.8500	6.6500	3.5400
2011－07－11	4.3506	6.1000	6.9000	3.8600
2011－08－11	3.1681	6.1000	6.9000	4.0600
2011－09－11	3.4760	6.1000	6.9000	3.7800
2011－10－11	3.5881	6.1000	6.9000	3.6300
2011－11－11	3.3245	6.1000	6.9000	3.5000
2011－12－11	3.0766	6.1000	6.9000	3.1500
2012－01－12	4.3597	6.1000	6.9000	3.0100
2012－02－12	3.4305	6.1000	6.9000	3.2500
2012－03－12	2.4813	6.1000	6.9000	3.1800
2012－04－12	3.1439	6.1000	6.9000	3.1600

时　间	SHIBOR 隔夜利率（%）	6个月（含）贷款 基准利率（%）	3~5年（含）贷款 基准利率（%）	5年期国债 收益率（%）
2012 – 05 – 12	2.1520	6.1000	6.9000	2.8500
2012 – 06 – 12	2.7698	5.8500	6.6500	2.8700
2012 – 07 – 12	2.7182	5.6000	6.4000	2.8900
2012 – 08 – 12	2.7431	5.6000	6.4000	3.1400
2012 – 09 – 12	2.9174	5.6000	6.4000	3.1800
2012 – 10 – 12	2.7376	5.6000	6.4000	3.2200
2012 – 11 – 12	2.4162	5.6000	6.4000	3.2800
2012 – 12 – 12	2.3694	5.6000	6.4000	3.1900
2013 – 01 – 13	2.1157	5.6000	6.4000	3.2300
2013 – 02 – 13	2.7321	5.6000	6.4000	3.2200
2013 – 03 – 13	2.3276	5.6000	6.4000	3.2880
2013 – 04 – 13	2.4891	5.6000	6.4000	3.1400
2013 – 05 – 13	2.9211	5.6000	6.4000	3.1500
2013 – 06 – 13	6.1595	5.6000	6.4000	3.4100
2013 – 07 – 13	3.3700	5.6000	6.4000	3.6800
2013 – 08 – 13	3.2194	5.6000	6.4000	3.9000
2013 – 09 – 13	3.1706	5.6000	6.4000	3.8800
2013 – 10 – 13	3.5847	5.6000	6.4000	4.0200
2013 – 11 – 13	3.8867	5.6000	6.4000	4.4000
2013 – 12 – 13	3.6834	5.6000	6.4000	4.4900
2014 – 01 – 14	3.4446	5.6000	6.4000	4.4500
2014 – 02 – 14	2.8545	5.6000	6.4000	4.2600
2014 – 03 – 14	2.2760	5.6000	6.4000	4.2500
2014 – 04 – 14	2.4777	5.6000	6.4000	4.1600
2014 – 05 – 14	2.4112	5.6000	6.4000	4.0100
2014 – 06 – 14	2.6983	5.6000	6.4000	3.8600
2014 – 07 – 14	3.2098	5.6000	6.4000	4.0310
2014 – 08 – 14	2.9372	5.6000	6.4000	3.9980
2014 – 09 – 14	2.7768	5.6000	6.4000	3.9310
2014 – 10 – 14	2.4976	5.6000	6.4000	3.5650
2014 – 11 – 14	2.5376	5.6000	6.0000	3.4130

时　间	SHIBOR 隔夜利率（%）	6个月（含）贷款 基准利率（%）	3～5年（含）贷款 基准利率（%）	5年期国债 收益率（%）
2014－12－14	3.0244	5.6000	6.0000	3.5380
2015－01－15	2.8197	5.6000	6.0000	3.4090
2015－02－15	3.0838	5.6000	6.0000	3.2570
2015－03－15	3.3365	5.3500	5.7500	3.4790
2015－04－15	2.2832	5.3500	5.7500	3.2880
2015－05－15	1.2084	5.1000	5.5000	3.2530
2015－06－15	1.1630	4.8500	5.2500	3.2470
2015－07－15	1.2768	4.8500	5.2500	3.1780
2015－08－15	1.6848	4.6000	5.0000	3.1650
2015－09－15	1.9088	4.6000	5.0000	3.0870
2015－10－15	1.8764	4.3500	4.7500	2.9030
2015－11－15	1.7857	4.3500	4.7500	2.9260
2015－12－15	1.8408	4.3500	4.7500	2.7130
2016－01－16	1.9788	4.3500	4.7500	2.7890
2016－02－16	1.9928	4.3500	4.7500	2.6550
2016－03－16	1.9737	4.3500	4.7500	2.5310
2016－04－16	2.0089	4.3500	4.7500	2.7690
2016－05－16	2.0033	4.3500	4.7500	2.7670
2016－06－16	2.0138	4.3500	4.7500	2.7000
2016－07－16	2.0095	4.3500	4.7500	2.6060
2016－08－16	2.0252	4.3500	4.7500	2.5940
2016－09－16	2.1350	4.3500	4.7500	2.5650
2016－10－16	2.1985	4.3500	4.7500	2.4800
2016－11－16	2.2512	4.3500	4.7500	2.7650
2016－12－16	2.3003	4.3500	4.7500	2.8830
2017－01－17	2.2007	4.3500	4.7500	3.0370
2017－02－17	2.3495	4.3500	4.7500	3.0000
2017－03－17	2.4892	4.3500	4.7500	3.0850
2017－04－17	2.5607	4.3500	4.7500	3.3470
2017－05－17	2.7390	4.3500	4.7500	3.6530
2017－06－17	2.7774	4.3500	4.7500	3.5020
2017－07－17	2.6796	4.3500	4.7500	3.5740

时　间	SHIBOR 隔夜利率（%）	6 个月（含）贷款基准利率（%）	3 ~ 5 年（含）贷款基准利率（%）	5 年期国债收益率（%）
2017 - 08 - 17	2.8210	4.3500	4.7500	3.6350
2017 - 09 - 17	2.7510	4.3500	4.7500	3.6300
2017 - 10 - 17	2.6602	4.3500	4.7500	3.9630
2017 - 11 - 17	2.7279	4.3500	4.7500	3.8760
2017 - 12 - 17	2.6725	4.3500	4.7500	3.8600
2018 - 01 - 18	2.6466	4.3500	4.7500	3.8450
2018 - 02 - 18	2.5862	4.3500	4.7500	3.7590
2018 - 03 - 18	2.6052	4.3500	4.7500	3.6900
2018 - 04 - 18	2.6485	4.3500	4.7500	3.1750
2018 - 05 - 18	2.6111	4.3500	4.7500	3.4520
2018 - 06 - 18	2.5713	4.3500	4.7500	3.4100
2018 - 07 - 18	2.3308	4.3500	4.7500	3.2270
2018 - 08 - 18	2.1962	4.3500	4.7500	3.3860
2018 - 09 - 18	2.4715	4.3500	4.7500	3.4700
2018 - 10 - 18	2.3111	4.3500	4.7500	3.3640
2018 - 11 - 18	2.3941	4.3500	4.7500	3.1680
2018 - 12 - 18	2.3698	4.3500	4.7500	3.0140
2019 - 01 - 19	2.0239	4.3500	4.7500	2.9230
2019 - 02 - 19	2.1494	4.3500	4.7500	3.0330
2019 - 03 - 19	2.3474	4.3500	4.7500	2.9330
2019 - 04 - 19	2.3485	4.3500	4.7500	3.2030
2019 - 05 - 19	2.1848	4.3500	4.7500	3.0830
2019 - 06 - 19	1.5212	4.3500	4.7500	3.0930
2019 - 07 - 19	2.1105	4.3500	4.7500	3.0010
2019 - 08 - 19	2.5770	4.3500	4.7500	2.9300
2019 - 09 - 19	2.3641	4.3500	4.7500	2.9700
2019 - 10 - 19	2.4712	4.3500	4.7500	3.0680
2019 - 11 - 19	2.1999	4.3500	4.7500	2.9950
2019 - 12 - 19	1.8571	4.3500	4.7500	2.8200
2020 - 01 - 20	1.9250	4.3500	4.7500	2.7450
2020 - 02 - 20	1.6397	4.3500	4.7500	2.4930
2020 - 03 - 20	—	4.3500	4.7500	2.5090

附录4 通货膨胀率与制造业采购经理指数相关数据

时　间	制造业采购经理指数	通货膨胀率（%）	时　间	制造业采购经理指数	通货膨胀率（%）
2017 – 03 – 17	51.8	0.90	2018 – 09 – 18	50.8	2.50
2017 – 04 – 17	51.2	1.20	2018 – 10 – 18	50.2	2.50
2017 – 05 – 17	51.2	1.50	2018 – 11 – 18	50.0	2.20
2017 – 06 – 17	51.7	1.50	2018 – 12 – 18	49.4	1.90
2017 – 07 – 17	51.4	1.40	2019 – 01 – 19	49.5	1.70
2017 – 08 – 17	51.7	1.80	2019 – 02 – 19	49.2	1.50
2017 – 09 – 17	52.4	1.60	2019 – 03 – 19	50.5	2.30
2017 – 10 – 17	51.6	1.90	2019 – 04 – 19	50.1	2.50
2017 – 11 – 17	51.8	1.70	2019 – 05 – 19	49.4	2.70
2017 – 12 – 17	51.6	1.80	2019 – 06 – 19	49.4	2.70
2018 – 01 – 18	51.3	1.50	2019 – 07 – 19	49.7	2.80
2018 – 02 – 18	50.3	2.90	2019 – 08 – 19	49.5	2.80
2018 – 03 – 18	51.5	2.10	2019 – 09 – 19	49.8	3.00
2018 – 04 – 18	51.4	1.80	2019 – 10 – 19	49.3	3.80
2018 – 05 – 18	51.9	1.80	2019 – 11 – 19	50.2	4.50
2018 – 06 – 18	51.5	1.90	2019 – 12 – 19	50.2	4.50
2018 – 07 – 18	51.2	2.10	2020 – 01 – 20	50.0	5.40
2018 – 08 – 18	51.3	2.30	2020 – 02 – 20	35.7	—